Lea Baerens

RAUM & FIGUR bei
BECKMANN & MIES VAN DER ROHE

Lea Baerens, 1977 in West-Berlin geboren, wuchs zwischen Leinwand und Farben inmitten der damaligen Kreuzberger Künstlerszene, einer modernen Arztpraxis im Rheinland und freier Natur an der deutsch-luxemburgischen Grenze auf.
Als promovierte Kunstwissenschaftlerin und mit einem Master of Business Administration (MBA) publiziert Lea Baerens im Geisteswissenschaftlichen und als Ko-Autorin einer medizinischen Universitäts-Forschungsgruppe. Längere USA-Aufenthalte seit der Jugend, darunter als Post-Graduate Fellow an der Harvard University, Cambridge, legten den Grundstein für ihr bilinguales - deutsch-englisches - Werk. Ihr zudem privates Werk umfasst Gedichte, Kurzgeschichten, einen mehrteiligen Roman, autobiografische Notizen, sowie Bilder, Skizzen, Fotografien und Mode-Design.

Lea Baerens lebt aktuell mit ihrem Partner in der Nähe von Frankfurt am Main. Ihr Sohn ist erwachsen. Partner und Sohn widmet Lea Baerens ihr gesamtes privates Werk in Wort & Schrift, Bild, Foto und Design.

Kontakt zur Autorin: dr.lea.baerens@web.de

Von Lea Baerens liegen bei BoD vor:

RAUM & FIGUR bei BECKMANN & MIES VAN DER ROHE (9783751901000)

In der Lyrik Serie:
POEMS # Liebe.01 & Liebe.02 (9783751900416)
POEMS # Familie&Familiäres * kurz gedacht * last supper (9783751900430)
POEMS # aufgeschrieben * dialog(e) * der.die.da * gesagt_getan (9783751900447)
NOTIZEN # Erotik (9783751900386)
NOTIZEN # Du * Notizen (9783751900409)
KLEINE TEXTE # Die besten Geschichten schreibt das Leben (9783750495074)

Lea Baerens

RAUM & FIGUR bei BECKMANN & MIES VAN DER ROHE

Books on Demand, Norderstedt

Bibliografische Information der Deutschen Nationalbibliothek:
Die Deutsche Nationalbibliothek verzeichnet diese Publikation
in der Deutschen Nationalbibliografie; detaillierte bibliografische Informationen
sind im Internet über http://dnb.dnb.de abrufbar.

Originalausgabe
1. Auflage 2020
© 2010/2020 Lea Baerens
Umschlag/Bildredaktion: © Lea Baerens
Abbildungen Max Beckmann: © VG Bild-Kunst, Bonn 2020
Abbildungen Ludwig Mies van der Rohe: © VG Bild-Kunst, Bonn 2020
Satz und Litho: © Lea Baerens
Porträtfoto: Foto Gregor, Köln
Herstellung & Verlag: BoD – Books on Demand, Norderstedt
Printed in Germany ISBN 9783751901000

INHALTSVERZEICHNIS

Vor einer Weile, mitten in meinen Recherchen zum Thomasevangelium, entdeckte ich an unerwarteter Stelle eine kleine Erzählung, die mich über mein gewohnt-wissenschaftliches und frei-schriftstellerisches Tun neu nachdenken ließ. Es war das Vorwort von Elaine Pagels Buch "Das Geheimnis des fünften Evangeliums" (dtv, 2006). Die von ihr beschriebenen Szenen wurden Kraft meines Bilder- und Erlebnis-Gedächtnisses vor meinem inneren Auge zum Kurzfilm: New Yorker Straßenszenen, die Church of the Heavenly Rest wo gerade ein Gottesdienst stattfindet, grell erleuchtete, lange Krankenhausflure, ihr auf dem Arm gehaltenes und sich an die Eltern schmiegendes, schwerkrankes Kind, sein Tod. Pagels Mut, derart private Momente ihren wissenschaftlichen Forschungen zur abendländischen Glaubens- und Bibelgeschichte voranzustellen, beeindruckte mich. Ich dachte an Walter Benjamins Begriffe von aktuellem Sach- und zeitlosem Wahrheitsgehalt, eben der Spannung gegenwärtig-individuellen Schaffens und der Gültigkeit des eigenen Werks jenseits von Entstehungszeit und Autorschaft. Öffentliche Werk-Anerkennung zu Lebzeiten und/oder posthum setzen Publikation und Einschreibung in ein öffentlich-kollektives Gedächtnis voraus. Nur dauerhaftes Werk-Fortbestehen bietet eine dauerhafte Rezeption im Original und/oder in Reproduktion, unabhängig von Zeitepochen und Wahrnehmungs-Gepflogenheiten.

Aktuelle Wertigkeit eines Werks diskutieren immer wieder aufs Neue enger Expertenkreis und Öffentlichkeit - in Einklang mit oder Dissonanz zueinander; der Diskurs setzt/prägt den ideellen und monetären Marktwert des Werks. Persönlicher Wert für Urheber und/oder Besitzer differiert nicht selten vom öffentlichen. Ausnahme sind bspw. spekulative Sammlungen als Wertanlage, hier bestimmt der Markt den Wert, Werke werden zu Chiffren imaginärer Preisschilder, je nach Festsetzung ihres ideellen Werts in Währungssummen. Mancher Werkliebhaber wägt den persönlichen Wert und damit Verlust bei Veräußerung gegen den möglichen monetären Gewinn ab. Tatsächlicher Schaffensmoment und Inspirationsquelle eines Werks, sein vielleicht eigentliches Geheimnis, sind zumeist nur für Autor und mitunter engste Vertraute bedeutsam. Ein sich für viele Wiederholendes, ein immer wieder Erlebtes in Form einer Erzählung oder eines Bildes gewinnt manchmal privat und öffentlich eine besondere Kraft und damit an Wert.

Elaine Pagels erzählt ihre private Motivation zu ihrem öffentlichen Forschungs-Werk: Es entstand im Namen ihres schwerkrank, früh verstorbenen Kindes und ihres Mannes. Pagels wirkt öffentlich mit, eine die Zeit bislang überdauernde Erzählung in Entstehung und Rezeption aktuell (neu) zu rekonstruieren, ihre Bedeutung gegenwärtig neu zu prüfen. Wissenschaftlicher Kontext und Kanon gewähren Pagels Entpersonalisierung und Veräußerung ihrer Funde, Erkenntnisse und Fragen, welche sie qua ihres Buches der Öffentlichkeit übereignet und so das kollektive Gedächtnis wie andere Wissenschaftler an ein antikes Glaubensbekenntnis erinnert, welches in der gegenwärtigen Lesart von freiem Glauben sowie Eigenverantwortung erzählt. Pagels legt streng wissenschaftlich ihre verfolgten Spuren, gefundenen "Fakten" und deren mögliche Zusammenhänge sowie fehlende Puzzlestücke dar. Unter

einem Buchdeckel persönliche Zeilen und wissenschaftliche Erkenntnis, klar abgetrennt voneinander und doch als Einheit zu erleben, beeindruckte mich - wissenschaftlich und persönlich: Viele Geistes- und
Naturwissenschaftler fertigen neben ihren wissenschaftlichen Publika-
tionen auch ein autobiografisches, teils kreatives Werk an. Darunter
auch Reflektionen ihres Schaffens und Wirkens im Öffentlichen und Privaten, quasi Standort-Bestimmungen ihrer selbst, wenngleich nur wenige diese publizieren - aus nachvollziehbaren Gründen. Der wissenschaftliche Kanon verlangt einen faktenbasierten, "objektiven" = objek-
tivierten, das Individuum, insbesondere die AutorInnen darin möglichst
nicht identifizierbaren Duktus. Die Sache an sich soll universell formuliert und formatiert in ihren wissenschaftlichen Diskurs eingeschrieben,
dort frei von äußerer Erscheinung und Stil diskutiert werden (können).
Und damit auch frei von möglichen Meinungen des Autors, wenngleich
dieser - wie der bildende Künstler - streng genommen eben doch als
Zeitzeuge seiner Zeit von dieser geprägt ist und auf diese zurückwirkt.
Eine systematische Untersuchung der Einflüsse epochaler Strömungen
auf Einzelpersonen und ganze Wissenschaftsgenerationen nimmt die
Wissenschaftshistorie vor, ähnlich der Kunst- und Kulturgeschichte;
auch autobiografische Ereignisse werden beleuchtet. Retrospektiv
zeichnet man Erkenntnisgenese Einzelner, von Gruppen und Mei-
nungsbildung in der Gesellschaft nach; mitunter wird ein ursprünglich
avantgardistischerer Ansatz erst weit nach seiner Entstehungs-Zeit
"entdeckt".

Das per se künstlerisch-kreativ bzw. privat intendierte Werk ist frei in
seinen Mitteln, auch wenn es mitunter Wissenschaft bedient bzw.

kommentiert. Womit ein paradoxes Spannungsfeld entsteht: Im Künstlerischen/Privaten haben persönliches Erleben, Empfindung, Meinung, Einschätzung, Interpretation, Wahrnehmung usw. Berechtigung und Raum - bei Veräußerung und breiter Wahrnehmung werden sie Teil einer öffentlichen Diskussion; Fremde unterhalten sich darüber, privat, öffentlich, mitunter sogar wissenschaftlich. Das Werk an sich wird Gegenstand eines Wissenschaftsdiskurses, erfährt zunehmend eine Entpersonalisierung und Versachlichung. Werden (wissenschaftliche) Aussagekraft und/oder künstlerisches Können öffentlich als außergewöhnlich, sogar einzigartig aufgenommen, entsteht mitunter ein gewisser Kult um den Urheber, ein Star-Kult. Die Person an sich kann nun auf Gesellschaft und Fachpublikum zurückwirken. Hiermit beginnt zweierlei: Einerseits greift - zumindest in der westlichen Welt - das demokratische Prinzip, welches einen Wertekanon sprachlich, bildnerisch und inhaltlich an die öffentliche Äußerung des Stars anlegt; ab nun sollte diese "politisch korrekt" sein und Diffamierendes, Rassistisches, Sexistisches und Gewaltförderndes usw. vermeiden. Andererseits kann ein Star für Wert-Positionen eintreten, "werben"; zentrale Werte und Normen wie bspw. Gerechtigkeit, Gleichberechtigung, Chancengleichheit in einer Gesellschaft befördern, unterstützen, für diese eintreten, öffentliche Diskussionen sogar lostreten. Elaine Pagels vollzieht für mich in ihrem Vorwort jene Gradwanderung, die den Bogen vom Privaten zu einer zeitunabhängigen, wissenschaftlichen Untersuchung aufspannt und in beidem wertfrei bleibt, einfach zum Dialog einlädt.

Staatlich getragene Universitäten unterliegen in Deutschland öffentlichem Auftrag und Willen, sie sollen die Grundlagen, also Wissen und

Methoden zur eigenen Erkenntnisfindung vermitteln. Forschungsarbeiten wie auch die hiermit vorliegende Dissertationsschrift sind für mich Beitrag zu einer Wissenschaftsdiskussion. Ich schlage eine Perspektive, einen Zugang zum Werk von Max Beckmann und Ludwig Mies van der Rohe vor. Und dabei beziehe ich das Biografische, die Zeit der beiden Künstler bewusst mit ein. Der "Zwischen-Text" erzählt von einer Unterhaltung zur Frage nach dem a priori von Wort und Bild. Es ist ein freier Text, ohne Anspruch auf wissenschaftliche Gültigkeit. Das Wissenschaftliche beginnt direkt danach: Ich habe in Europa und den USA neben Museen und Wissenschaftlern Archive aufgesucht, reichhaltige und ausgiebige Quellenforschung betrieben. Jene die Zeit überdauerten Originaldokumente, anderweitige Zeitzeugnisse und auch Zeitzeugen sind für mich (nach wie vor) gültiges Fundament meiner Forschungsarbeit und wesentlicher Teil meiner dargelegten Erkenntnisse, Angebot zur Diskussion, mein Beitrag zum Diskurs, in erneut geprüfter und validierter Originalfassung entsprechend meiner eingereichten Pflichtexemplare.

Es ist ein Freitagvormittag. Wir sind verabredet. Zum ersten Mal. Direkt an seinem Büro. Ich warte bereits vor der Tür, soeben eingetroffen. Begrüßung noch im Treppenhaus, Tür auf, Tür zu - Platz nehmen. Fragen, Antworten, Erzählen - Austausch: über Worte, Bilder, die Wahrnehmung der Welt und die Transformation des Erkannten in etwas Mitteilbares und Rezipierbares. Worte und/oder Bilder. Und wie sie sich verhalten, jeweils für sich oder miteinander. Worte als Worte. Worte als Bilder. Bilder in Worten. Bilder zu Worten. Worte zu Bildern. Bilder als Bilder. Was kommt zuerst? Das Bild oder die Sprache? Was ist "das" Bild - was "die" Sprache? Von wo nach wo - Bild zu Sprache oder Sprache zu Bild - übersetzen wir also, ehe wir miteinander kommunizieren? Und in was übersetzen wir in uns alles "zurück"? Mit anderen Worten: Wie ist unsere innere Welt in ihrem Innersten, sprich Ursprünglichsten beschaffen - aus Bildern oder Worten?

Wir fragen nach dem Kodierungs-System: Ein Apfel ist ein Apfel. An sich. Wir nehmen ein bestimmtes Bild von ihm wahr und erkennen ihn so. Seine Bezeichnung ist aber in den verschiedenen Sprachen, inklusive bspw. einer Taub-Stummen-Sprache, immer wieder ein Anderes. Genauso ist der Apfel ohne Augenlicht zu erkennen, von einem Blinden durchaus intuitiv zu ertasten. Hat er einmal "das Bild" = die Form des Apfels erkannt, weiß er ihn zu benennen. Und einzuordnen = zu klassifizieren: Frucht; essbar; vielleicht süß, sauer, bitter; hat Kerne; usw..

Dann kommt der Maler, der zeigt den Apfel; naturgetreu, verfälscht, groß, klein, bunt, schwarz-weiß - und platziert ihn in eine andere Welt: die Bildwelt. Als nächstes kommt der Bildhauer, der ahmt die Form des Apfels nach; wieder von naturgetreu bis verfremdet in allen Varianten - er kann "seinen" Apfel entweder in unserer Welt lassen oder durch weitere Objekte ihm eine neue Umgebung erschaffen. Letzteres tut der Architekt, und zwar mit dem Apfel an sich; er schafft eine neue Umwelt, in der der Apfel noch immer der Apfel ist - aber in einem anderen Raum. Schließlich formuliert der Schriftsteller den Apfel; lässt ihn so oder so aussehen, beschreibt seinen Geschmack, erzählt, ob er im Bild zu sehen, als Skulptur zu betrachten oder im Raum zu erleben ist. Und zugleich kann er mit seinen Worten all das verändern, das Bild vom Apfel, die skulpturale Ausformung, den um ihn geschaffenen Raum, und ein neues Bild, eine neue Skulptur, einen neuen Raum, ja einen neuen Apfel erschaffen. Mit Worten, die sich der Bilder bemächtigen, die sich Skulptur aneignen, sich den Raum kreieren, den Apfel in die Welt holen - in die unserer Vorstellungskraft. Weil wir vor unserem inneren Auge das Beschriebene entwerfen = sehen. Jeder auf eine ganz individuelle Weise. Und nur das davon wieder in ein Mitteilungs-Medium Übersetzte - Bild, Skulptur, Raum, Wort - ist von anderen wiederum erlebbar. Was also ist wirklich - bzw. wirklicher? Das Innen oder das Außen? Der gemalte, geformte, raum-umhüllte Apfel - oder der Apfel an sich? Die süße, essbare Frucht, die wir berühren, deren Duft wir riechen können, um deren Vergänglichkeit wir wissen, wird sie nicht bald verspeist, scheint uns zunächst realer. Und doch: bleibender sind ihr Bild, ihre Skulptur, ihr Raum, ihr "(Bild-)Wort", die alle immer wieder ein und

dasselbe bezeichnen: den Apfel an sich. Sie sind auf jeden neuen ver-
zehrbaren Apfel anwendbar - selbst wenn dieser singuläre Apfel ein
wenig anders - größer, kleiner, runder, ovaler, süßer, sauerer, röter,
grüner, etc. - sein sollte.

Das Bezeichnende des Objekts "überlebt" also sein Bezeichnetes, ver-
bleibt weit über dieses in der Welt - auch und gerade in seiner "eigenen"
Beschaffenheit: als Bezeichnendes.

Das Bild ist ein Bild, weil wir es so benannt haben. Die Skulptur eine
Skulptur. Der Raum ein Raum. Das Wort ein Wort. Und mit jedem dieser "Objekte" kann und wird natürlich in mannigfaltiger Weise verfahren
wie mit dem Apfel: das Bild im Bild, die Skulptur im Bild, ein Bild als
Skulptur, der Raum um Bild und/oder Skulptur, das Wort als Bild, das
Bild/die Skulptur/der Raum in Worten etc. - und selbstverständlich finden Worte Eingang in Bilder, Skulpturen, Räume. Mit anderen Worten,
es ist ein permanentes Spiel mit der Frage nach Wirklichkeit und Wirklichkeit. Auch: welche zuerst kommt - die innere oder die äußere. Weiter, ob wir sie gestalten oder sie uns, mit allen Nuancen dazwischen.

Wir treten also mit dem Apfel in der Hand vor einen Spiegel. Und tatsächlich, wir sehen uns. Als Abbild unserer selbst mit Apfel. Und wir
wissen: Den Apfel dort im "Bild" können wir nicht essen, aber er ist real
- wir spüren, riechen ihn, er nimmt die Wärme unserer Hand an. Bild =
Gesehenes und Wissen = Erkanntes sind in diesem Augenblick nicht
mehr identisch. Und dennoch vermögen wir es zusammenzuführen, als
zwei gekoppelte Realitäten mit jeweils eigenem und doch voneinander
abhängigem Wirklichkeitsanspruch. Mehr noch, wir wissen, "unser Abbild" liegt eigentlich hinter dem Spiegel, in demselben Abstand wie wir

uns davor befinden. Was wir sehen ist also ein doppeltes (Ab)Bild, eine Projektion genau in der Mitte eines Vor und eines Hinter. Unser "echtes" Abbild können wir also gar nicht sehen = betrachten. Es ist unsichtbar. Schließen wir also die Augen, ist es, als stünden wir nicht vorm Spiegel. An uns mit dem Apfel in der Hand würde sich aber nichts ändern. Wir würden uns lediglich nicht betrachten können, sondern vielleicht ein inneres Bild entwerfen, das im Gegensatz zu unserem Spiegelbild nicht von uns entfernt = getrennt, sondern in uns ist. Öffnen wir dann wieder die Augen und betrachten uns erneut im Spiegel, können wir unser projiziertes Abbild vor unserem inneren Auge um unser inneres Bild von uns bereichern, ja gar unser inneres gleich auf die Spiegeloberfläche projizieren. Indem wir das Sichtbare los-, vor unserem Auge verschwimmen lassen bis "unser Bild" erscheint. Was ist dann realer, wirklicher - zunächst für uns? Unser Spiegelbild oder unser Bild von uns, das wir "sehen"? Zeichnen wir dieses auf die Spiegeloberfläche, ist es auch für andere in Grundzügen sichtbar. Dann stehen Bild gegen Bild von uns - auf ein- und derselben Bildoberfläche. "Echt" sind beide. Unser reflektiertes nur nicht von Dauer. Das Abbild des inneren Bildes von uns überlebt also unser Spiegelbild. Das Bild als Wirklichkeit.

An diesem besagten Freitagnachmittag besuchte ich Prof. Dr. Peter Lampe in seinem Büro an der Theologischen Fakultät der Universität Heidelberg, und wir unterhielten uns über sein Buch "Die Wirklichkeit als Bild" (Neukirchener Verlag, 2006).

Anliegen der vorliegenden Arbeit ist die Untersuchung einer jeweils spezifischen Interpretation des Zusammenwirkens von Raum und Figur bei Max Beckmann und Ludwig Mies van der Rohe in einem gesamthaft historischen, kulturellen, geisteswissenschaftlichen und künstlerischen Kontext.

Bei Beckmann soll hierfür die Genese seiner Begriffe von Raum, Leben (individuelle Existenz) und Zeit sowie Kunst und Künstler anhand zweier Selbstbildnisse "Im Smoking" 1927 und "In blauer Jacke" 1950 stehen. Bei Mies van der Rohe wird der Schwerpunkt auf seine Idee von "Baukunst" sowie seinen Raum- und Figuren-Begriffen im "Glasraum" 1927 und dem "Seagram Building" 1954-58 gesetzt. Es werden die äußeren Pole der für Beckmann und Mies van der Rohe wesentlichen Ideen von Figur und Raum, von Raum und Zeit, von Bildraum und physikalischem Raum, von Kunst und Architektur bis zur klassischen Moderne aufgezeigt. Ihre Vorstellungen von Raum und Figur finden eine erste meisterliche Formulierung im europäischen Frühwerk und eine zweite im amerikanischen Spätwerk: Gibt es Beckmanns Räume nur durch seine Malerei, also innerhalb seiner Bildwelt, so existieren Mies van der Rohes Räume erst durch die Realisierung seiner Architekturideen. Nutzt Beckmann die Möglichkeiten der Farbe, durch Nuancierung einer scheinbar monochromen Fläche Tiefenwirkung gegenüber seinen Figuren zu verleihen, ordnet Mies van der Rohe jede konstruktive Raumfläche seinen dynamischen Raumgefügen unter, deren "Ruhepunkt" die Skulptur ist.

Vermeidet Beckmann jede Naturfarbe, arbeitet Mies van der Rohe vorzugsweise mit aufpolierten Naturmaterialien wie Holz und Stein. Verlässt Beckmann in seiner Bildwelt den physikalischen Raum, zeigt und schafft Mies van der Rohe diesen. Dessen absolute Ausprägung könnte idealerweise in der Nationalgalerie in Berlin durch ausgewählte Werke Beckmanns aufgezeigt werden: So wäre Beckmanns Bildwelt in Mies van der Rohes Raumwelt der Einblick in eine andere Welt, während Mies van der Rohes Raum der Ausblick in die von Beckmann "gespiegelte" Welt wäre. Metaphorisch wäre Beckmann dem Architektenkollegen die Figur im Raum; Mies van der Rohe kommunizierte durch Raum mit den Figuren des Künstlerkollegen.

"Raum" und "Figur" - zwei Körper - der eine Hülle, der andere Volumen, der künstlerisch-intellektuelle Gegenstand beider Männer, die sich aufgrund ihrer Geisteshaltung und Kulturauffassung sowie ihrer kulturpolitischen Bedeutung sehr schätzen: Die Zeit als Bindeglied von Figur und Raum ist ihnen weltlich-historische Bezugsgröße zum Menschen und dessen Errungenschaften - also auch zu sich selbst und ihrem Werk.

Zurückblickend zeigt sich, dass die Biographien der beiden Künstler erstaunliche Parallelen aufweisen: Beide treffen sie etwa 20jährig in Berlin ein. Beckmann, 1884 in Leipzig geboren, zieht 1904 in die Landeshauptstadt; Mies van der Rohe, 1886 in Aachen geboren, kommt 1905 nach Berlin. Beide suchen zunächst den Dialog mit den Größen ihrer Disziplin: Beckmann mit Corinth, Lehrer seiner erster Frau Minna, sowie Liebermann. Mies van der Rohe arbeitet bei Bruno Paul und ist dann neben Gropius bei Peter Behrens tätig.

Ab 1912/13 emanzipieren sich beide von den Positionen der älteren Generation. Sie suchen nach eigenständigen, gegenwärtigen Neuformulierungen von Traditionellem: Beckmann interpretiert religiöse Themen wie die "Auferstehung" 1908 und wendet sich in Historienmanier aktuellen Ereignissen wie dem Titanic-Untergang 1912 zu. Mies van der Rohe präsentiert als Behrens' Mitarbeiter gleich auch einen eigenen Entwurf für die Museumsvilla "Kröller-Müller" 1912/13 und erhält den schließlich nicht durchgeführten Auftrag. Im Ersten Weltkrieg dienen beide: Beckmann 1914/15 in Ost-Preußen und Flandern, Mies van der Rohe 1915-19 in Deutschland und Ungarn. Mit ihrer Rückkehr finden sie die zurückgelassenen Familienverhältnisse verändert vor: Beckmanns Frau, Minna, hat ein Engagement als Sängerin an der Oper in Graz angenommen; er geht zu Freunden, den Battenbergs, nach Frankfurt am Main. Mies van der Rohes Frau hat sich zur eigenen Familie zurückgezogen; er beginnt ein Junggesellenleben in Berlin. Eine äußerst produktive Schaffensphase für beide: Beckmann formuliert sein Werk und seine ästhetischen Mittel im jüdisch geprägten Frankfurter Bürgertum neu; Mies van der Rohe interpretiert seine Architektur und seine Raum- und Materialästhetik im Kontext der Berliner Avantgarde neu. Beider Lebensumstände sind privilegiert durch Atelier, Wohnung und Lebensnotwendigem durch Freunde und Familie. Ohne materiell darauf angewiesen zu sein, suchen sie das öffentliche Urteil. Wie die Arbeit im Atelier ist dieser Dialog nach außen selbstbestimmt und folgt eigenen künstlerischen Interessen. Mit wegweisenden Werken treten sie ab 1923 aus dem Mainstream ihres Metiers hervor, lösen 1924/25 ihre ersten Ehen auf und werden 1925 in hochrangigste

Kulturpositionen von Staat, Gesellschaft und Kunst berufen: Beckmanns "Eiserner Steg" 1922, "Eisgang" 1923, "Barke" 1925 sowie
"Quappi in Blau" 1926 stehen im Kontext seiner Leitung eines Meisterateliers am Städelschen Kunstinstitut. Mies van der Rohes "Friedrichstraßen"-Projekt 1922/23, seine Wohnhäuser in "Eisenbeton" und
"Backstein" 1923 sowie sein "Haus Wolf" in Guben 1925 führen zur
Leitung der Werkbund- Ausstellung "Das Neue Wohnen" in Stuttgart
1925-27, infolgedessen auch der Weltausstellung in Barcelona 1929
sowie der Internationalen Bau-Ausstellung in Berlin 1931. Die neuen
Anforderungen und Einflüsse, die plötzliche Öffentlichkeit der eigenen
Person und der Anspruch, die eigene Position zukunftswirksam zu formulieren, setzen bei Beckmann und Mies van der Rohe neue Schaffenskräfte frei. Im Wissen, nun Einfluss nehmen können, richten sie ihr
Werk an die Gesellschaft. Nach nur zwei Jahren innerhalb ihrer öffentlichen Position bringen sie ein maßgebliches Meisterwerk hervor: Beckmann formuliert seine Gesellschaftsutopie im "Selbstbildnis im Smoking", Mies van der Rohe seine Lebensraumutopie im "Glasraum".
Beide pflegen eine zunehmend enge Bekanntschaft mit Lilly von
Schnitzler, die Werke von Beckmann erwirbt und deren Mann die Fi-
nanzierung von Mies van der Rohes "Barcelona Pavillon" 1929 sichert.
Zu Beginn der 1930er Jahre wird beiden die Ehre einer Ausstellung in
der Hauptstadt Berlin zuteil: im Kronprinzenpalais der Nationalgalerie
wird ein Beckmann-Raum eingerichtet, Mies van der Rohe leitet die internationale Bauausstellung "Wohnung unserer Zeit". Den politischen
Umbruch infolge der Weltwirtschaftskrise spüren sie zunehmend, halten jedoch bis 1933 ihre Positionen aufrecht. Weitere vier Jahre bleiben

sie nahezu ohne Verkäufe und Aufträge in Berlin. 1937 mit Eröffnung der Ausstellung "Entartete Kunst" in München verlässt Beckmann Deutschland in Richtung Amsterdam, Mies van der Rohe siedelt 1938 endgültig in die USA über. Ab nun zeigen die biographischen Parallelen auch die Spannung zwischen der Entscheidung, in Europa zu bleiben oder direkt in die USA auszuwandern: 1940 richtet das Busch-Reisinger Museum (BRM) des Harvard Art Museums für beide eine Retrospektive aus. Kurz darauf kauft Alfred H. Barr jr. die ersten Arbeiten von Beckmann und Mies van der Rohe für das Museum of Modern Art (MoMA) New York an. Beckmann bleibt allerdings bis 1947 trotz nachhaltigem Bemühen Mies van der Rohes um Einreise seines Kollegen das Visum für die USA verweigert. Mies van der Rohe schafft in den USA in diesem Jahrzehnt ein bis heute maßgebliches Oeuvre. 1947 richtet er seine erste große Retrospektive in Zusammenarbeit mit Phillip Johnson im MoMA ein. Im gleichen Jahr nimmt er Beckmann und seine Frau Quappi in New York in Empfang. 1948 erfolgt die erste große Beckmann-Retrospektive, ausgehend vom City Art Museum St Louis weiter ins BRM und nach Los Angeles u.a.. 1948 gibt Mies van der Rohe eine Festveranstaltung für Beckmann in Chicago, ersterer ist Professor am Illinois Institute of Technology (IIT), letzterer Professor für Malerei an der Washington University in St. Louis. Ab 1950 nehmen sie beide Einfluss auf Kunst und Architektur in New York: Beckmann als Lehrer an der Brooklyn Art School, Mies van der Rohe beginnt 1954 das "Seagram Building". Beide sprechen sie nur bedingt Englisch. Sie bewahren sich eine gewisse Distanz zur Gesellschaft. Ende Dezember 1950 stirbt Beckmann. Mies van der Rohe hat weitere 19 Jahre

Lebens- und Schaffenszeit vor sich. Sein finales Werk ist 1967 die Neue Nationalgalerie in Berlin. Eine Beckmann-Retrospektive im Mies-Bau zu Zeiten des wiedervereinten Deutschland wäre auch kulturpolitisch ein Zeichen.

Diese biographischen Parallelen von Beckmann und Mies van der Rohe sind auch Teil des vorliegenden Forschungsergebnisses. Diese für die Kunstgeschichte eher ungewöhnliche Analysemethode ist hier bewusst gewählt; sie ist Erkenntnis der Bedeutung der Biographie für das Werk beider Künstler. Seit Giorgio Vasaris Künstler-Viten ist dies eine durchaus relevante, teils - wie von Walter Benjamin in seinem Aufsatz zu Goethes Wahlverwandtschaften - sogar geforderte Forschungs- und Darstellungsweise. Kunsthistoriker aus Beckmanns und Mies van der Rohes Generation wie Erwin Panofsky und Aby Warburg haben betont, den Entstehungskontext - einschließlich biographischer sowie individueller Aspekte - eines Kunstwerks als Wissen zu erforschen, bzw. zu bewahren und dem gegenüber die Wirkungs- und Rezeptionsgeschichte zu betrachten. Panofsky etwa leitet dies aus seiner Untersuchung des ursprünglichen Verständnisses von Bildgegenstände und Kompositionsweisen italienischer Renaissanceporträts ab. Erst aus soziokultureller Rekonstruktion des Kunstwerks entwickelt Panofsky dann das Modell der Ikonographie. Dessen abstrakte Leitlinie sei bei konkreter Umsetzung immer wieder neu an Künstler und Werk bzw. Werk und soziokulturellem Ursprung auszurichten. Panofsky weist darauf hin, die Methode ebenso spezifisch wie den jeweiligen Forschungsgegenstand und als direkte Ableitung daraus zu verstehen. Entsprechend unterscheiden sich methodisch Panofskys frühe, europäischen Texte zu Renaissancethemen von seinen späten, U.S. amerikanischen zu Barock- und Gegenwartsthemen. In seinen Foto- und Filmkommentaren begreift er seine Schriften als Teil des Zeitzeugnisses jener Werke, über die er sich äußert. Dies bestätigen heute die Schriften von Joseph Leo Koerner: In seiner Betrachtung etwa von Albrecht Dürer, Caspar David Friedlich und zuletzt "The Reformation of the Image" nimmt er einen an Urheber und Werk orientierten Blickwinkel ein. Koerners Methodik ist wiederum geprägt von Svetlana Alpers Erkenntnis zur Niederländischen Genremalerei, Kunst als Beschreibung zu begreifen. Das Wissen über die Inszenierung der Welt - zumeist von gegenwärtiger und bekannter - im Bild bedeutet bei direkter Werkbetrachtung eine Dechiffrierung von Urheber, Leben und soziokulturellem Selbstverständnis. Die Grundzüge dieser aus konkreten Werkanalysen abgeleiteten Vorgehensweisen sind theoretischer Ausgangspunkt der Methodik dieser Arbeit. Anlass der Arbeit ist das Werk von Beckmann und Mies van der Rohe.

Ihre Erörterung durch die Perspektive der Geschichte der Kunstgeschichte - also durch einen diskursiv entstandenen methodischen Ansatz wie beispielsweise Rezeptions- oder Materialästhetik - hätte zu anderen als den hier vorliegenden Ergebnissen geführt: Es sollte keine Methodendiskussion hinsichtlich ihrer Validität für Beckmann und/oder Mies van Rohe geführt werden. Jede ihre Zeit überdauernde Methode ist bei genauer Betrachtung aus einer differenzierten, am Kunstwerk und seinem Urheber orientierten Forschung hervorgegangen und ist in diesem Sinne Abstraktion vom konkreten Ergebnis. Diese Abstraktion ist dann Theorie der Theorie, also Metatheorie, sie erhebt durch Methodik-Formulierung das aus dem Kunststudium gewonnene Ergebnis zum theoretischen Praxisgegenstand. Das Kunstwerk an sich rückt auf eine andere Ebene, ist nur noch mittelbarer Referenzpunkt.

Auch sollen Beckmann und Mies van der Rohe in dieser Arbeit als Zeitzeugen ihrer Zeit positioniert werden. Es werden jene Aspekte ihres Wirkens betrachtet, die über sie hinaus gültig sind. Gefragt wird nach deren Entstehungs- und Rezeptionsverlauf, nach ihrer Bedeutung und ihrer intendierten, individuellen kunst- sowie kulturhistorischen Aussage. Die biographische Verankerung ausgesuchter Werke von Beckmann und Mies van der Rohe ist methodisches Statement dieser Arbeit.

Diese Methode zeigt auch die jeweilige Einzigartigkeit und den Pendantcharakter von Beckmann und Mies van der Rohe. Es wird ein kulturpolitischer Rahmen aufgezeigt: Maler und Architekt umspannen durch ihr Wirken Malerei und Architektur ihrer Generation zumindest in Deutschland. Zwei äußere Pole repräsentierend, vertreten sie die Kunst der Weimarer Republik. Deutschland formuliert zu dieser Zeit seine Kulturidentität im Ausland bewusst durch diese zwei äußeren Pole, zeigt den scheinbaren Widerspruch als Einheit. Dieses Eigenbild einer Nation reflektiert den Pendantcharakter von Beckmann und Mies van der Rohe, der sich aus ihrer Individualität ableitet. Teil dessen ist die Idee von Künstler wie Architekt, ihre eigene Position als zentrales Zeugnis ihrer Zeit zu begreifen. Sie beziehen Position und begründen von

Anbeginn dauerhaft gültige Grundlagen ihres Lebens- und Schaffens-raums.

Max Beckmann: In der Frage nach "Raum", "Leben" und "Zeit", nach "Kunst" und "Künstler" als spezifische Ausformulierung seiner "Raum- und Figuren"-Idee wird kunsthistorisch und interdisziplinär argumentiert: Welchen Einfluss nehmen historische Ereignisse auf Beckmanns Verständnis von Raum, Leben und Zeit? Im Zentrum steht dabei zunächst der Begriff des Künstlers, der für Beckmann eine bestimmte Haltung seines Ichs (Individualität) und Ausdruck seiner Existenz ist. Dies zeigen seine Selbstbildnisse "Im Smoking" und "In blauer Jacke". Unter den jeweils herrschenden historischen Umständen erreicht Beckmanns Vorstellung vom "Künstler im heutigen Sinne" verschiedene Ausprägungen: "Im Smoking" zeigt er die Vision und Utopie der deutschen Moderne einer "Kunst- und Künstler-Gesellschaft". Es ist die malerische Ausformulierung seines Texts "Der Künstler im Staat". "In blauer Jacke" ist er amerikanischer Bürger.

Kunst, damit auch seine Selbstbildnisse, begreift Beckmann nicht als ideelle Korrektur der Wirklichkeit, sondern als Ausdruck der Zweideutigkeit künstlerischer Existenz: "Was ich in meiner Arbeit zeigen will, ist die Idee, die sich hinter der sogenannten Wirklichkeit verbirgt. Ich suche nach der Brücke, die vom Sichtbaren ins Unsichtbare führt...". Ohne objektivistischen Anspruch auf ein Abbilden von Welt, ist Beckmanns Malerei gegenständlich-figürlich: Individual-mythologisch begründet, brauche seine Wahrnehmung von Mensch und Ding eine gemeinsame Verständnisebene mit dem Betrachter. Diese sucht Beckmann zugleich in geistesgeschichtlicher und künstlerischer Tradition. Von Anbeginn spiegelt er sein Studium der abendländischen Kunst durch übergeordnete Lebensbetrachtungen wie er sie in mythologischen, mystischen, theologischen und theosophischen Schriften findet. Zunächst prägen ihn insbesondere Platon, Kant, Schopenhauer und Nietzsche. Nach 1916 kommen gnostische und kabbalistische Lehren hinzu. In ihrer Disziplin konträre Positionen verbindet er in seiner Gedankenwelt wie er in seiner Bildwelt scheinbar Unvereinbares vereint. Dies bestimmt auch seine Motive und ästhetischen Mittel: Sinnliche Empfindung, spontaner Eindruck und bewusste Reflexion von Wahrgenommenem mischt er mit dadurch initiierten Erinnerungen und Gedanken. Formuliert sich ihm ein Gedanke neu, gibt er den Dingen, die diese repräsentieren, ein neues Erscheinungsbild - gerade auch sich selbst durch ein neues Selbstbildnis. Das Neuerleben eines Motivs inspiriert ihn dann zum Überdenken seiner Begrifflichkeiten. Dies wirkt wiederum auf seine Bildwelt zurück. Dieser Kreislauf spiegelt Beckmanns empfundenen Widerspruch zwischen innerer Ideenwelt und äußerer Erlebniswelt. Seine Schriften, Skizzen und Bilder erheben keinen wissenschaftlichen Anspruch, sondern sind freie Assoziationen - immer in Bezug zu Raum und Zeit seines Lebens. Beckmann fragt nach Meta-Ebenen und nach "Struktur", nach dem "Metaphysischen". Er löst Mensch und Ding aus ihren Erscheinungskontexten und schafft neue Zusammenhänge in seinen Bildern. Es ist ein Neuartikulieren des Existierenden, das durch seine individuelle Bild- und Gedankenwelt verbunden sei. Dies formuliert er in seinen Selbstbildnissen "Im Smoking" und "In blauer Jacke" aus.

Bezieht er sich künstlerisch auf Tradition, sieht er sich in seiner Künstlerpersönlichkeit dagegen nicht in einer direkten Tradition. Immer neue Sichtweisen auf seine Künstler-Existenz bringen den Gedanken einer "Gruppe", später als "Argonauten" bezeichnet, hervor. Dadurch schafft Beckmann sich einen Handlungsraum, der ihm auch während seiner Exil-Zeit in Amsterdam 1937-47 Kontinuität in seinem Wirken und Leben ermöglicht. Ab 1947 in den USA geht Beckmann aufgrund seiner öffentlichen Wertschätzung und dem Frieden im Land erneut auf die Gesellschaft zu. Er entwickelt ein neues Verhältnis zu seiner Kunst. Dadurch fasst er auch seine Begriffe von Raum, Leben und Zeit neu auf. Sein Begriff des Künstlers ist nun, wie in seinem "Selbstbildnis in blauer Jacke" artikuliert, zuerst durch die eigene Person und dann durch seine Kunst geprägt: Er zeigt sich, Max Beckmann. Das Gemälde steht in diesem Sinne für Beckmanns U.S.-amerikanisches Spätwerk.

Beckmanns individuelle Gedanken werden folgend genauso offengelegt wie die auf ihn wirkenden kulturhistorischen Ereignisse. Jeder Gedanke, jede Idee, jede Form, jeder Gegenstand, jede Figur wird in Beckmanns Bildwelt als verschlüsselte, vom "Ich" aus gesehene Einsicht gezeigt. Deshalb erhebt die Darlegung von Raum, Leben und Zeit, von Kunst und Künstler bei Beckmann vorrangig den kunsthistorischen Anspruch, das Werk zu untersuchen. Jede historische und geistesgeschichtliche Kontextualisierung ordnet sich diesem unter und folgt allein Beckmanns Umgang mit diesen Einflüssen aus seiner Lebens-Perspektive. Das Verstehen des Kunstwerks ist Ziel. Dafür wird zunächst in seine Begriffe von Raum, Leben und Zeit sowie von Kunst und Künstler eingeführt. Die auf Beckmann wirkenden kulturhistorischen Umstände schließen sich an. Anhand früher Meisterwerke, "Junge Männer am Meer" 1906, "Auferstehung" 1908, "Titanic" 1912 und "Auferstehung" 1916-18 wird sein Weg zu seiner von Anbeginn gesuchten künstlerischen Autonomie nachgezeichnet. Seine künstlerischen Errungenschaften in "Eisgang" 1922, "Eiserner Steg" 1923, "Barke" 1925 und "Quappi in Blau" 1926 finden im "Selbstbildnis im Smoking" 1927 eine erste Ausformulierung. Entsprechend prominent wird dieses Selbstbildnis untersucht. Den Einfluss des kulturhistorischen Umbruchs ab 1932/33 sowie der Zeit des Exils 1937-47 in Amsterdam artikuliert er in "Abfahrts-Triptychon" 1932/33, "Mann im Dunkeln" 1934, "Die Reise auf dem Fisch" sowie "Bildhaueratelier" 1946. Das Leben in der "Neuen Welt", den USA, ab 1947 initiiert bei Beckmann eine letzte intensive Schaffensphase. Aus dieser geht auch die Neuformulierung seines "Selbstbildnisses im Smoking" als "Selbstbildnis in blauer Jacke" hervor. Dieses wird entsprechend prominent besprochen. Im Kontext sind der "Abstürzende" 1950, die "Brücke" 1950 und das "Argonauten-Triptychon" 1950 zu sehen. Weiterführende Gedanken zu Beckmann schließen diesen Teil ab.

Ludwig Mies van der Rohe: In der Frage nach "Raum", "Leben" und "Zeit", nach seiner durch "Baukunst" formulierten Idee von "Raum und Figur" wird architekturhistorisch und interdisziplinär argumentiert: Historisch-gesellschaftliche Anforderungen an die Baukultur prägen Mies van der Rohes Begriffe von Raum und Leben ebenso wie von technischen Innovationen hervorgebrachte Material- und Raumästhetiken. Die Erörterung von Mies van der Rohes Oeuvre setzt mit seinem ersten utopischen Bauprojekt, dem "Glasraum" 1927 in Stuttgart ein. Mies van der Rohe versteht, wie selbst geäußert, Raum als Ausdruck einer Geisteshaltung. Deshalb sind der "Glasraum" wie sein folgendes Wirken in Europa und in den USA bis hin zur Neuen Nationalgalerie in Berlin 1967 als Formulierung seines Denkraums zu lesen: In diesen 40 Schaffensjahren mit Messebauten, großzügigen Villen für Kunstsammler, Universitätsbauten, modernen Hochhäusern bis hin zu Museen artikuliert Mies van der Rohe Raum als Idee. Diese würde innerhalb schützender und stützender Säulen und Dächer erst mit dem Erleben und Denken, mit der Vorstellung und Realisierung von Raum durch den Menschen konkret. Raum ist sein Begriff von Leben. Und Baukultur ist sein Begriff von Kontinuität: Bis heute sind in Berlin und Potsdam die für Mies van der Rohe ein Leben lang maßgeblichen Staatsarchitekturen von Schinkel der Grundstein und Rahmen der dortigen Architekturen. Im Gegensatz zu Künstlern und Bildhauern sieht sich Mies van der Rohe trotz aller technisch-ästhetischer Klarheit des "Neuen Bauens" in einer Tradition: Der historische Bezugspunkt - Person, Zeit und Stil - wird kontrovers diskutiert. Dagegen ist man sich über die zu vermeidenden Verwischungen des Historismus einig. In den 20er Jahren tritt man auch von Schinkels klassizistischen Symmetrie einen Schritt zur Seite. Diagonale und geöffnete Raumfluchten bedeuten ein neues Lebensgefühl. Begriffe wie Bewegung und Dynamik sowie technischer Fortschritt bringen die neuen Formen, Architekturen und Räume des "International Style" hervor. Mies van der Rohe gelingt es, wie neben ihm allenfalls Walter Gropius und Le Corbusier, avantgardistische Elemente der eigenen Baukultur als international wegweisend durchzusetzen. Die zeitgenössische Architektur- und Kunstkritik der 20er Jahre scheint an sich historisch bereits einmalig. Heute liest sie sich zudem wie die theoretische Reflexion von Mies van der Rohes Wirken. Gegenwart ist als Traditionsbegriff aufgefasst, ist an den Menschen und dessen Lebensbegriff gerichtet. Gezeigt wird dies durch die Neuformulierung von Raum in Bezug zur Skulptur. Diese ist die Figur im Raum: Kurz nach der Veröffentlichung von Mies van der Rohes Landhäusern in "Eisenbeton" und "Backstein" 1922/23 schreibt Brinkmann 1924: "... Immerhin entstehen zu Beginn des neuen 20. Jahrhunderts einige Bauwerke, die den Willen zu Raum und Plastik wieder sehr deutlich bekunden. Gleichzeitig aber auch macht sich ein Ingredienz geltend, das im Stande zu sein scheint, der Plastik des Körpers eine neue Wesensgemütlichkeit zu geben. Diese Ingredienz ist das besonders funktionelle Gefühl, das an den Bauten von Eisen und Beton, den Konstruktionen der Ingenieure, erzogen ist, das sich trotz aller Ähnlichkeiten doch sehr wesentlich von gotischem Gefühl unterscheidet. ... In Verbindung mit Glas und Beton wie in der Görlitzer Markthalle gewinnt er Flächen, die auf Klarheit der Raumform hinarbeiten. ... Die Fläche ist wieder gefunden, die Fläche als Begrenzung von Raum und Plastik. Man hält Ausschau, ob die Skulptur wieder dem architektonischen Raum und der architektonischen Plastik dienen will, und erkennt wenigstens einige Ansätze. Hoffnungsvoller macht, dass die Skulptur selbst wieder zu einfachen plastischen Konstellationen drängt, dass sich in dieser Richtung Hoetger, Kolbe und Archipenko treffen. Ja, in allerjüngsten

Schöpfungen scheint auch das Problem des Raums wieder von der Skulptur aufgenommen."[1] 1927 merkt Mies van der Rohe im Kontext seines "Glasraums" und der Werkbund-Ausstellung "Das Neue Wohnen" in Stuttgart selbst an: "Wirklich frei waren wir nur in den räumlichen Problemen, also der eigentlich baukünstlerischen Frage."[2] Raum wird zum Inbegriff von "Baukunst" - Mies van der Rohes Begriff für "Architektur". Der künstlerisch-ästhetische Anspruch seines Metiers und die Nähe zu den "Bildenden Künsten" sind ihm wichtig. 1928 führt sein Kollege Willi Baumeister dies weiter aus: "Die heutige Architektur ist "Raumschöpfung". Sie löst jedoch die einzelnen Zellen auf zugunsten eines durchgehenden Raumgefühls. Die Farbgebung ergibt sich aus diesem Leitgedanken. ... Doch gibt es Farbklänge, die trotz Kontrast Aktivität und Ruhe ergeben. Die uns entsprechende Reinheit der Spannungsharmonie ist durch die besten Beispiele der abstrakten Malerei bekannt. ... Farbüberzug tötet das Material ab. Es bleiben nur noch Materialformen. ... Es gibt aber eine Farbgebung, die uns durch die ersten Materialgestaltungen des Kubismus gezeigt wurde."[3] Mies van der Rohes "Glasraum" ist hier zu einer ersten Architektur-Formel erhoben. 1929, zeitgleich zu Mies van der Rohes "Barcelona Pavillon", wird diese von Lotz erweitert: "Plastik und Architektur sind zwei Gebiete der künstlerischen formschaffenden Betätigung, die eng zusammengehören, weil es in ihrem Wesen liegt, in der dritten Dimension zu gestalten;

---

[1] Brinkmann 1924, S. 87-88.
[2] Mies van der Rohe 1927 2.
[3] Vgl. Baumeister 1928 2.

beide beherrschen ein Stück Raum. Die Architektur nimmt oft plastische Werte an, ja es gibt Architektur, deren künstlerische Wirkung allein in ihrer plastischen Gestaltung liegt. So fehlt dem griechischen Tempel, der denkmalartig in der Landschaft steht, der Raum als künstlerischer Faktor. Aber eigentlicher Zweck der Architektur ist die Schaffung räumlicher Werte und der Raum ist zugleich der künstlerische Stoff, in dem der Architekt denkt und formt."[4] Raum wird im Sinne Mies van der Rohes als "Vollzug geistiger Entscheidungen", als künstlerisches Element in Dialog mit dem raumgreifenden Skulpturen-Körper und als Inbegriff geistig-kultureller Werte verstanden. 1931 erfasst derselbe Autor Mies van der Rohes Architektur als Lebens-Formulierung durch Raum: "Es steht aber nicht in dem Programm, dass man damit eine gültige Lösung finden wollte, denn 'Die Wohnung unserer Zeit' kann sich nicht auf einer Ausstellung erfüllen, sondern nur im Leben. ... Jedenfalls bedeutet das lebendige Übergehen der Räume in den Hofraum bei dem Miesschen Haus einen wichtigen Beitrag zum modernen Raumproblem als ein solches süßes Panoramabild."[5]

Schon die Zeitgenossen können die Messebauten "Glasraum", "Barcelona Pavillon" und "Berliner Bau" jeweils nur drei Monate erleben. Danach existieren die Mies'schen Architekturen als Erkenntnis sowie durch schriftliche Dokumente, Fotografien und indirekt Mies van der Rohes weitere Projekte. Bis zur Wiedererrichtung des "Barcelona Pavillons" 1986 sind sie Vorstellungen, die er bereits während ihrer

---

[4] Vgl. Lotz 1929, S. 3.
[5] Lotz 1931, S. 241 und S. 249.

Existenz inszeniert. Da Architektur weder transportabel noch abbildungsmäßig vollständig zu erfassen ist, nutzt Mies van der Rohe das moderne Metier des Architekturfotografen. Unter seiner Regie werden seine Räume zum Bild. Er lässt sie eine visuelle Sprache entwickeln, in der die Skulptur die kulturelle Codierung seines Architektur-Begriffs ist: Der Herrschaftsarchitektur und den großbürgerlichen Villen entlehnt, ist sie der Vertreter des Menschen in dessen Lebens- und Wirkensraum. Mies van der Rohes Hochhäuser bleiben dagegen in Europa vorformulierte Architektur. Erst in den 1950er und 60erer Jahren in Chicago und New York u. a. realisiert er Großstadt-Architekturen, in denen er seinen europäischen Raum-Gedanken traditionell ausformuliert. Er gibt dem angeblich knappen Stadtraum seinen "Platz", lässt ihn frei und artikuliert ihn als Teil seiner Architektur durch Plastiken: In Chicago die "Lake Shore Drive Aparmtents" 1956 sowie das "Federal Center" 1964, in New York das "Seagram Building" 1958. Mies van der Rohe reagiert auf die junge Historie der modernsten, westlichen Metropolen durch Grundelemente der Berliner Schinkelmeile: Er zeigt den öffentlichen Raum als Repräsentanzraum von Lebensweise, Gesellschaft und Staat. Für das "Seagram Building" entwirft er sogar eigene Skulpturen, die jedoch unausgeführt bleiben. Deren Betrachtung schließt in dieser Arbeit die Ausführungen zu Mies van der Rohe ab. Zukünftig brauchen seine Figuren im Raum keine menschliche Form mehr. Ihre Ästhetik formuliert Raum rein durch dynamische Form. Sie sind die Antwort auf die Orthogonalen des Mies'schen Architektur-Raums. Der Mensch allein ist nun Figur in seinem Raum.

Die vorliegende Arbeit behandelt bewusst nur eine konzentrierte Auswahl von Werken von Max Beckmann und Ludwig Mies van der Rohe. Deren Erörterung erfolgt dafür umso intensiver. Die grundsätzlichen Erkenntnisse dieser Arbeit können jedoch Gültigkeit für die sich jeweils anschließenden Werkgruppen von Beckmann und Mies van der Rohe besitzen. Die Gewichtung der Textteile folgt den jeweils wissenschaftlichen Ansprüchen. Zu Mies van der Rohe ist mit den beiden großen Retrospektiven 2001 ein außergewöhnlicher Wissensstand zu einer Künstlerpersönlichkeit der Klassischen Moderne zusammengetragen. Die Retrospektiven zu Beckmann 1984 vor der Wiedervereinigung Deutschlands dagegen stehen noch im Zeichen der Folgen des Zweiten Weltkriegs: Frühe, grundlegende Orte für Beckmann - Leipzig und Weimar - waren für Forschung und Publikum nicht zugänglich.

Diese Arbeit ist Ergebnis intensiver Recherchen in Deutschland, Frankreich, den Niederlanden und in den USA. Durch Reisen zu den Quellen, zu den Werken, Schriften, Korrespondenzen, Ausstellungsakten, dann Interviews mit Max Beckmanns Enkelin Mayen Beckmann, dem Miesschüler Werner Blaser sowie Wissenschaftlern und jeweiligen Experten wurde versucht, Beckmanns und Mies van der Rohes eigene Lebenswege und die ihrer Werke nachzuzeichnen. Zu einem Netzwerk verdichten sich für Beckmann Punkte wie Berlin, Frankfurt am Main, München, Paris, Amsterdam, St. Louis, Cambridge und New York. Mies van der Rohes Einflussorte sind Berlin, Barcelona, Chicago, Houston, Krefeld, New York, Stuttgart. Diese Orte sind heute die musealen Zentren ihrer Werke. Diese historischen Strukturen sind bei Beckmann in den zwei Selbstbildnissen "Im Smoking" und "In blauer Jacke" und bei Mies van der Rohe im "Glasraum" und im "Seagram Building" zusammengefasst.[6]

DIE BEGRIFFE VON RAUM, LEBEN UND ZEIT BEI BECKMANN

"Raum ----- Raum -- und nochmals Raum -- die unendliche Gottheit die uns umgibt und in der wir selber sind. Die suche ich zu gestalten durch Malerei." So Max Beckmann in seiner Rede "Über meine Malerei" am 21. Juli 1938 in den New Burlington Galleries in London anlässlich der Ausstellung "Twentieth Century German Art".[7]

Raum ist bei Beckmann parallel konkret und transzendent.[8] Seine Sichtweise ist sowohl durch Schopenhauer, "die Welt als Wille und Vorstellung" zu begreifen, sowie durch Kant inspiriert: Raum und räumliche Beziehungen seien mental konstruierte, an das Individuum (denkende Subjekt) geknüpfte Wahrnehmungen.[9] Dies erweitert Beckmann um einen eigenen Begriff von Wirklichkeit.[10] Wirklichkeit liegt in seinem

---

[6] Wesentliche Quellen und Literatur zu einem Aspekt werden in den Fußnoten gebündelt genannt. Zitiert wird Verfasser und Jahr wie im Literaturverzeichnis angegeben.

[7] Beckmann 1983.

[8] Vgl. ebenda; Beckmann u. Schaffer 1992; Beckmann u. Schmidt 1903-04 u. 1912-13/1985; Beckmann u. Klinkel 1908-09/1983; Beckmann u. Göpel 1979; Beckmann 1947, englische Originalabschrift siehe Akten des Busch-Reisinger Museum, Harvard Art Museum, Cambridge - deutsche Fassung: Beckmann u. Pillep 1984, S. 180-185; Schneede 2009.

[9] Vgl. Schopenhauer 1987; Kant 1998; Zimmer 2005.

[10] Vgl. Beckmann u. Klinkel 1908-09/1983, S.21; Schneede 2009, S. 10.

Verständnis hinter der äußeren Erscheinung der Welt, im Metaphysischen - ebenfalls gebunden an das Individuum.[11] Raum sei deshalb individueller, permanent variabel, aber allumfassender Begriff.[12] Eine Negation des Raums sei undenkbar. Die Gesamtheit aller Existenz umfasse auch das Nichts als Existierendes.

Das Leben sei eine Form des Menschen, in der der Geist an eine Leiblichkeit gebunden zu Wahrnehmung, Erkenntnis und Tat fähig sei.[13] Allerdings sei dies nur ein Zwischenzustand, der durch Wiedergeburt immer wieder erlangt würde.[14] Diese Idee des Lebens gibt Beckmann die Kraft, die Jahre des Exils 1937-47 in Amsterdam zu überleben. 1950, kurz vor seinem Tod schreibt er, in Anlehnung an Pythagoras sei der Tod "als Ruf auf eine andere Bewusstseinsebene" zu verstehen. Der Moment des Sterbens sei die Erfüllung seiner Individualität. Dann würden Raum, Zeit und Inhalt seines Lebens zusammengeführt. Fortan würde er als Individuum durch sein Wirken existieren.[15] Denn dies bliebe in der Welt.

Beckmann wahrt eine kritische Distanz zum Vergänglichen, sich unaufhörlich Wiederholenden des Alltags. Dennoch nimmt er diesen Zustand

---

[11] Vgl. Anm. 2 u. 3; Beckmann 1927, hier zitiert nach Beckmann u. Pillep 1984, S. 116-121; Ausst. Kat. Frankfurt am Main 1990.

[12] Vgl. Beckmann 1947; Bieber 2003; Clarke 2009; Eckmann 2009; Gärtner 1996; Haxthausen 2003; Schoch-Joswig 2000.

[13] Vgl. Beckmann 1983; Beckmann u. Klinkel 1908-09/1983; Beckmann u. Schaffer 1992; Beckmann u. Schmidt 1903-04 u. 1912-13/1985; Beckmann u. Göpel 1979; Beckmann 1947; Fischer 1972; Noll 2006; Schneede 2009.

[14] Vgl. ebenda; Beckmann u. Göpel 1979; Beckmann 1983.

[15] Vgl. Beckmann 1947; Beckmann u. Göpel 1979; Beckmann 1983.

der Welt wahr.[16] Er konzentriert sich auf jene Ereignisse, die den Lauf der Dinge mitgestalten.[17] Deren zeitlich-örtliche Bestimmung wiederum ereigne sich durch den Menschen kraft dessen Vorstellung von Raum und Zeit. Der Mensch sei also Ursprung, Zentrum und Endpunkt des Weltgeschehens. Aktiv einwirken könne dieser, wenn er zur Erkenntnis von Bezügen und der Bedeutung der Dinge fähig sei. Daraus forme der Einzelne dann seine Individualität. Sein Wirken sei sein Weg zu Individualität. Und es weise Anderen Wege zu Erkenntnis auf.[18]

Beckmanns künstlerische, philosophische, theologische, theosophische und literarische Quellen sind typisch für die Moderne. Sein eigenständiges Ideengebäude ist zugleich repräsentativ:[19] Er negiert das Prinzipielle der Moderne. Auch folgt er der Dekomposition des Raumes und der Entmystifizierung des Menschen nicht.[20] Perspektivische Gesetzmäßigkeiten oder wiederholbare Systematiken meidet er. Sein Raum-Zeit-Konzept ist an den Begriff der Individualität, an die Idee eines "Ichs" als Lebens-Begriff geknüpft.[21]

Es gilt die Genese seiner Anschauungen zu untersuchen: Zu Beginn seines Schaffens nähert Beckmann sich unterschiedlichen Positionen.

---

[16] Vgl. Beckmann u. Klinkel 1908-09/1983, S.21.
[17] Vgl. Beckmann u. Pillep 1984, S. 41/42; Beckmann u. Schmidt 1903-04 u. 1912-13/1985, S. 33.
[18] Vgl. Beckmann u. Schmidt 1903-04 u. 1912-13/1985; Beckmann u. Klinkel 1908-09/1983; Beckmann 1927; Beckmann u. Göpel 1983; Beckmann u. Pillep 1984.
[19] Vgl. Anm. 16; Schneede 2009, insbes. S. 10.
[20] Vgl. Simons 2007.
[21] Vgl. Beckett 1997; Hyman 1998.

Impressionismus und Kubismus regen ihn zu malerischen Experimenten an. Kontinuität und Homogenität innerhalb dieser Bildkonzeptionen schränken Beckmanns Inhalte - den Menschen als Spiegel von Leben und Existenz - allerdings zu sehr ein. Deshalb nimmt er lediglich die theoretischen Ideen dieser Stile auf: das Aufbrechen der visuellen Oberfläche in Teileinheiten und das Zergliedern des dreidimensionalen Objekts hin zu Einzelansichten.

Die für Beckmann typische Ästhetik von Bildraum und Figurenansicht formuliert er infolge der Erlebnisse im Ersten Weltkrieg zwischen 1916 und 1927 erstmals aus.[22] Dies entwickelt er in den folgenden Schaffensphasen bis 1933, dann 1933-37, 1937-42 bzw. -47 und schließlich 1947-50 weiter.

Ab etwa 1942 leitet er seinen Spätstil ein. Zunehmende Freiheit in der Komposition, der Strichführung und der Farbauffassung kennzeichnen diesen. 1947-50 führt er seine früheren Positionen in neuen Werken und der Überarbeitung älterer zusammen.[23] Diese Vollendung seiner künstlerischen Positionen gibt den gesamthaften Blickwinkel auf Beckmann für die vorliegende Arbeit vor.

In seinen Selbstbildnissen "Im Smoking" und "In blauer Jacke" artikuliert Beckmann sein Wirken.[24] Er formuliert durch die eigene Person jeweils den Menschen seiner Zeit. Seine jeweilige Lebens-Idee drückt die

---

[22] Vgl. Schulz-Hoffmann 2000.
[23] Vgl. Gohr 1984.
[24] Zum Thema der Selbstbildnisse bei Beckmann vgl. Gohr 2002; Erpel 1985; Ausst. Kat. München/Braunschweig 1983; Zenser 1984.

aktuelle "historische Kultur-Zeit" seines Lebens-Orts aus:[25] 1927 rekurriert Beckmann auf eine lange abendländische Geistesgeschichte. Diese ist zwar zu einer neuen Blüte gekommen, weiß allerdings den Konflikt zwischen "Künstler" und "Staat" nicht aufzuheben. 1950 formuliert er seine frühe These neu. Bereits vor ihm ist sein "Selbstbildnis im Smoking" in den USA eingetroffen und wirkt auf Kultur und Gesellschaft. Der Moment seines Künstlerseins hat erneut Berechtigung. Beide Bildnisse zeigen Raum und Zeit als durch den Menschen korrelierend.

Mit seinen Anschauungen ist Beckmann zweifach "Kind seiner Zeit": In der Weimarer Republik ist diese Haltung wie vor dem Ersten Weltkrieg noch immer eine geistesgeschichtliche. Man bezieht sich wieder auf die Positionen von Kant, Hegel, Nietzsche, Schopenhauer u. a..[26] Mit der Machtergreifung der Nationalsozialisten 1933 wird diese Betrachtungsweise dann unvorhergesehen existenziell. Wie im Ersten Weltkrieg sind die historischen Geisteshaltungen wieder spürbar. Doch Schillers, Jean Pauls und Goethes Abstraktion von Erlebtem hin zu Erkenntnis steht nun gegen eine durch Geisteskraft nicht zu überwindende Tatsächlichkeit.

Dieses von den Künstlern der Moderne erlebte Paradoxon erörtert Stefana Sabin in ihrer Schrift "Die Welt als Exil".[27] Viele

---

[25] Panofsky 1927/1984, S. 77.
[26] Vgl. Schmied 1983 1.
[27] Vgl. Sabin 2008.

Kulturpersönlichkeiten erleben beide Weltkriege. Viele entscheiden sich aufgrund von Diffamierung bzw. Verfolgung für ein Weiterarbeiten und -leben im Verborgenen oder im Exil.[28]

Beckmann beantwortet diese äußeren Einflüsse individuell.[29] Vor 1933 nimmt er die intellektuellen Impulse als Ideenwelt auf. Sie sind ihm jedoch nie direkt Anlass einer Bildfindung. Sondern er sieht seine Suche nach Verortung in Welt und Leben gespiegelt. Die Exilsituation 1937-47 gibt diesen Gedanken eine neue Dimension.[30]

Die erlebten Zeiten bringen für Beckmann eine immer neue, ungeahnte Realität: Im Krieg, insbesondere 1915/16 und 1942-45, begreift er den Menschen als sich selbst und seines gleichen fremd.[31] Er distanziert sich in Schriften und Werken dieser Zeiten von bisherigen Lebens-Betrachtungen. Zugleich wendet er sich vertrauten Individuen zu: Im frühen Zwischenkriegswerk sind es seine engsten Freunde Battenbergs und seine Familie, insbesondere sein Sohn Peter. Das Amsterdamer Exil 1937-47 ist für Beckmann dann die Zeit der "Frommelschen Argonauten": Quappi,[32] Wolfgang Frommel, Gisèle van Waterschoot van der Gracht u. a. vor Ort; Stephan Lackner, Curt Valentin, Georg Hartmann,

---

[28] Vgl. Ausst. Kat. Berlin 1997; Frommhold 1968; Neugebauer 2003; Scheel u. Bering Hg. 1998.

[29] Vgl. Buenger 1997 2.

[30] Zur Amsterdamer Zeit 1937-1947 vgl. Amsterdam: Ausst. Kat. Amsterdam u. München 2007; Beckmann 2007; Homburg 2004; Lenz 2007; Lloyd 2003; Schmidinger u. Schoeller 2007, insbes. S. 156-165; Smitmans 2001.

[31] Vgl. Beckmann 1977.

[32] Vgl. Beckmann 1983, Schneede 2009.

seine erste Frau Minna Tube, der Sohn Peter (aber auch Benno Reifenberg, Wilhelm Hausenstein, Günter Franke, Georg Swarzenski) in der Ferne sind die Figuren seiner Welt.[33] Die Bestimmung würde diese Auserwählten letztlich zu sich selbst führen.

Beckmann ist durch seine Vorstellungen von Raum, Leben und Zeit von den weltlichen Grenzen wie dem Übergang von Land zu Wasser fasziniert.[34] Anfangs schafft er sogar entgegen seiner Vorliebe, alleine im Atelier zu arbeiten, eine Anzahl von Meeres- und Strandansichten direkt vor Ort. Das prominenteste darunter sind seine "Jungen Männer am Meer" 1905.[35] Das Meer ist ihm die "alte Freundin" und Spiegel des nur als Vorstellungswelt zugänglichen Alls.

In seinem Lebensraum sind Beckmann tatsächliche Spiegel das Pendant zu dieser Idee: Sie bieten ihm ideenmäßig Zugang zu jener "Sphäre", welche er unter dem Begriff des Metaphysischen zusammenfasst.[36] Er nimmt an, dass Leben als Vorstellung in für den Menschen nicht verfügbaren Bereichen weitergeht. "Etwas" existiere auch dann, wenn es rein gedanklich entworfen würde. Einerseits wird hier die Idee des Metaphysischen aus Kants "Kritik der reinen Vernunft" wirksam. Andererseits spielt Hegels Entwurf der Begriffe von Bewusstsein und Wirklichkeit eine Rolle.[37] Zugleich leitet Beckmann aus der

---

[33] Zu allen Personen vgl. insbes. Schneede 2009. Zum Exil bei Beckmann in Ergänzung zur bereits erwähnten Literatur vgl. Bormann 2005; Bormann 2007 2.

[34] Vgl. Beckmann 1947.

[35] Vgl. Ausst. Kat. Hamburg 2003; Ausst. Kat. Hamburg 2007.

[36] Vgl. Anm. 3 u. 16.

[37] Vgl. Schneede 2009.

Physik, dass das tatsächliche Spiegelbild hinter der Projektion liegt, eine neue Bildidee ab: Wenn etwas losgelöst von physischer und physikalischer Präsenz sichtbar ist, kann auch Vorgestelltes projiziert werden. Beckmanns Spiegel-Visionen erheben innerhalb seiner Bildwelt einen den "realen" Motiven gleichberechtigten Wahrheitsanspruch. Seine gespiegelte Ansicht "Im Smoking" und "In blauer Jacke" kann als metaphorisches Betreten seiner Bildwelt aufgefasst werden.

Für ein umfassendes Verständnis seiner Begrifflichkeiten sind auch seine acht Skulpturen relevant. Als Beckmanns bildnerisches Werk um 1930 zu einem ersten Höhepunkt gelangt, und er sich 1933 in die Anonymität der Großstadt Berlin zurück zieht, schafft er 1934 seine erste Skulptur, den "Mann im Dunkeln".[38] Der kompositorische Aufbau sowie die Ästhetik des Ausdrucks erinnern an Figuren aus seiner Bildwelt. Zugleich formuliert er allerdings plastisch jeweils eine künstlerische Fragestellung, die im Zweidimensionalen nicht darzustellen ist. Als Figuren im Raum erfindet Beckmann dann seine Figuren in seiner Malerei immer wieder neu. Es entsteht eine interessante Spannung zwischen Körper und Raum zwischen seiner Bild- und Lebenswelt.

Jedes seiner Werke begreift Beckmann als selbstständig, aber Element eines größeren Ganzen.[39] Raum, Zeit und sein Leben sind darin

---

[38] Vgl. Ausst. Kat. Köln 1984 2, insbes. S. 64-67; Franzke 1984; Franzke 1987; Noll 2003.
[39] Vgl. ebenda; Beckmann u. Pillep 1984, S. 40.

zusammengefasst. Oftmals schreibt er seine Ideen nieder, ehe er ein bildnerisches Werk beginnt. Auch zitiert er eigene Bildelemente in immer neuen Kontexten.[40] Diese verbindende Struktur innerhalb seines Werks spiegelt seinen Begriff des Metaphysischen sinnbildlich: durch Raum, Zeit und Geschichte voneinander getrennt, sind seine Werke dennoch eins.

DER KULTURHISTORISCHE KONTEXT VON BECKMANNS SELBSTBILDNISSEN "IM SMOKING" UND "IN BLAUER JACKE"

1927 entsteht in Frankfurt am Main Beckmanns "Selbstbildnis im Smoking".[41] Es ist die Zeit seiner größten Anerkennung in Deutschland. Zugleich antwortet er auf die Pariser Avantgarde. Er artikuliert seine Kunstauffassung und kulturpolitischen Haltung.[42] 1950 findet er in den USA erneut große Anerkennung. Deshalb interpretiert er sein frühes malerisches Manifest noch einmal. In New York malt er sein letztes "Selbstbildnis in blauer Jacke".[43] Seine erneute Reaktion auf Paris geschieht in selbstgewählter Distanz. In der Neuen Welt sieht er sein Leben und sein Wirken aus einer neuen Perspektive. Beckmann formuliert also zwei künstlerisch-biographische Höhepunkte als Selbstbildnis.

---

[40] Vgl. Schneede 1993; Schulz-Hoffmann 1993.
[41] Zum "Selbstbildnis im Smoking" vgl. insbes.: Gohr 2002; Peters 2002; Schneede 1993; Schneede 2009; Schulz-Hoffmann 1993.
[42] Vgl. Gohr 1986; Ausst. Kat. Köln 2005; Ausst. Kat. Paris 2002; Ausst. Kat. Saint Louis 1998.
[43] Zum "Selbstbildnis in blauer Jacke" vgl. insbes.: Kienle 2008; Schneede 2009.

Zudem zeigt er in diesen Werken die zentraleuropäische Welt- und Kulturpolitik 1925-50.[44] Ebenso die Veränderungen zwischen Alter und Neuer Welt.

Bis heute sind Beckmanns Gedanken zu seinen Fragen von Heimat, Reise und Migration sowie nationaler und künstlerischer Identität repräsentativ. Seine Haltung ist kosmopolitisch, wie auch die von Pablo Picasso und Henri Matisse.[45]

Die zeitgenössischen sowie persönlichen Inspirationen zu diesen beiden Werken werden untersucht. Welche Standpunkte und Erkenntnisse formuliert er in ihnen? Wie antwortet er fern von Paris auf die französische Avantgarde?

Schon zu Studienzeiten 1901-3 in Weimar an der Großherzoglichen Sächsischen Kunstschule steht Beckmann unter dem Eindruck der französischen Gegenwartskunst. Diese wird in der ehemaligen Goethe-Stadt prominent gesammelt.[46] Im Großherzoglichen Museum für Kunst und Kunstgewerbe werden durch Harry Graf Kessler Gauguin, Manet, Cézanne, Monet, Rodin, Signac ausgestellt.[47] Kessler gilt als früher Entdecker Beckmanns. Beckmann geht aufgrund dieses außergewöhnlichen Einflusses direkt mit Abschluss seines Malerei-Studiums im

---

[44] Vgl. Schneede 2009, insbes. S. 9.
[45] Vgl. Ausst. Kat. Köln 1988; Ausst. Kat. Düsseldorf u. Basel 2005.
[46] Vgl. Ziegler 2001; Schneede 2009, S. 13.
[47] Vgl. Schneede 2009, S. 13.

August 1903 für ein halbes Jahr nach Paris. Im Frühjahr 1904 kehrte er nach Berlin zurück.[48]

Im Jahrzehnt vor dem Ersten Weltkrieg artikuliert Beckmann zeitgemäß seine Idee eines deutsch-nationalen Künstlerbilds.[49] Dies ist als Gegenmodell zur traditionellen französischen Kulturdominanz gedacht.[50] Darin bezieht Beckmann sich auf eine künstlerisch-intellektuelle Tradition mit u. a. Luther, Dürer, Kant, Goethe, Hegel, Nietzsche und Schopenhauer.[51] Staatspolitische Fragestellungen klammert er aus, weil sie seinem Künstlerbild widersprechen. Die Rezeption von anderen Kulturwerten ist selbstverständlicher künstlerischer Dialog.[52]

Die zahlreiche deutsche Teilnahme an der Armory Show 1913 in New York und die zunehmende Präsenz U.S.-amerikanische Werke in Deutschland lenkt das Interesse auch auf die Neue Welt. Noch ist es allerdings eine ferne Welt.[53]

Durch den Ersten Weltkrieg 1914-18 gerät dieses Gefüge erstmals ins Wanken. Die Kriegserlebnisse rufen eine grundlegende Krise bei der Generation der 30-Jährigen hervor.[54] Das bis 1914 nationale Künstlerselbstbild wird ab 1918 durch die Idee eines "internationalen

---

[48] Vgl. Beckmann u. Schmidt 1903-04 u. 1912-13/1985, S. 9-108; Schneede 2009, S. 13/14.

[49] Vgl. Belting 1999; Hofmann 1999; Schneede 2009.

[50] Vgl. Ausst. Kat. Bielefeld 1999, insbes. S. 235-236, 239.

[51] Vgl. Beckmann u. Klinkel 1908-09/1983; Beckmann u. Schmidt 1903-04 u. 1912-13/1985; Schneede 2009, S. 22.

[52] Vgl. Beckmann u. Pillep 1984, S. 34.

[53] Vgl. Kort 2001.

[54] Zur Thematik des Ersten Weltkriegs vgl. Eksteins 1990; Eberle 1985, deutsche Fassung: Eberle 1989.

Künstlertums" ersetzt. Viele erfinden sich mit Blick nach Paris und nun auch verstärkt in Richtung USA neu. Eine neue "Kunstwelt" ist gemeinsames Ziel. Durch diese veränderte Geisteshaltung überdenken viele ihr Werk. Einige formulieren ihr Wirken grundsätzlich neu: Beckmann, de Chirico, Dix, Grosz, Heckel, Kirchner, Klee, Léger, Müller, Schlemmer. Die vielfach interpretierten Schrecken des Krieges sind gemeinsamer Bezugspunkt.[55] Aus diesem inneren Impuls der Erneuerung geht die Kultur der Weimarer Republik hervor.[56]

Ab 1918 definiert sich auch die Beziehung zwischen Paris und den sich etablierenden Kunstzentren der USA neu: Seit den 1890er Jahren bauen Metropolen wie Pittsburgh, Philadelphia, New York, Boston, Chicago und Los Angeles von Paris inspirierte Kulturzentren auf. Sie etablieren sich zugleich als zunehmende Konkurrenz zu Paris und untereinander. Entscheidend sind dabei auch die unterschiedlichen Wirtschafts- und Wohlstands-Entwicklungen. Die neuen "Superreichen" der USA, u. a. Guggenheim und Carnegie, transferieren zentrale europäische Werke in die USA. Fern ihres Entstehungsraums wirken diese auf Kultur und Gegenwartskunst vor Ort. Der transatlantische Transfer von Kulturwerten und Kunstwerken ist Teil der anhaltenden Westwanderung. Zunehmend wirken zugleich amerikanische Errungenschaften auf Europa zurück. Die "Kunstwelt" spiegelt also die weltlichen Dynamiken. Die Neue Welt wird Großmacht.

---

[55] Vgl. Eberle 1989; Lenz 1996.
[56] Vgl. Belting 1984; Ausst. Kat. Mannheim 1928; Ausst. Kat. Düsseldorf 2004.

Deutschland nimmt eine besondere Position ein: Erst 1871 als souveräner Staat gegründet, ist das Reich nach 1918 vergleichsweise formbar. Wie zu Zeiten der Weimarer Klassik ist es Mittler zwischen den anderen Mächten Europas - Italien, Österreich, Niederlande und Frankreich. Eine spannungsreiche Dynamik bestimmt die Beziehungen der Nachbarländer.

In Deutschland stabilisiert sich die Wirtschaft mit Einführung der Reichsmark 1924. Diese sichert auch die Kulturlandschaft. Der 1926 in Kraft tretende Vertrag von Locarno legt den Grundstein für die Aufnahme Deutschlands in den Völkerbund. Beides bedeutet eine internationale Reintegration.

Diese Umstände begreift Beckmann zeitgemäß als Chance zur aktiven Gestaltung der eigenen Gesellschaft.[57] Zugleich soll aus der Mitte des in Bewegung geratenen Europas ein neues kulturelles Kräfteverhältnis hervorgehen: Zu nennen sind hier Benjamin, Buchholz, Ernst und Paul Cassirer, Freundlich, Heidegger, Kirchner, Kandinsky, Moholy-Nagy, Mies van der Rohe, I. B. Neumann, Panofsky, Warburg. Einige, so auch Beckmann, erwägen, ganz nach Paris oder ins anderweitige Ausland, insbesondere die USA, überzusiedeln. Sie wollen in der Fremde eine neue Idee der "deutschen" Kunst vertreten und als "internationale Künstlerpersönlichkeit" auf Deutschland zurück wirken.[58] Zunächst sind das Land selbst und die Beziehung zu den Nachbarländern

---

[57] Vgl. Bezzola 1998 2; Ausst. Kat. Halle 1985.
[58] Vgl. Schwarz 2006; Kitschen 2007; Korby 2002.

allerdings noch nicht stabil. [59] Durch die Möglichkeit, im eigenen Land Eigenes aufzubauen, bleiben die meisten bis 1933 eng mit Deutschland verbunden. Während der NS-Zeit bis 1945 erfahren viele von ihnen ein existenzielles Infragestellen zugleich ihrer Person und ihres Schaffens.[60] Als Urheber "entarteter Kunst" diffamiert, ziehen sie sich zumeist von der Gesellschaft zurück.[61] Auch Beckmann siedelt bereits 1933 von Frankfurt am Main nach Berlin über. In der Anonymität der Großstadt erhofft er sich leichtere Schaffensumstände.[62] Ab 1937 gehen viele ins Exil. Beckmann emigriert 1937 am Vorabend der Eröffnung der Münchener Ausstellung "Entartete Kunst" nach Amsterdam.[63] Sein eigentliches Ziel ist zunächst Paris. Dort reist er 1938 noch einmal hin. Doch ist ein Leben dort ebenso unmöglich wie in Deutschland. Fortan strebt er eine direkte Übersiedlung in die USA an. Erst 1947 erhält er das nötige Visum.

Die von Deutschland ausgehende Destabilisierung der westlichen Welt wirkt sich 1933-45 auch auf die Beziehung der Kunstweltmetropole Paris zu den U.S.-Kunstzentren, insbesondere New York, aus.[64] Die französische Hauptstadt wird bis zur Besetzung 1940 zum Treffpunkt

---

[59] Vgl. Glaser 1964; Glaser 1979; Grimm u. Hermand 1980; Herf 1984.

[60] Vgl. Kracauer 1947; Mosse 1964; Paret 1980; Paret 1984; Piper 1983, insbes. S. 70, 192, 197, 257, 259, 273; Stern 1965; Stern 1972; Stern 1984.

[61] Vgl. Busch 1969; Causton 1936; Fleckner 2007, zu Max Beckmann S. 126-128, 138-141.

[62] Vgl. Ausst. Kat. Frankfurt am Main 1991; Gallwitz 2003.

[63] Vgl. Lackner 1984/85; Lackner 1997; Ausst. Kat. Mannheim 1987, insbes. S. 46-47, 68, 84, 90-94; Ausst. Kat. Amsterdam u. München 2007; Neugebauer 2004; Pillep 1990; Walden 1995.

[64] Vgl. Gohr 2004.

und Durchgangsort von Diffamierten und Verfolgten.[65] Ab 1940 sind die USA zumeist grundsätzliches Ziel der Emigrierenden.[66] Was als kultur-politisches Kräftemessen zwischen Europa und den USA beginnt, ent-scheidet sich durch das Ausscheiden Deutschlands als Mittler eindeu-tig zugunsten der USA.[67]

Mit Kriegsende 1945 werden in Deutschland die ersten Ausstellungen "entarteter Kunst" und mit dem Werk von diffamierten Künstlern orga-nisiert. In den folgenden Jahren dominieren diese zeitweilig das Aus-stellungswesen.[68] Gesellschaft und Staat sind bemüht, Künstler und Wissenschaftler zur Rückkehr zu bewegen. Die Lücke durch die Zer-störung soll geschlossen und an die Tradition der Weimarer Republik anknüpft werden. Doch viele bleiben im Exil oder gehen sogar bewusst ins Nachkriegsexil.[69]

Beckmann siedelt 1947 im Anschluss an eine Frankreich-Reise vom niederländischen Exil direkt in die USA über.[70] Weil sich seine Abreise mit der Eröffnung einer Retrospektive im Städel Museum in Frankfurt am Main überschneidet, bleibt er diesem Ereignis fern.[71] In den USA findet er eine neue Heimat.[72]

---

[65] Vgl. Mann 1939; Simon 1971.
[66] Vgl. Ausst. Kat. Los Angeles u. München 1993; Koepnick u. Eckmann Hg. 2007; Zu-schlag 1995.
[67] Vgl. Barr 1933; Barr 1993/1945.
[68] Vgl. Friemuth 1988; Howe u. a. 1946; Kühnel-Kunze 1984.
[69] Vgl. Duenkel 1987 1; Duenkel 1987 2.
[70] Vgl. Kienle 2008.
[71] Vgl. Korrespondenzen Archiv Städel Museum Frankfurt am Main; zu Beckmann und Frankfurt am Main vgl. auch: Hansert 2004.
[72] Vgl. Beckmann 1983; Harter 2004.

Durch das Erlebte begreift Beckmann Raum, Leben und Zeit als relative Begriffe: Nationale, territoriale, geographische und politische Lebens-, Raum- und Zeitdefinitionen sind durch die beiden Weltkriege im permanenten Wandel. An diese Größen gebundene Inhalte und Werte sind transportabel. Ganze Kultursysteme, darunter die "Pariser Idee" der Weimarer Zeit, sind in die USA exportiert worden. Dort entwickeln diese eine unvorhersehbare Dimension.

Beckmann wird ab 1947 von dem in die USA transferierten Netzwerk von Personen und institutionellen Gefügen in ihm unbekannter Weise getragen. Dies erstreckt sich von St. Louis, über New York und Boston bis nach Chicago und Los Angeles. Daraus geht sein umfangreiches und kraftvolles Spätwerk hervor.[73]

Die Kunstkritikerin Helen Appleton Read schreibt über Beckmann seit 1929 als sein "Selbstbildnis im Smoking" und "Die Loge" auf der jährlichen Carnegie Ausstellung Aufsehen erregen. [74] Durch seine Bekanntheit gilt Beckmanns Diffamierung ab 1933 in Deutschland als repräsentativ. Mies van der Rohe setzt sich seit Ende der 1930er Jahre für Beckmanns Übersiedlung ein. 1947 empfängt er Beckmann in außergewöhnlicher Weise in New York.[75] 1949 gibt er zu Ehren Beckmanns eine Festveranstaltung in Chicago.[76] Im Kunsthandel schafft der

---

[73] Vgl. Forster-Hahn 2007 1; Forster-Hahn 2008; Westheider 2002.
[74] Vgl. Kienle 2008.
[75] Zu Ludwig Mies van der Rohe Vgl. Neumeyer 1986; Riley 2001; Ausst. Kat. New York 2001; Schulze 1986; Spaeth 1979; Tegethoff 1981; Ausst. Kat. New York u. Montréal 2001.
[76] Vgl. Beckmann 1983.

deutsch-jüdische Kunsthändler Curt Valentin in der Buchholz Gallery New York eine Plattform für Beckmann.[77] Hier knüpfen zudem die Tätigkeiten des langjährigen Freundes und Förderers Stephan Lackner (Ernst Morgenroth) an.[78] Auf Museumsseite reagieren Charles L. Kuhn vom Busch-Reisinger Museum des Harvard Art Museums (BRM),[79] Georg Swarzenski vom Museum of Fine Arts Boston (MFA)[80] und Alfred H. Barr vom MoMA. Charles L. Kuhn organisiert ab Ende der 1930er Jahre zahlreiche Ausstellungen über deutsche und entartete Kunst. Sein Kooperationspartner in diesem vorerst außergewöhnlichen Programm ist wiederum Curt Valentin. Dieser übersendet zahlreiche Leihgaben, da Kuhn der Sammlungsaufbau aufgrund der finanziellen Gegebenheiten fast unmöglich ist. Spektakulär ist deshalb 1941 der Erwerb von Beckmanns "Selbstbildnisses im Smoking". Kuhn formuliert dadurch die Bedeutung der Sammlung von Originalwerken im BRM weitreichend neu. Zudem artikuliert er einen Fokus auf die "deutschsprachige" klassische Moderne.[81]

Auch in die Sammlungen des 1929 eröffneten MoMA werden ab 1942 zentrale Werke von Beckmann aufgenommen. Der Gründungsdirektor, Alfred H. Barr, trägt in den 1930er Jahren eine umfangreiche

---

[77] Vgl. Anja Tiedemann: Karl Buchholz und Curt Valentin - Verwertung 'entarteter' Kunst im 3. Reich (Arbeitstitel Dissertation) [Tiedemann].

[78] Vgl. Busch 1967.

[79] Vgl. Hahn 1982; Haxthausen 1982; Ausstellungs- und Objektakten Archiv Busch-Reisinger Museum, Harvard Art Museum, Cambridge, MA, USA.

[80] Vgl. Schulze 1998.

[81] Vgl. Ausstellungsakten und Korrespondenzen Archiv Busch-Reisinger Museum, Harvard Art Museum, Cambridge, MA, USA.

Impressionismus-Sammlung und zentrale Werke u. a. von Pablo Picasso und Henri Matisse zusammen.[82] Barrs Bild der Klassischen Moderne im MoMA ist Beckmann aus Europa, insbesondere Paris bekannt. Im Universitätsbereich prägt Erwin Panofsky an der Princeton University die Kunstgeschichte und dadurch auch das Verständnis der europäischen Kultur.

Die Aufnahme von Personen und Werken in die USA ab 1933 ist existenziell. Es ist eine Rettung kultureller Errungenschaften mittels eines Transfers. Unter den Immigrierten ist ein Zusammenrücken bis hin zu einer informell tragenden Personenstruktur zu beobachten.[83] Aus amerikanischer Sicht setzt der kulturelle Westtransfer im "rechten Moment" ein. Die eigenen Strukturen sind gerade selbstständig tragfähig geworden, während zugleich Inhalte und Positionen vielfach offen sind. Das Neu-Ankommende bewirkt deshalb ein rapides Wachstum und Stabilisierung. Ab 1950 beginnen diese Errungenschaften dann auf Europa zurück zu wirken.

Beckmann reagiert ab 1947 in den USA also auf durch sein Wirken bereits Mitgestaltetes. Seine Schriften bezeugen die Vollendung seines Lebens und Wirkens. Auch formuliert er seinen Kunst-Begriff und seine ästhetischen Mittel nochmals neu: Einerseits nähert er sich den gegenwärtigen Kultur-Positionen an. Auch scheinbar Entfernteres wie das

---

[82] Vgl. Barr 1933; Barron 1992, S. 15 Fußnote 16. Zu Beckmann und Picasso vgl. Gohr 1994; Kienle 2008; Schneede 2009.
[83] Vgl. Boyers Hg. 1969; Fleming u. Bailyn Hg. 1969; Jackman u. Bordon Hg. 1983; Spalek 1978; Taylor 1983.

Action-Painting von Jackson Pollock mit seiner Dripping-Technik ist dabei bedeutsam. Dadurch steigert Beckmann die ohnehin zu Deutschland eingenommene Distanz. Zugleich nimmt er U.S.-amerikanische Motive in seine Bildwelt auf.[84] Dabei zieht er wie in Paris 1903/4 nochmals die Kulturtradition der der Weimarer Klassik, die vor beiden Weltkriegen liegt, heran. Altes und Neues verwebt er. Er sucht den räumlich und zeitlich dazwischen liegenden Schrecken auszuklammern.

Auch Beckmanns Pariser Hoffnung wird in seinen Werken erneut spürbar. Jetzt ist er jene Künstlerpersönlichkeit der Kunstweltmetropole des 20. Jahrhunderts, zu der er durch die Kunstweltmetropole des 19. Jahrhunderts werden wollte.[85] Erneut muss er sich dabei gegen das vertraute Popularitätsbild von Picasso und Matisse behaupten. Doch nun beherrscht er die Pariser Motive, die er in sein New Yorker Werk aufnimmt.

Diese Zusammenhänge sind in seinem Selbstbildnis-Duo "Im Smoking" und "In blauer Jacke" ausformuliert. Er ist die Künstlerpersönlichkeit, durch die Raum und Zeit und dadurch Weltgeschehen und Wirklichkeit zusammenlaufen. Auch seine Idee von Kulturidentität artikuliert er: "Fremdes" ist ihm Inspiration, seine eigene Traditionen weiterzuführen. Dabei bleiben Individualität und Autonomie oberste Maxime. Deshalb pendelt sein Werk zwischen Nähe und Ferne zur eigenen Vorstellungswelt sowie sämtlichen äußeren Referenzpunkten. Dieser

---

[84] Vgl. Barker 1984; Forster-Hahn 2007; Pappenbrock 1995; Selz 1997.
[85] Vgl. Stehlé-Akhtar 1997.

Zwischenraum hat bei Beckmann eine mystische Qualität, die er allein im Individuum bewahrt sieht. Die Malerei ist sein Mittel, er das existierende ICH.[86] Deshalb wird untersucht, welches Lebens-Bild Beckmann in seinen Selbstbildnissen "Im Smoking" und "In blauer Jacke" ausformuliert.

Wie es scheint, sieht er 1949/50 in den USA beide Werke trotz Ausstellung in Cambridge und Boston nicht mehr öffentlich präsentiert: Auf dem Weg zu seinem "Selbstbildnisses in blauer Jacke" in der Ausstellung "American Painting Today" im Metropolitan Museum of Art (MET) stirbt er am 27. Dez. 1950 am Central Park Ecke 69th St in New York.[87] Nach nur drei Jahren in den USA ist Beckmann Werk in einer repräsentativen Ausstellung zur amerikanischen Gegenwartskunst. 1949 scheint er sein "Selbstbildnis im Smoking" bei einem Besuch der Harvard University ebenfalls nicht zu sehen, obwohl dieses Werk im BRM gezeigt wird.

Direkt gegenübergestellt wirken seine Selbstbildnisse wie ein innerer Dialog des Künstlers über Zeit und Raum sowie welthistorische Ereignisse. Sie sind Statement seines Lebens. Zugleich sind sie Dialog mit dem Publikum über die Malerei: Die glimmende Zigarette, Symbol der künstlerischen Schaffenskraft von 1927, wird 1950 geraucht. Der 1927 an eine antike Porträtbüste erinnernde Kopf en face ist 1950 zur Seite gerichtet. Der schwarze Anzug mit weißem Hemd des sich 1927 als

---

[86] Vgl. Beckmann 1947.
[87] Vgl. Reimertz 2006.

Staatsbürger inszenierenden Künstlers geht 1950 im Rot, Blau und Grau des bürgerlich-amerikanischen Kleidungsstils der Zeit auf.

Nachstehend wird untersucht, was Beckmann 1950 zur Neuinterpretation seines "Selbstbildnisses im Smoking" 1927 als "Selbstbildnis in blauer Jacke" inspiriert. Wie behandelt er die eigens geschaffene Ikonographie des deutschen Gegenwartskünstlers der Weimarer Republik aus der Perspektive des in die Neue Welt Immigrierten? Welche kulturpolitische Haltung nimmt Beckmann 1927 in Deutschland und welche 1950 in den USA ein? Beckmanns "Selbstbildnis im Smoking" ist 1950 bereits dank seiner 23-jährigen Wirkungsgeschichte Zeitzeugnis von Alter und Neuer Welt. Seit seiner ersten Ausstellung 1928 gilt das "Selbstbildnis im Smoking" als das repräsentative Künstlerbildnis der deutschen Moderne. Beckmann zeigt sich als "Künstler und Staatsbürger". Kein geringerer als Julius Maier-Graefe ist erster Besitzer des Werkes. Dieses verkauft er kurz darauf an die Nationalgalerie in Berlin. Auch wirkt es von Anbeginn auf die U.S.-amerikanische Kunstentwicklung: anlässlich der Carnegie-Ausstellung 1929 in Pittsburgh ist Beckmanns Selbstbildnis mit "Die Loge" 1928 zu sehen. 1933 wird es mit den nach 1915 geschaffenen Werken Beckmanns in öffentlichen Sammlungen beschlagnahmt. Nach 1937 geht es über Karl Buchholz zu Curt Valentin nach New York und weiter ans BRM.[88] Dort entfaltet das "Selbstbildnis im Smoking" seine bis heute diskutierte Wirkungsgeschichte: es ist das "masterpiece in exile". 1950 reflektiert Beckmann

---

[88] Zu Buchholz' Bedeutung für Beckmann vgl. Schneede 2009, S. 100, 244, 275.

diese transatlantische Historie seines Meisterwerks. Insbesondere die entstandene Einheit aus den Gegensätzen des Visionären und Entarteten inspirieren ihn zu einem neuen Zukunftsbild. Im "Selbstbildnis in blauer Jacke" inszeniert er sich selbst neu. Er ist nun "Künstler und Bürger" in der Fremde, seiner gegenwärtigen Heimat.[89]

Zu Lebzeiten eine historische Perspektive auf das eigene Werk und dessen Wirkungsgeschichte zu erleben, zeichnet Beckmanns Generation aus. Die daraus gewonnenen Erkenntnisse und Haltungen bewirken die Loslösung von einem nationalen bzw. territorialen Identitäts- und Kunstbegriff. Beckmann vollendet in seinem letzten Selbstbildnis die Idee des "internationalen" und selbstbestimmten Künstlers.

Dass 1950 die beiden Selbstbildnisse aus Neuer und Alter Welt in Cambridge und New York nahe beieinander öffentlich präsentiert sind, spiegelt die Veränderungen der westlichen Welt infolge des zweiten Weltkriegs. Gerettetes und Neues treffen an der amerikanischen Ostküste, aber auch in Chicago und Los Angeles aufeinander und schaffen eine eigene Kulturlandschaft. Dies resümiert das Schicksal der in die USA geretteten Künstler, Wissenschaftler und ihrer Werke - und beispielhaft aller Verfolgten und Ausgewanderten.

Diese kulturpolitische Bedeutung von Beckmanns Selbstbildnissen wird durch die Qualität seiner Malerei getragen: Sein "Selbstbildnis im Smoking" bietet ein sinnliches Erleben an, das seine Kraft auch frei von historischen Implikationen besitzt. Die Anschauung von Figur und

---

[89] Vgl. Flusser 2000.

Raum kann immer neu gedeutet werden. 1947 äußert Beckmann, dass "gewisse letzte Dinge nur durch Kunst an sich auszudrücken [seien]."[90] 1950 artikuliert er Raum, Leben und Zeit aufgrund der Aktualität seines frühen Selbstbildnisses neu, ohne es zu revidieren. Dadurch zeigt Beckmann seinen Erkenntnisraum: Die Gegenüberstellung der Werke deutet auf die wechselseitige Beziehung der Idee von Individualität und Geschichte hin. Wie der Einzelne die Geschichte prägen und "in diese eingehen" kann, bringt die Geschichte einzelne Personen in ihrer Individualität und Bedeutung erst hervor. Das Werk ist dann der veräußerlichte Gegenstand von Person und Geschichte. 1950 schafft Beckmann in seinem "Selbstbildnis in blauer Jacke" erneut ein zeitunabhängiges Zeitzeugnis. Dadurch entsteht auch ein Bedeutungsraum zwischen den konkreten Anlässen und Gegenwarten der Selbstbildnisse. Beckmann begreift Gegenwart als eine zufällige, aber zwingende Korrelation von Geschehnis, Raum und Zeit. Im Bild löst er gerade diese Koinzidenz wieder auf. 1927 als Vision. 1950 aus der Erkenntnis, historisch geformte Einheiten als transportabel zu begreifen: Er formuliert aus einer spezifischen Situation heraus seine Utopie im "Selbstbildnis im Smoking". Im Verlauf der "Geschichte" geht der Ursprungsmoment des Werks zunehmend verloren. Aber die Einmaligkeit der Malerei aktualisiert sich immer wieder. Für diese Spannung von Beständigkeit und Wandel eines Werkes sei der Mensch kraft seiner Individualität verantwortlich. Umgekehrt halte der Mensch durch immer neue Verständnisebenen zusammen, was an sich auseinanderfallen würde. Daraus

---

[90] Zitiert nach Beckmann u. Pillep 1984, S. 180.

entwickelt Beckmann die Idee, die gedachte Raum-Zeit-Beziehung aufzulösen. Der Raum wird der Zeit gewissermaßen entledigt. Denn Beständigkeit ereigne sich gegen die Zeit, stattdessen im Raum. Die Flächigkeit von Beckmanns Räumen ist seine Negation der Zeit, es ist ein Postulat von Leben und Wirklichkeit. Es ist eine Abstraktion vom Konkreten hin zu einer an die Welt gebundenen Ideenwelt. Diese ästhetische Struktur liegt seinen Bildkonzeptionen grundsätzlich zugrunde und erlaubt Beckmann, figürlich-gegenständlich zu bleiben.

Er transferiert die "reale" Wahrnehmung von Physischem im konkreten Raum in eine Art zeitentleerten Illusionsraum. Der jeweilige reale und Beckmanns subjektiv imaginierter Raum werden dann im Bild in eine Art Raumsynthese überführt. Diese kann als Drittraum aufgefasst werden. In Beckmanns Werk wird also nicht ein "So-ist-es gewesen", sondern ein "So-ist-es" bezeugt. Er schafft Bildmomente, deren Beständigkeit in der Wandelbarkeit liegen. Er möchte nur das Wesentliche bewahren. Nicht der "Sachgehalt", sprich der Konnex der Dinge, sondern der "Wahrheitsgehalt", das Ding an sich interessiert Beckmann.[91] Hier folgt er Kant, der Mensch sei als denkendes Subjekt, so Beckmann, das Gefäß des Raums. Dieser wiederum sei allgegenwärtig und unfassbar - dieser sei allumfassender Lebens-Begriff.

In beiden Weltkriegen erlebt Beckmann das Existenzielle seiner Geisteshaltung. Ab 1915 formuliert er gegenwärtige Sujets ohne eine bestimmbare Beziehung zwischen Kalendarischem, Geographischem und Ereignis bzw. Figur. In den folgenden 35 Jahren steigert er diese

---

[91] Vgl. Benjamin 1964.

Grundidee angelehnt an seine jeweiligen Lebensumstände. 1950 mündet dies in einer Neuerfindung von Raum und Zeit in seinen Bildwerken. Diese gehen nun endgültig in den Begriffen von Leben und Individualität auf: Beckmanns Raum ist der seines Schaffens. In diesem verewigt er sich durch sein "Selbstbildnis in blauer Jacke" ein letztes Mal. Er tritt also in seine Bildwelt ein. Gleichzeitig bringt er in "Abstürzender" und "Argonauten-Triptychon" seine Person und die Grundfiguren der abendländischen Kulturgeschichte, die "Helden und Götter", erstmals zur Deckung.[92] Beckmann führt hier jene Elemente zusammen, die sein Werk umklammern: die antiken Mythologien und Schriften als Spiegel von Leben über Raum und Zeit hinweg. Diese seien Zeugnisse eines Wirklichkeitsbereichs, dessen tatsächliche Realität nicht mehr erfahrbar, dessen Wahrheitsgehalt allerdings für seine wie jede andere Zeit offenkundig sei. Die Errungenschaften seiner Generation, gerade zu Zeiten der Weimarer Republik tragen diese Sichtweise. Diese "Relativierung" ermöglicht Beckmann Distanz zum Unmittelbaren. Durch diese Abstraktion wiederum blickt er individuell, aber übergeordnet auf die Dinge. Ab 1933-45 steigert er dies so weit, dass er sich durch zahlreiche Selbstbildnisse des eigenen Lebens vergewissern muss. In diesen Selbstformulierungen überhöht er sich als Künstler oftmals zum

---

[92] Vgl. Ausst. Kat. München u. Paris 1983 - darin insbes. S. 89-108: Schmied 1983 2; sowie Schmied 1983 1; zum "Abstürzenden" vgl. Haxthausen 2003; Held 2004; zum "Argonauten"-Triptychon vgl. Beckmann Briefe I - III, darin Beckmann Briefe III, S. 350; Belting 1998; Frommel 1957/58; Frommel 2002; Ausst. Kat. Frankfurt am Main 1981; Gallwitz 1996; Göpel 1957; Goethe 1974; Lackner 1965; Ralph 2003; Walden-Awodu 1995.

Stellvertreter des "gegenwärtigen Menschen".[93] Diese Idee des "zeit-gemäßen Helden" entlehnt er den antiken Mythologien. Daher zeigen sein "Selbstbildnis in blauer Jacke" und sein "Argonauten-Triptychon" 1950 die Versöhnung seiner Bildwelt mit seinem Leben.

Beckmanns Idee von Raum, Leben und Zeit geht also letztlich auf die Vorstellungswelt der klassisch-griechischen Antike zurück. Von der aus sieht er eine mehrdimensionale Entfaltung des Gültigen. Und in eben dieser Genese strebt er in seiner Zeit stellvertretend für diese gestaltend mitzuwirken.

BECKMANNS GENESE SEINER KÜNSTLERISCHEN VORAUSSETZUNGEN FÜR SEINE SELBSTBILDNISSE

Die Kunst ist für Beckmann von Anbeginn Spiegel seines Lebens. Ebenso einer groß gedachten Welt. Im Malereistudium 1901-03 an der Großherzoglichen Sächsischen Kunstschule in Weimar erlernt er die Mittel zur Formulierung seiner Ideen. Im Anschluss dazu bietet die Kunstweltmetropole Paris 1903/4 ein facettenreiches, inspirierendes Umfeld. Beckmann reibt sich an Hoch- und Nach-Impressionismus. Ein großes, in dieser Manier gearbeitetes Reiterbildnis zerstört er je-doch. Stattdessen entdeckte er Rouault, Cézanne, Delacroix und

---

[93] Vgl. Beckmann 1927, zitiert nach Beckmann u. Pillep 1984, S. 116-121.

Géricault für sich.[94] (Seinen Paris-Aufenthalt unterbricht Beckmann lediglich Mitte Dezember 1903, um seine zukünftige Frau, Minna Tube, über die Feiertage in Amsterdam zu besuchen.[95])

Beckmanns Pariser Tagebücher und Entwurfszeichnungen zeigen seine Suche nach eigenen Themen und Ausdrucksmitteln.[96] Geistige Anhaltspunkte bietet der Idealismus der Weimarer Klassik: Kant, Nietzsche, Jean Paul, Schopenhauer u. a. prägen seine Ideen und Weltanschauungen.[97] Kants "Kritik der reinen Vernunft" und Nietzsches "Zarathustra" geben wichtige Positionen von Gott-Glauben und Nihilismus, von Realismus und Idealismus vor.[98] Kant richtet den Blick auf das Individuum. Dieses sei als denkendes Subjekt in der Welt. Die Existenz Gottes könne davon unabhängig gedacht werden. Ebenso das All, welches als Pendant zur Welt zu verstehen sei. Bei Nietzsche dagegen schaut der Mensch auf und in die Welt. Diese sei dem Menschen äußerlich und somit Spiegel des Lebens. Einen Gott denkt Nietzsche nicht. Entsprechend sei das All zur Erde koexistent und dieser fern.

Diesen Zwiespalt greift Beckmann auf. Zeitgemäß spielt er den Gedanken eines Entschwindens in eine Gegenwelt durch. Allerdings nimmt er

---

[94] Vgl. Beckmann 1947; Beckmann 1983; Beckmann u. Klinkel 1908-09/1983; Beckmann u. Schmidt 1903-04 u. 1912-13/1985, S. 9-108; Kaiser 1913, S. 7: Arbeiten seiner "Schülerzeit" bei Frithjof Smith in Weimar vernichtet Beckmann offensichtlich bereits vor 1913; Poeschke 2000; Schneede 2009.

[95] Vgl. Beckmann u. Schmidt 1903-04 u. 1912-13/1985, S. 9-108; zu Minna Beckmann-Tube vgl. Ausst. Kat. München 1998.

[96] Vgl. Schneede 2009, insbes. S. 13-20.

[97] Vgl. Beckmann u. Schmidt 1903-04 u. 1912-13/1985, S. 9-108; Beckmann u. Schaffer 1992.

[98] Vgl. Kant 1998; Nietzsche 1901; Schneede 2009, S. 25.

schließlich einen Standpunkt in der Welt ein. Inmitten eines heftigen Gewitters notiert Beckmann: "Spiele einmal wieder Deine Urweltsymphonie. Bei deren Klängen mir all das Kleine und Kosmische versinken soll. Da, na ich danke Dir für das fahle Leuchten, aber mehr, stärker. [...] Ich warte auf den Riß von oben in der grauen Decke, durch welchen ich hineinsehen kann in die Unendlichkeit."[99] Wenig später fügt er an: "Notizen zur Philosophie der Schönheit [...] Der Tod ein sichtbarer Beweis für den Pulsschlag des Alls [-] und die Schönheit des Todes. [...] Das All betrachtet als die Grundform der ewigen Schönheit. Das Erfassen dieser Schönheit durch Studium seiner Spiegelungen und Gleichnisse. Beweis dafür zu suchen, daß das Leben am glücklichsten ist, wenn es am ähnlichsten die ewige Ruhe und Schönheit des Alls wiederspiegelt. [...] Grundbedingung zur möglichst reinen und klaren Erkennung der Schönheit 1. die feste und verstandene Überzeugung ein Teil derselben zu sein [...]."[100] Begriffe von Natur und Schönheit, Tod und Leben, Welt und All verschmelzen bei Beckmann miteinander. Das All begreift er als absolut. Diesem sei eine einzigartige ästhetische Vollkommenheit eigen. Die sichtbare Welt reflektiere dieses übergeordnete Ganze lediglich punktuell. Als Individuum und Künstler sei er "Teil dieser absoluten Schönheit".

Beckmanns frühe Tagebuch-Notizen sind während seines gesamten Wirkens elementar. In ihnen formuliert er seine Begriffe von Raum,

---

[99] Vgl. Beckmann u. Schmidt 1903-04 u. 1912-13/1985, S. 16.
[100] Ebenda.

Leben und Zeit vor. Fast fünf Jahrzehnte formuliert er diese dann aus. Deshalb werden seine ersten Aufzeichnungen hier nun zunächst übergeordnet erörtert.

Beckmanns Anschauungen zur "Schönheit" gehen auf die Antike, insbesondere Platons Sphärenmodell zurück. Diese Vorstellungswelt ist zugleich Grundlage der für Beckmann wesentlichen Ideen der Weimarer Klassik: Platon entwirft ein Bild idealer Dispositionen und Symmetrien. Dessen Vollendung sei der gesamte Kosmos an sich. Diese Harmonielehre regt sämtliche Abhandlungen zu "Schönheit" und den "schönen Künsten" an: ausgehend von Baumgartens "Aesthetica" 1750 folgend Goethe, Hegel, Kant, Jean Paul, Schiller u.a.. Mit Baumgarten wird die Erörterung von Wahrnehmung, sinnlicher Erkenntnis, Gesetzmäßigkeit sowie Funktion von Kunst zu einer Disziplin.[101] Er legt Attribute des Kosmischen und Göttlichen als Anschauungskriterien für Kunst fest. Diese Sprachmetaphorik übernimmt Beckmann. Die verschiedenen Ausformulierungen von Goethe, Hegel, Kant, Jean Paul, Schiller u. a. sieht Beckmann als Summe von Möglichkeiten. Das Gemeinsame nimmt er als Gegebenes: Der Betrachter solle dem Schönen wie dem Göttlichen in kontemplativem Schauen inne werden. Die "göttliche Gabe" Einzelner bringe jene Kunstwerke hervor, die dann auf den Menschen wirken. Beckmann schreibt: "Ach Gott wenn Du nicht zu der schönen Kunst auch noch den verfluchten Ehrgeiz, die Mutterliebe der Künstler für ihre Bilder gesetzt hättest. Wie schön konnte das sein."[102]

---

[101] Vgl. Baumgarten 1750/58, 1983; Jäger 1980; Schiller 1984.
[102] Vgl. Beckmann u. Klinkel 1908-09/1983, S. 32.

Beckmanns Vorbild für diese Haltung wiederum sind Albrecht Dürer und Leonardo da Vinci. Um 1500 transferieren sie geistesgeschichtliche Ideen zur Trias Mensch-Kosmos-Kunst in die Kunst. Parallel verfassen sie, wie Beckmann es in Paris beginnt, einen Schrift-Corpus. Erörterungen zur "Schönheit" sollen ihre künstlerischen Errungenschaften absichern. Doch genau dadurch trennen bereits Dürer und da Vinci ihre Kunst von ihren geistigen Ursprüngen. Stattdessen bestimmt nun eine individual-mythologische Bedeutungswelt das jeweilige Künstlerwerk. Dabei zeigen Dürer und da Vinci zwei für Beckmann maßgebliche Positionen: Wie Dürer strebt Beckmann, im Bild das Spezifische in seiner Allgemeingültigkeit darzustellen. Zudem bleibt Beckmanns Sprachmetaphorik wie Dürers Abhandlung zu "Menschentypen" in kritischer Distanz zur eigenen Kunst. Dennoch soll diese durch intellektuelle Reflexion "objektiviert" werden. Zugleich werden Idee und Werk nun allerdings voneinander gelöst. Theoretisches führt über das konkrete Werk immer hinaus. Dieses Paradoxon kehrt da Vinci durch sein Werk der "Mona Lisa" um: Er verbildlicht sein Malerei-Traktat über Optik, Wahrnehmung und künstlerische Praxis. Doch bleibt, wie Beckmann es ebenfalls erprobt, die bildliche Vollendung seiner Vorstellungen einmalig.

Beckmann sieht, dass Dürer und da Vinci Kunst eine neue Funktion geben. Sie beziehen diese auf das Leben. Das ist der Beginn der Neuzeit. Deshalb strebt Beckmann Dürers und da Vincis Errungenschaften für seine Zeit neu zu interpretieren. Denn Beckmann möchte eine neue Zeit herbeiführen. Da der Mensch seine Kunst neu erfindet, ist zunächst wie bei Dürer und da Vinci der Mensch neu zu denken. Dieses neue

Menschenbild verändert dann selbstredend die Kunst. Dürer und da Vinci stoßen im Renaissance-Humanismus dabei an die Grenzen eines Gottglaubens, demzufolge Leben und künstlerische Schaffen gottgegeben seien. Zu Beckmanns Zeiten hat die Kunst eine glaubensähnliche Funktion in der Gesellschaft übernommen. Dadurch ist sie ähnlich festgeschrieben. Dürer und da Vinci fassen durch antike Schriften die Begriffe von Gott, Mensch und Leben neu auf. Beckmann rezipiert Platon, später Pythagoras u.a. und interpretiert den "antiken Helden" als "neuen Menschentypus". Wie die alten Meister löst Beckmann dadurch den Kanon der sakralen Bildwelt punktuell auf. Er fragt wie sie nach der Idealität des Menschen als Individuum. Diese ideenmäßige Neubestimmung der Kunst bedarf selbstverständlich der Metaphorik. Dies bedeutet, etablierte Darstellungsmodi neu zu formulieren. Für Beckmann sind Dürers Passionszyklen wegweisend, insbesondere der nie gestochene seiner Niederländischen Reise 1520/21:[103] Dürer bricht die gewohnte Erzählserie auf. Er dekontexutalisiert Gegenstand und Mensch aus der "Geschichte". Jede Szene ist nun "Bild". Dieses wiederum artikuliert er selbstständig. In "Christus am Ölberg" zeigt Dürer seine Konfrontation mit seinem Gott. Er hinterfragt im "Gottmenschen Christus" die Idee göttlicher Existenz über dem Menschen. Der Mensch ist dann nicht mehr Abbild Gottes, die Kunst nicht mehr Spiegel Gottes. Dürers Christus ist Mensch. Er leidet und stirbt, wie die "Grablegung Christi" zeigt. Eine Andacht vor diesem individual-mythologischen Passionszyklus ist nicht mehr möglich. Sie würde Dürers Christus und damit Dürer als

---

[103] Vgl. Göpel 1957.

Künstler gelten. Dies ist der für Beckmann entscheidende Vorgriff. Dürer greift für seinen Auftrag zunächst auf spätmittelalterliche Darstellungsmodi zurück. Sein neuer Lebens- und Kunstbegriff ist privat. Im öffentlichen Zyklus erscheint Christus skulptural und frei von menschlicher Regung.

Die Frage von Individualität und Allgemeingültigkeit zeigt auch da Vinci: In "Mona Lisa" idealisiert er eine porträtierte Dame als "Menschen an sich". Der Hintergrund ist "Ausblick" auf neuste naturwissenschaftliche Erkenntnisse. Einerseits die "lebende Erde" mit ihren "Adern" und der gekrümmten Horizontlinie. Andererseits die einzigartig gerade erscheinende Wasseroberfläche des Nils.

Dürer und da Vinci deuten das "ars-imitatur-naturam"-Prinzip, die Kunst solle das Unvollendete der Natur nachahmen und dabei vollenden, in ein Expressions-Prinzip um.[104] Ein Motiv sei nicht allein zu entdecken, sondern auch zu erfinden. Dies greift Beckmann auf: Das Innerliche der Dinge gelte es zu erkennen. Da unsichtbar, sei es durch Kunst zu zeigen. Kunst sei also Bereich der Wirklichkeit. Die Renaissance artikuliert Ideen von Welt und Wirklichkeit. Beckmann formuliert diese aktuell neu.

Der Grundstein dafür liegt ebenfalls in der Renaissance. Hier entwickelt sich ein neuer Künstler-Begriff. Durch die Emanzipation des Künstlers aus dem "Handwerkertum" wird sein Wirken fortan als geistesgeschichtlich verstanden.[105] Wort und Bild werden öffentlich erstmals

---

[104] Aristoteles Physik, Prantl Hg. 1854, (B 8, 199a 15 ff.).
[105] Vgl. Warnke 1996.

gleichwertig wahrgenommen. Ihre Äquivalenz verändert zugleich ihren Bezug als auch ihr jeweils Eigenständiges. Beckmann fragt, ob Gedanke oder Bild vor aller Erkenntnis liegt. Dann, ob sich Einsicht visuell oder sprachlich ausdrückt. Letztlich, wie Wahrheit erfahren wird. Anhaltspunkt sind für Beckmann die Begriffe von Kunst, Leben und Wirklichkeit in Klassizismus und Romantik. Welt und Wirklichkeit sind hier überhöht. Sie werden als "Theater von Sinneseindrücken" inszeniert: Im Klassizismus durch einen idealisierten Normenkanon schöner Proportionen. Die Romantik entwirft phantastische Lebensräume. Der Mensch erfährt sich in diesen neu. Zugleich weist Hegel auf den "Wissensverlust" der Kunst durch ihre Loslösung von der Gegenwart. Dadurch begründe sich die Kunstwissenschaft: "Die Wissenschaft der Kunst ist darum in unserer Zeit noch viel mehr Bedürfnis als zu den Zeiten, in welchen die Kunst für sich als Kunst schon volle Befriedigung gewährte." Form und Inhalt eines Kunstwerks seien als neuartige Einheit zu begreifen: "Das Kunstwerk [ist] nicht für die sinnliche Auffassung, als sinnlicher Gegenstand, sondern seine Stellung ist von der Art, dass es als Sinnliches zugleich wesentlich für den Geist ist, der Geist davon affiziert werden und irgendeine Befriedigung darin finden soll. [...] das Sinnliche des Kunstwerks soll nur Dasein haben, insofern es für den Geist des Menschen, nicht aber insofern es selbst als Sinnliches für sich selbst existiert."[106] Auch Beckmann fasst die Erkenntnisfähigkeit des Menschen als Voraussetzung und Ziel von Kunst auf. Ebenso

---

[106] Hegel 1970, (I, 57).

spiegelt er Hegels Theorem der Freiheit der Künste.[107] Doch anders als Hegel achtet Beckmann zugleich die "Schönheit" der Natur. Deren Wahrhaftigkeit läge eben hinter ihrer Erscheinung. Darin bezieht Beckmann sich auf Schopenhauers Ästhetik. Schopenhauer sieht die Welt in ihrer Erscheinung als Schein: Raum, Zeit und Ursächlichkeit verdeckten wie ein Schleier das Eigentliche. Allein der Mensch könne dies durch seinen Geist erfassen: "Sobald das Erkennen, die Welt als Vorstellung, aufgehoben ist, bleibt überhaupt nichts übrig, als bloßer Wille, bloßer Drang." Dieser "Wille" sei an den Körper gebunden. Dadurch begründe sich der "Wille zur Existenz". Mit steigendem Intellekt bedeute die Formulierung des Geistigen in der Leiblichkeit allerdings einen zunehmenden Leidenszwang. Diese Position erprobt Beckmann zeitgemäß, lehnt sie aber letztlich ab. Schopenhauers Folgerung, Sinnlichkeit und Geistigkeit harmonieren allein in der Kunst, lässt Beckmann dagegen gelten. Sinnbild dafür sei die Musik. Für Schopenhauer veranschaulicht sie als vollendeter künstlerischer Ausdruck das "Problem des Daseins": "Wir erkennen in ihr nicht die Nachbildung, Wiederholung irgend einer Idee der Wesen in der Welt: dennoch ist sie eine so große und überaus herrliche Kunst, wirkt so mächtig auf das Innerste des Menschen, wird dort so ganz und so tief von ihm verstanden, als eine ganz allgemeine Sprache, deren Deutlichkeit sogar die der anschaulichen Welt selbst übertrifft."[108] Die Musik sei in ihrer Struktur der Welt ähnlich. Deshalb habe sie eine Sonderstellung unter den Künsten: alle

---

[107] Vgl. Schneede 2009, S. 10.
[108] Vgl. Schopenhauer 1987, Paragraph 34.

anderen Kunstformen seien selbst "Bezeichnetes" (und nicht "Zeichen"). Sie erschienen als "Schatten" ihres "Wesens". Dies klingt in Beckmanns metaphysischen Bemerkungen an, er wolle das "Ansich der Dinge" durch seine Kunst in die Welt holen. Auch nimmt er Schopenhauers Lebens-Idee einer wesensmäßigen Harmonie zwischen Welt, Musik und Mensch auf. "Musik" ist bei Beckmann allerdings selbstverständlich "Kunst". Diese könne Wahres aufzeigen, wenn sie den "Schleier der Maya" (Schopenhauer) lüfte. Dann sei das Ansich der Dinge zu erkennen.

Beckmanns künstlerisches Wirken bestimmt also seine Theorie-Rezeption. Seine Gedanken zeigen deshalb nur in seiner Bildwelt eine logische Struktur. Das Verbale bleibt vorformuliertes Fragment. Es ist sein "Zugang" zur "Welt der Ideen". Diese sieht er gleich der Wirklichkeit hinter dem unmittelbar Wahrnehmbaren. Seine Kunst soll das Denken von Leben und Welt mit dem im Metaphysischen Liegenden verbinden. Daher sucht er nach dem "Bild aller Bilder". Dieses sei dann zugleich Abbild und Abstraktion der Welt. Peter Beckmann beschreibt dies als "den Weg zu einer Wirklichkeit hinter der Wirklichkeit. De[n] Weg zu den Dingen hinter den Dingen. De[n] Weg in einem Leben, das mehr und mehr Leben im "Raum" wird, den der Künstler als "Sitz der Götter" begreifen wird und darzustellen bemüht ist."[109]

Beckmanns Gedanken zur "Schönheit" 1903/4 in Paris bei heftigem Gewitter fassen zeitgemäß auch seine biographische Position zusammen. Sein Sprachduktus ist neben den rezipierten Philosophen von

---

[109] Beckmann 1977, S. 8.

Autoren wie u. a. E. T. A. Hoffmann und Jean Paul geprägt.[110] Durch Überzeichnung testet Beckmann ihre formale Gültigkeit in seiner Zeit. Er emanzipiert sich von der vorgefundenen Ideengeschichte:[111] Seine "feste und verstandene Überzeugung ein Teil derselben zu sein" hebt die Ideologie eines Entschwindens in eine Gegenwelt bereits auf. Beckmann will leben und wirken. Individualität sei Ausdruck tatsächlichen Lebens. Diese Ideen gilt es fortan durch Kunst in die Welt zu holen. Erkenntnis werde erst durch Kunst wahrnehmbar ausformuliert. Traditionsgemäß strebt er dies für seine Zeit zu tun. Beckmann erkennt die Spannung zwischen Gegenwärtigem und abstrakter Gültigkeit. Ebenso, dass er diese Pole in seiner Person als Eins artikuliert. Wieder gelangt er bei Hegel an:"Das ans Handeln gehende Individuum scheint sich also in einem Kreise zu befinden, worin jedes Moment das andere schon voraussetzt, und hiermit keinen Anfang finden zu können, weil es sein ursprüngliches Wesen, das sein Zweck sein muß, erst aus der Tat kennenlernt, aber um zu tun, vorher den Zweck haben muß."[112]

Die Transformation seiner Ideenwelt in Malerei bringt sein Jugendmeisterwerk hervor. April/Mai 1904 reist er von Paris über Fontainebleau, Genf und Frankfurt am Main zurück nach Berlin.[113] Ein Ankommen an den verschiedenen Orten und ein Studium der jeweiligen Kultur

---

[110] Vgl. Hoffmann 1976; Schneede 2009, S. 15.

[111] Vgl. Groys 1992.

[112] Zitiert nach (letzter Zugriff 17.02.2010): http://gutenberg.spiegel.de/?id=12&xid=3268&kapitel=43&

[113] Picasso trifft im April 1904 in Paris ein, sie verpassen sich also knapp.

verweigert er allerdings.[114] Das Gesehene bleibt ihm fremd. Er ist bei sich selbst. Inmitten des raschen Ortswechsels konzentriert er sich auf eine Bildidee: Es entstehen die Skizzen zu seinen "Jungen Männer am Meer".[115] Ihm gerade "ferne" deutsche Traditionen werden wirksam, insbesondere Arbeiten von Hans von Marées aus der Berliner National-galerie:[116] Beckmanns erster Entwurf vier jugendlicher Männerakte er-innert an die arkadisch-idealistischen Figuren in der Natur in Marées' "Idylle" 1873/74.[117] Folgend gibt Beckmann jedoch Marées' Wald als Ausblick in eine geheimnisvolle Dunkelheit auf. Er entwirft eine Strandszene mit unendlichem Himmels- und Meereshintergrund.[118] Dadurch öffnet er den Bildraum für seine Figuren. Diese platziert er da-rin wie er es aus dem Impressionismus kennt.

Die Übersetzung der Skizzen in die "Jungen Männer am Meer" führt Beckmann erst im Sommer 1905 an der dänischen Nordseeküste aus. Dort hat er den erdachten Raum seines Bilds direkt vor Augen: Im schwirrenden Horizont und der luftig-lichten Atmosphäre manifestiert sich seine Idee von Transzendenz am Rande der für den Menschen verfügbaren Erde: Das Meer trägt und ist durchlässig. Es ist transparent und spiegelt. Zugleich ist es eigenständiger Lebensraum. Dessen

---

[114] Vgl. Beckmann u. Schmidt 1903-04 u. 1912-13/1985, insbes. S. 148 Anm. 9; Schneede 2009, S. 16/17.
[115] Vgl. Ausst. Kat. Hamburg 2003; Schneede 2009, insbes. S. 16-18; Zeiller 2002.
[116] Vgl. Beckmann u. Schmidt 1903-04 u. 1912-13/1985, S. 86.
[117] Lenz 1987, Kat. 49, S.241.
[118] Vgl. Beckmann u. Schmidt 1903-04 u. 1912-13/1985, Zeichnungen S. 94, 101, 102, 104-106.

Tiefendimensionen seien dem Menschen gleichsam dem All unergründlich. An der Küste träfen zwei koexistente Lebens-Sphären aufeinander: Das Atmen ist dem einzelnen Lebewesen nur an der Luft oder im Wasser möglich. Beckmann weiß, dass diese Zusammenhänge bereits in der Antike eine Sehnsucht nach Beherrschung des Unbeherrschbaren auslösen. [119] Homers "Odyssee" oder andere Helden- und Göttersagen wie die der "Argonauten" erzählen davon und inspirieren viele Seefahrten. Parallel wird der direkte Lebensraum in einen phantastischen Bereich weitergedacht. Die Sphären von "Unterwelt" oder dem "Olymp der Götter" interpretiert Beckmann in seiner Bildwelt. Auch die antike Idee, Vergehen und Entstehen als Metamorphose, als Grenzüberschreitung zwischen den Welten (Erde, Wasser, Kosmos) und den Elementen (Feuer, Erde, Wasser, Luft) zu begreifen, fasziniert ihn.[120] Neben den Helden-Epen sind Platons und Kants Überlegungen zum Leben relevant. Sie erörtern, ob Etwas durch Umgrenzung (physikalische Eigenschaften), Inhalt (Materie) oder mentale Präsenz (Idee/Wissen) existiere.[121] Das Denken von Existenz - so auch Raum, Zeit und Leben - kreiere der Mensch. Diesen Schöpfungsgedanken erweitert Beckmann: "Wir sind Gott. […] Die gesammelte Gehirnproduktion der Menschheit als Einheit gedacht, ist Gott."[122] Der "Weg der Erkenntnis" sei nur wenigen, den "Argonauten" auf ihrer Weltenreise, vorbehalten. Damit ist er zurück am Meer und bei seinen "Jungen Männern

---

[119] Beckmanns Versuch, 16jährig als Matrose anzuheuern, ist abgelehnt worden.
[120] Vgl. Jammer 1960, S. 14, FN 22.
[121] Vgl. Platon: Timaios.
[122] Vgl. Beckmann 1927, zitiert nach Beckmann u. Pillep 1984, S. 118.

am Meer".[123] Beckmanns Erleben des realen (Meer-)Raums spiegelt also seine Idee desselben. Dies motiviert seine Raumästhetik eines immer zugleich Nahen und Fernen. Er löst seine Figuren von der Erdoberfläche. Dadurch gibt er auch keinen Betrachterstandpunkt mehr vor.[124] Bereits 1906 wird das Gemälde aufgrund der Raum-Behandlung mit dem Villa-Romana Stipendium ausgezeichnet. Doch schon vor Bekanntgabe entfernt Beckmann sich wieder von seinen idealen Jünglingsakten, die in ihrer allgemeinen Körperform seine Raum-Interpretation mit tragen: Beckmann begreift sie als ein lediglich neu interpretiertes Zitat des klassizistischen Verlusts eines tatsächlichen Menschenbildes. Marées als wesentliches Vorbild für Beckmann hat dies in seinen Neapolitaner Fresken 1873 in der Stazione Zoologica durch ein ganzfiguriges Selbstporträt mit Freunden korrigiert.[125] Auch Beckmann sieht sein Interesse an Individualität bestätigt. Seine "Jungen Männer am Meer" sind also zunächst die Negativfolie seines künstlerischen Bestrebens. 1906 erfüllt das Werk zwar eine allgemeine Idee von Kunst und Ästhetik. Doch ist dieser Kunst-Begriff wiederum bereits zu einem Endpunkt gelangt. Die ältere Künstlergeneration versucht lediglich, ihre Position noch aufrecht zu erhalten.

Eine ähnliche Situation hat Beckmann als Außenstehender zwei Jahre zuvor in Paris erlebt. Die in persönlicher Distanz zum Geschehen gewonnenen Erkenntnisse bezieht er 1906 auf sich selbst. Er tritt von der

---

[123] Vgl. Ausst. Kat. Hamburg 2007.
[124] Vgl. Gohr 1994.
[125] Vorstudien zu den Neapolitanischen Fresken vgl. Lenz 1987, Kat. 44-52, S. 237-245.

Mitte des Berliner Kunstgeschehens, in das er soeben hineingezogen worden ist, wieder einen Schritt zurück.[126] Durch dieses Abrücken vom allgemeinen Kunstwollen sichert er seine Autonomie. Er wendet sich dem gegenwärtigen Menschen zu. Als Abbild holt er ihn ins Bild, so in "Drama" 1906.[127]

Allerdings ist Beckmanns Arbeit mit Modellen durch seine Sujet-Wahl oft doppelsinnig: Er bildet nicht, wie in der niederländischen Barockmalerei, Mensch und Welt nach. Sondern er interpretiert Tragödien wie eine Kreuzigung in "Drama" gegenwartsbezogen. Dabei blickt Beckmann auf das Allgemeine des Ereignisses und zugleich die Einzelfigur. Entgegen konventioneller Narrationsformen vermeidet er eine sukzessive Erzählstruktur. Ebenso wenig verortet er das Geschehen im Bildraum. Er konzentriert sich auf die klassischen Fragen der Bibelexegese und der antiken Epen - wer, was, wann, wo. Raum und Figur begreift er zunächst bildnerisch als unvereinbar. Individualität als Ausdruck eines Spezifischen im Allgemeinen rückt in den Mittelpunkt. Matthias Eberle schreibt dazu: "[Beckmann] broke with the tradition that had attempted to unify mind and body. Self-knowledge and knowledge of the world split apart; [...]".[128] Beckmanns Idee ist "eine Kunst die uns im Realsten des Lebens immer unmittelbar gegenwärtig sein kann".[129] Diese Verknüpfung von Realitäts- und Lebensbegriff formuliert

---

[126] Vgl. Schneede 2009, S. 21.
[127] Kaiser 1913, S. 14.
[128] Vgl. Eberle 1985, S. 3; Kaiser 1913, S. 4.
[129] Beckmann u. Klinkel 1908-09/1983, S.21.

Beckmanns Wunsch nach der Durchdringung seiner Motive bis hin zu einer "Wahrheit der selbst erlebten Wirklichkeit".[130]

Doch zunächst beobachtet Beckmann, auch bei persönlicher Betroffenheit nach dem Tod seiner Mutter, in seinen "Sterbeszenen" von 1906/7 lediglich die Hinterbliebenen und Trauernden. Noch fehlt ihm das bildnerische Vermögen, um sein Erlebtes und Erdachtes auszuformulieren. Deshalb sucht er sich durch Neuinterpretation klassischer Ikonographien des Entgleitens von der Welt diesem Thema anzunähern:[131] so in "Kreuzigung" 1909, "Sintflut" 1908 und "Auferstehung" 1909.[132]

Seine "Auferstehung" hat besondere Bedeutung für ihn. Zwar bezieht Beckmann sich auf die neutestamentliche Erzählung des Jüngsten Gerichts und eine entsprechende sakrale Bildtradition. Das Zentrum der Komposition ist jedoch ein Selbstbildnis mit engsten Freunden und Familie: links neben ihm die Mutter seiner Frau, seine Frau Minna, mittig deren Schwester Anne-Marie Tube; rechts engste Freunden aus Weimarer Studienzeiten: der Künstlerfreund Wilhelm Giese und die Gräfin Hagen.[133]

In aktueller Abendmode gekleidet, stehen die Protagonisten auf einem erhabenen, moosgrünen Erdreich. In ihrer Mitte spaltet sich dieses.

---

[130] Vgl. Beckmann 1977, S. 18.
[131] Vgl. Beckmann 1977, S. 15.
[132] Zur Vorstudie in Öl vgl. Kaiser 1913, S. 27. Zur Auferstehung vgl. Kohle 1998; Schroeder 1998; zu religiösen Themen bei Beckmann vgl. Elger 1998.
[133] Vgl. Beckmann u. Klinkel 1908-09/1983, S. 141, Anm. 3.

Beckmann zeigt, wie Stephan Lackner es bezeichnet, sein "Weltthea-ter", seine "Bühne des Lebens".[134] Auf dieser arrangiert Beckmann die Akteure. Nah zusammengerückt isoliert er sie durch ihre Haltung zu-gleich voneinander: "Einsam sind die Menschen unter sich."[135] Er, Max Beckmann, sei ein Schauspieler, der im gesellschaftlichen Bühnenakt wirke.[136] Die Protagonisten zeigt Beckmann zugleich als Zuschauer und Akteure. Ihre Identitäts-Dopplung ist in der zweifachen Raument-faltung reflektiert. Der Lebensraum ist die horizontale Standfläche. Die Vorstellungssphäre verläuft vertikal von unten nach oben. Die Auferste-hung der Massen ist also sinnbildlich zu verstehen. Es ist die Metapho-rik eines Erkenntnisraums. Die Porträtierten verweisen als Vertreter ih-rer Selbst im Bild auf einen weltlichen Wirklichkeitsbereich. Die Erha-benheit des Erdreichs unter ihnen vereint sie. Es zeigt ihr geistiges Er-klimmen einer höheren Ebene durch Erwachen. Auch bei den Empor-steigenden und der Christusfigur deutet Beckmann das Weltgericht um: In Torbogenform schweben Nackte einem himmlischen Lichtpunkt entgegen. Ihre Körper erscheinen in blasser, grünlich-gelber Palette. In ihrer Mitte sitzt ein männlicher Akt mit dunkler Haut und rotem Lenden-tuch. Er hat sich abgewendet. Durch diesen Gestus wirkt er lebendig und im Besitz seiner Urteilskraft. Zugleich korrespondiert er mit einem weiteren männlichen Akt links unten: Der dunkle Hautton und das rote Lendentuch, welches das Geschlecht (wie nach dem Sündenfall)

---

[134] Vgl. Beckmann u. Klinkel 1908-09/1983, S. 12 und S. 20/21.
[135] Beckmann u. Klinkel 1908-09/1983, S. 26.
[136] Ebenda, S. 20/21.

bedeckt, wiederholen sich. Und auch dieser wendet sich ab. Sein Kopf ist gesenkt. Er geht aus der Komposition hinaus. Somit kann er als Pendant zur Himmelsfigur aufgefasst werden: Der eine kehrt dem himmlischen, der andere dem irdischen Schauspiel den Rücken zu. Beckmann wendet sich der unteren Figur zu und blickt ihr nach. Dadurch verweist er auf seine Position in der Gesellschaft genauso wie gegenüber seinen engsten Vertrauten.

Zeitgleich zur "Auferstehung" formuliert Beckmann wie in Paris erneut seine Gedanken zur Kunst aus: Sinn und Zweck seiner Kunst hat er weiter durchdacht und auch seine ästhetischen Mittel weiter erprobt. Er möchte das in die Welt bringen, was an sich schon da, allerdings noch nicht sichtbar oder bewusst ist. Sinnbild für dieses Unfassbare der Kunst ist für Beckmann die Sage von Orpheus und Eurydike. Diese verarbeitet er 1908/9 in dem Lithographie-Zyklus "Eurydikes Wiederkehr".[137] Das zentrale Motiv der antiken Erzählung ist die Überwindung des Todes durch Kunst und Liebe, oder anders formuliert, eine Erhabenheit von Kunst und Liebe. Orpheus steigt nach dem Tod seiner Geliebten, der Nymphe Eurydike, in die Unterwelt des Hades ab, um ihre Wiederkehr ins Leben zu erbitten. Durch seinen Gesang und sein Lyra-Spiel überzeugt er Hades, Eurydikes Körper an ihren Schein, also ihre Seele und ihren Geist zurückzubinden. Doch die Stille auf dem Rückweg in die Oberwelt lässt ihn an Eurydikes Gegenwart zweifeln. Er dreht sich um. In diesem Moment verschwindet sie auf ewig.

---

[137] Vgl. Ausst. Kat. Stuttgart 1985; Zeiller 2006 2.

Obwohl Beckmanns Lithographie-Zyklus eine Abfolge gemäß den Ereignissen vorsieht, wirken die gewählten Szenen situativ. Das jeweilige Geschehen wird bestimmt, anstatt hergeleitet. Am eindringlichsten ist dies bei Orpheus Gesang zu sehen: Der dunkle, fast leere Raum vor dem Thron des Hades wird durch Orpheus Stimme erleuchtet. Das Licht ist hier Chiffre für die Wahrnehmung einer Kunst, die mit ihrer Entstehung bereits wieder erlischt. Denn ihr Ursprungs- und Rezeptionsraum sind die Sinne. Diese wiederum regen Empfindungen und Gedanken an. Die Musik ist dann - grundsätzlich an den Menschen gebunden - in der Welt.[138] Ähnlich versteht Beckmann die Liebe. Sie ist ihm wesentlich, aber unbegreiflich. Er kennt ihre Kraft und ihre Macht. Die eigens erlebte Intensität bindet er in seinen Lithographie-Zyklus ein: Auf dem Blatt "Liebesszene" erscheint Eurydike in der klassischen Ikonographie einer Leda mit dem Schwan, sprich der von Zeus in anderer Gestalt Beglückten. Der Blick auf Eurydike ist durch eine Raumöffnung frei gegeben; Orpheus ist nur schemenhaft dahinter zu sehen.

Auch das Meer nimmt Beckmann individual-mythologisch wieder auf: Auf dem Blatt "Orpheus am Meer I" liegt Orpheus in Untersicht am Strand wie Andrea Mantegnas Christus auf der Liege. Das ruhige Wasser ragt bis an seinen Kopf. Das Meer ist erneut Sinnbild für die Unergründlichkeit von Leben, Raum und Gedankenwelt.

Die Wahl des Zyklus-Sujets ist auch autobiographisch begründet: Beckmanns Frau hat auf seinen Wunsch hin ihr Malereistudium bei Corinth aufgegeben. Stattdessen macht sie eine Gesangsausbildung. Die

---

[138] Insbesondere Schopenhauers Ästhetik ist hier wirksam.

Kunst ist Beckmann Spiegel dessen. Doch begreift er den Menschen mit "göttlichen Gaben" als eben nicht göttlich: Orpheus drehte sich um. Er ist und bleibt Mensch. Er lebt.

1905-12 distanziert Beckmann sich wie gezeigt immer weiter vom Unmittelbaren. Er sucht nach Ursprung und Struktur des Lebens. Durch diese Abstraktion begreift er die eigene Gegenwart als Moment und den eigenen Raum als Gefäß der Geschichte. Der Begriff Europa ist seine Denkeinheit. Ihn beschäftigt die Schöpfungsidee des ihm, wie er gesagt hätte, "In einem heutigen Sinne Erscheinenden". Beginnend bei den antiken Mythologien, in denen der Mensch Spiegel der Helden und Götter ist. Die historische Antike interessiert Beckmann nur mittelbar. Denn das aktuell Existierende sei durch Geschichte von seinem Ursprung getrennt worden. Auch der Mensch habe eine Entfremdung von sich selbst durchlaufen. Dieser Verschleierung des Vorhandenen und dem Verlust von Individualität sucht er entgegen zu wirken. Dabei erachtet er die christliche Glaubenstradition bereits als erste Verklärung der antiken Welt. Erkenntnis müsse - wie seine "Auferstehung" zeigt - zu jeder Zeit neu und individuell wiederholt werden. Beckmann fordert eine Bestimmung des eigenen "Ich", "Hier" und "Jetzt". Für sich selbst spielt er das ein Leben lang durch: Die Nachbarkulturen sind ihm Referenzpunkt der "eigenen" Tradition. Er reflektiert das Wirken von Marées und Liebermann wie das eigene vor Terborch, Rembrandt sowie Delacroix und Cézanne u. v. m..[139] Dies entlehnt er erneut der

---

[139] Vgl. Schneede 2009; Stückelberger 1996.

Weimarer Klassik. Schon Goethes Generation begreift das Weltlich-Er-
habene der französischen Kultur und die Gegenwärtigkeit der niederländischen als Anreiz gegenüber der deutschen Introvertiertheit.

Um 1910 begreifen jedoch nur Wenige Beckmanns Bild- und Gedankenwelt: "Es ist doch komisch daß allen Leuten immer das Unpersön-
lichste am besten gefällt. Mit meiner Persönlichkeit renn ich wie unsichtbar umher. [...] Da hab ich nun die Kreuzigung die Schlacht die
Akte die Sinthflut die Auferstehung etc etc gemalt aber nein die jungen
Männer am Meer. Na ---"[140] Er möchte das "Furchtbare, Gemeine,
Großartige, Gewöhnliche Groteskbanale im Leben" ins Bild holen.[141]
Parallel liefern aktuelle Katastrophen, wie ein Erdbeben in "Messina"
1908, Beckmann den Stoff für Historiensujets in großer Manier.[142] Kraft
seiner Phantasie will er das ihm unbekannte Geschehnis bildlich machen. Doch durch die fehlende Wirklichkeitserfahrung eines solchen Ereignisses wird er in seiner Gegenwart (Zeiten-Raum) auf sich selbst zurück geworfen. Dadurch rückt seine Welt in seinen Blickwinkel. Nun
sucht er in dieser seinen Begriff von Individualität zu ergründen.

1912 hält er in einer Kontroverse mit Franz Marc in Pan fest: "Ich sage
mit Willen neue Persönlichkeiten, denn das ist das einzig Neue, was es
gibt. Die Gesetze der Kunst sind ewig und unveränderlich, wie das

---

[140] Vgl. Beckmann u. Klinkel 1908-09/1983, S. 32.
[141] Vgl. ebenda, S. 21.
[142] Vgl. Beckmann Briefe I, 17. März 1909, S. 59; Beckmann u. Klinkel 1908-09/1983,
insbesondere S. 13, 31/32, 34/35, 36-38; Schneede S. 22-25.

moralische Gesetz in uns."[143] Beckmann fragt nach den Typen, "die uns Heutigen das sein könnten, was denen damals ihre Götter und Helden gewesen sind".[144] Matthias Eberle interpretierte dies als Beckmanns Intention, eine Mythologie der Moderne zu erfinden. Beckmann sei mit einem "almost Olympian self-confidence" beseelt gewesen.[145]

Der Untergang der Titanic bedeutet dann einen weiteren Höhe- und Wendepunkt in Beckmanns Schaffen.[146] Wieder ist es das Meer, welches über das Leben des Einzelnen entscheidet. Der Mensch ist trotz allen technischen Fortschritts der Naturgewalt unterlegen. Eberle sieht hier für Beckmann eine Bestätigung der eigenen Skepsis gegenüber neuen Technologien. Erst bei deren Versagen zeige sich die menschliche Urkraft wieder natürlich.[147] Diese wiederum stelle Beckmann in seinem Gemälde ins Zentrum: den Überlebenskampf inmitten des Eismeers. Letzten Halt böten die in zu geringer Zahl vorhandenen Rettungsboote. Erneut bleibt Beckmann die tatsächliche Lebensbedrohung fremd: Seine Vorstellung beruht auf Fotos und Zeitungsberichten. Sie ist vermittelt.

---

[143] Vgl. Beckmann u. Pillep 1984, S. 42; Beckmann u. Schmidt 1903-04 u. 1912-13/1985, S. 33.
[144] Vgl. Beckmann u. Pillep 1984, S. 41.
[145] Vgl. Eberle 1985, S. 79.
[146] Vgl. Chametzky 2009; Southgate 1996 2.
[147] Vgl. Eberle 1985, S. 5. Vgl. zur Stellung der "Katastrophengemälde" bei Beckmann auch: von Wiese 1978, S. 29- 30.

Dennoch entscheidet sich Beckmann 1913 anlässlich eines Künstler-
fotos zu einer programmatischen Selbstinszenierung vor seinem Werk
"Titanic". Gleich einem Tableau Vivant sitzt er vor einer Triptychon-An-
ordnung eigener Gegenstände und Werke: Seine Figuren erscheinen
im Foto wie seine Nebenprotagonisten. Oder anders, er zeigt sich in
seiner Kunstwelt: Links hängen Mantel und Hut über einer Staffelei. Daneben steht ein weiblicher Akt in Öl. Mittig dann in Anlehnung an Théo-
dore Géricaults "Floß der Medusa" 1819 seine "Titanic". Rechts die
"Große Sterbeszene" 1906.[148] Beckmann sitzt auf einem Stuhl. Er wendet sich dem "Ursprung", dem weiblichen Akt zu. Er blickt den Betrachter direkt an. Seine Nähe zu traditionellen Sujets soll unterstrichen werden. Die großen Meister wie "Rembrandt und Cézanne"[149], "Géricault,
Delacroix, Courbet, Daumier, Renoir, van Gogh […] Signorelle, Grüne-
wald, Cranach und Tizian, Tintoretto, Greco, Velasquez, Goya und die
alten Holländer"[150] stehen Spalier.[151] Im gleichen Jahr, 1913, schreibt
Hans Kaiser in der ersten, von Paul Cassirer verlegten Beckmann-Bio-
graphie bereits: "Es gibt nicht viele Große, denen er nicht eine Anre-
gung verdankte. Seine Bedeutung liegt gerade darin, dass er aus vielen
halb verlorenen und vergessenen Bruchstücken ein großes neues Werk
durch seine Persönlichkeit geschaffen hat."[152]

---

[148] Vgl. Eberle 1985, S. 1-2.
[149] Vgl. Pillep 1990, S. S. 41.
[150] Vgl. Beckmann u. Pillep 1984, S. 37.
[151] Vgl. Engels 1997; Lenz 2000; Ramond 2002; Schneede 2009.
[152] Vgl. Kaiser 1913, S. 39.

Unter den selbst gesuchten Kriegserlebnissen 1914/15 gewinnt Beckmanns Werk schließlich die Unmittelbarkeit des Augenzeugen:[153] Er beobachtet, was ihm selbst widerfahren könnte. Als Sanitäter in Ostpreußen und Flandern ist er direkt mit den Verwundeten sowie den an Typhus und Lungenentzündung Erkrankten konfrontiert.[154] Täglich dokumentiert er den oft vergeblichen Kampf ums Leben. Er spricht von dem "Mysterium der Leiche" und "den tiefe[n] Linien der Schönheit im Leiden und Ertragen dieses schaurigen Schicksals". Zunehmend begreift er die Absolutheit "diese[s] unendliche[n] Raum[s]", dieses "finstre[n] schwarze[n] Loch[s]".[155] Für ihn ist es "dieses grenzenlose Verlassensein in der Ewigkeit. Dieses Alleinsein."[156] Während seines Einsatzes in Ostpreußen (Briefe vom 14. Sept. bis 11. Okt. 1914) liest Beckmann erneut das Neue Testament. Im künstlerischen Schaffen sucht er sich ein Schutzschild zu errichten: "Ich habe gezeichnet, das sichert gegen Tod und Gefahr."[157] Das Wahrgenommene soll ins Bild verbannt werden. Er möchte es aus seiner Welt in eine andere transferieren. Zugleich fertigt er durch seine Kunst das oftmals letzte Zeugnis von Verstorbenen an. Dabei zeigt er sie allerdings zumeist identitätslos mit verdecktem Gesicht oder in Rückenansicht: so in den Radierungen "Große Operation" 1914 und "Das Leichenhaus" 1915.[158] Beckmann kehrt

---

153 Vgl. Haxthausen 1997.
154 Typhuslazarett in Kortrijk (Courtrai): vgl. Pillep 1990, S. 411.
155 Vgl. Beckmann u. Beckmann 1916/1984, S. 64.
156 Ebenda, S. 66/67.
157 Vgl. Beckmann u. Beckmann 1916/1984, S. 13.
158 Abbildungen: Hofmaier 1990: Große Operation 1914 Kat. Nr. 81, S. 210-209; Das Leichenhaus 1915, Kat. Nr. 83, S. 214-217.

Dürers Idee von Christus als Gottmenschen um: "Neue Vorstellungen von Geißelungen Christi."[159] Beckmann negiert sämtliche Regungen seiner Figuren. Er zeigt den Verlust des Lebens als nicht erfüllte Individualität. Die Verstorbenen werden der Anonymität der Masse übereignet. Ihr Schicksal ist in der Wiederholung austauschbar.

Den zweiten Einsatz Beckmanns in Flandern/Belgien (Briefe vom 24. Febr. bis 12. Juni 1915) bezeichnet sein Sohn Peter 1984 als "Verpflichtung" nach dem Soldaten-Tod seines Schwagers Martin Tube.[160] Eine Porträtstudie des Verwundeten und das Bildnis der trauernden Mutter zeigen Beckmanns Nähe zum Verstorbenen. Diesmal ist er persönlich betroffen. In Flandern erlebt Beckmann künstlerisch eine äußerst produktive Zeit: "Ich habe vorhin meine Zeichnungen mal wieder durchgesehen und gefunden, dass sie bereits wieder die Zahl 70 überschreiten. So im ganzen gefallen sie einem dann wieder besser wie einzeln. Man sieht den durchgehenden Willen, der mir immer bei der einzelnen Zeichnung nicht bewusst ist, da ich, wenn ich zeichne, nur empfinde und nicht denke."[161] Mitunter erfährt er eine fast unwirkliche Ruhe und Sicherheit inmitten des Krieges. Dann zeichnet und schreibt er intensiv. Doch die Nähe zum Kriegsschauspiel, das in ihm bekannter Weise über das Leben so vieler entscheidet, wirkt psychisch auf ihn ein. Erneut versucht er zunächst durch Ästhetisierung und Konzentration auf Sichtbares die eigene Lebensbedrohung zu verdrängen. "Ich

---

[159] Ebenda, S. 55.
[160] Vgl. Beckmann u. Beckmann 1916/1984.
[161] Beckmann Briefe I, Brief v. 28.3.1915, S. 112; 24.4.15, S. 47.

kann mir nun in Ruhe, eine Apfelsine essend, die raffiniertesten Flieger-beschießungen mit ansehen. Des Nachts habe ich wundervolles Feu-erwerk der auf- und absteigenden Leuchtkugeln in freundlichen und feindlichen Schützengräben, [...] Ich lebe fabelhaft einsam, und das ist bis auf einzelne Melancholieanfälle ebenso fabelhaft angenehm."[162] Den Schutzraum zu verlassen würde seinem Lebens- und Schaffens-wunsch widersprechen.

Dann erhält Beckmann den Auftrag, ein Militärsbad in Wervik in Fres-komanier auszugestalten. In seinen Entwürfen einer orientalischen Szene abstrahiert Beckmann anfänglich von der Bedeutung des Orts. Zwischen ihren Einsätzen nehmen Soldaten hier ein Bad und erleben eine kurze Auszeit vom Kriegsgeschehen. Doch zunehmend rücken für Beckmann Kunst und Krieg zusammen: "[...] ich lese noch etwas im Zarathustra oder im Neuen Testament. Hoffentlich wird mein Leben nicht so rasch wieder gestört. Ich werde natürlich auch viel arbeiten können, und auch die Dekorationen interessieren mich jetzt wirklich. Das ist das was mich zusammenhält und aufrecht." Nun wird das, was er bislang von sich fern zu halten sucht, Gegenstand seines Freskos. Ins Zentrum setzt Beckmann ein klassisches Reiterstandbild. Auf den Boden davor legt er einen toten Soldaten. Sein frühes Maxim einer

---

[162] Vgl. Beckmann u. Beckmann 1916/1984, insbes. S. 32; vgl. auch: Pillep 1990, S. 411. Vorstudien zu dem Wandfresko: Guratzsch 1998 - darin: Studie eines Reiters mit Lanze von schräg vorn, Anfang April 1915, Kat. Nr. 113; Bewegungsstudie eines Reiters auf sich aufbäumendem Pferd im Profil nach links, Anfang April 1915, Kat. Nr. 114; Kat. Nr. 107-112. vgl. auch Karl Scheffler: Kunstausstellung, in: Kunst und Künstler (13) 1914, S. 478-479; [Totes Pferd vgl. Brief vom 12.4.1915].

"Kunst, die uns im realsten des Lebens gegenwärtig ist" formuliert er hier in wandgroßem Format. Die erstmals ausgeführte Freskotechnik eröffnete Beckmann neue künstlerische Mittel: "Nachmittags habe ich das erste Mal in meinem Leben Fresko gemalt. Eins meiner schönsten Erlebnisse. Es ist wie für mich geschaffen." Die Wirkung der Farbe auf dem Kalk, der diese im Gegensatz zur Leinwand aufsaugt, begeistert Beckmann. Ihm wird eine schnelle, sichere Malweise abverlangt; Korrekturen sind nur bedingt möglich. Die Gesamtkomposition muss jederzeit überblickt werden, das Detail verliert an Bedeutung: "Vieles wird erst ganz frei in mir auf diesen großen Flächen. Und es ist wunderbar, wie schön die Farbe auf dem Kalk steht. Hier kann man auch wagen, was bei der Ölfarbe manchmal nicht geht, größere Flächen relativ leer stehen zu lassen, um mit anderen um so intensiver zu wirken."[163] Zudem erlebt Beckmann eine ihm unbekannte Übereignung seines Werkes an dessen Bestimmungsort. Von Anbeginn ist es in einen architektonischen Kontext eingebunden. Es unterliegt dessen Strukturen und Begebenheiten, aber gestaltet dessen Erscheinung mit. Die Farbe verschmilzt mit dem Bildträger. Der Beckmann bekannte haptische Wert seiner Ölmalerei steht ihm als Gestaltungselement nicht zur Verfügung. Er kann hier nur rein optische Werte - "Erscheinungen" - auf der Bildoberfläche erzielen. Gewissermaßen erfüllt sich hier seine Idee

---

[163] Beckmann u. Beckmann 1916/1984.

metaphysischer Qualitäten von Kunst. Es ist der entscheidende Wendepunkt in seiner Kunst.[164]

Nach wie vor ist ihm allerdings fremd, was er in seine Bildwelt zu integrieren wünscht: die Gratwanderung des Lebens. Dieses Erlebnis soll nicht lange auf sich warten lassen. Im Frühjahr 1915 spitzen sich in Belgien die Kriegsereignisse und Zeugnisse der Verwüstung rasch zu. Beckmann bewegt sich entgegen allen Warnungen seines Verstandes bis ins Gefecht vor.[165] Erst unter Beschuss am Schützengraben setzt ein natürlicher Überlebensinstinkt durch plötzliche Todesangst ein. Erst hier löst er sich von den verklärten Todesvisionen von Nietzsches Zarathustra. Er erkennt die Wirklichkeit an. Jean Pauls Titan wird in der ambivalenten Beziehung zwischen innerer und äußerer Welt wirksam: "ich wollte, ich säße auf dem Mars, läse den Titan und schliefe."[166] Beckmann beginnt, die eigene Geistesverfassung als verlässlich anzuzweifeln. Kurze Zeit später reißen seine bis dahin regelmäßigen Briefe an seine Frau Minna ab.

Wahrscheinlich erleidet Beckmann im Sommer 1915 in Gent einen Nervenzusammenbruch. Erst im Oktober desselben Jahres wird er beurlaubt. Er geht nach Frankfurt am Main zu Fridel und Ugi Battenberg, Freunde aus Weimarer Studienzeiten. Zunächst ist Beckmann lediglich in Bereitschaft für einen erneuten Kriegseinsatz. Da er ein Atelier zur

---

[164] Zur Stellung des Wandfreskos in Beckmanns Werk vgl. Wiese 1978; darin insbes.: Die Bildentwicklung des Gemäldes Auferstehung (1914/18), S. 100-8.
[165] Vgl. Beckmann u. Beckmann 1916/1984.
[166] Vgl. ebenda, S. 71.

Verfügung hat, beginnt er bereits 1916 ein monumentales Werk. Seine zweite "Auferstehung" soll seine Kriegserlebnisse zusammenfassen.[167]

Bereits an der Front hat er seine Ideen dazu vorformuliert: "aber allmählich sickert einem doch die Atmosphäre ins Blut über und gibt mir die Sicherheit zu den Bildern, die ich eigentlich schon vorher im Geiste gesehen habe. Ich will das alles innerlich verarbeiten, um dann nachher ganz frei die Dinge fast zeitlos machen zu können: diese aus dem Grabe blickende schwarze Menschenmiene und die schweigenden Toten, die mir entgegenkommen, sind düstere Grüße der Ewigkeit, und als solche will ich sie später malen."[168] Im Atelier überführt er seine Vorstellungen ins Bild. Begleitend erarbeitet er einen umfangreichen Graphik- und Zeichenzyklus.[169] Das Bild-Format von 345 x 497 cm verweist auf sein wandfüllendes Fresko (ca. 300 x 430 cm). Wie in seiner ersten "Auferstehung" porträtiert Beckmann sich mit engsten Freunde und Familie auf einer Empore: er steht unten rechts, im Oberkörper wieder dem Betrachter zugewandt. Aus dem Augenwinkel schaut er auf sein eigenes Bild. Ihm vorgeordnet sind seine Frau Minna und der gemeinsame Sohn Peter, der gerade erst jene die Gruppe umschließende

---

[167] Vgl. Heidecker 1982; Zeiller 2006.
[168] Vgl. Beckmann u. Beckmann 1916/1984, S. 49/50. Vgl. auch: Maur 1994.
[169] Vgl. von Wiese 1978, darin: III. Teil: Max Beckmanns Zeichnungen aus dem Krieg (1914/15), S. 45-108; Hofmaier 1990; Kat. Nr. 132 (S. 158-161) "Resurrection" 1917 (Die gleichnamige Kaltnadelradierung entstand im Kontext des Zyklus "Gesichter", bildet darin Blatt 12 und ist in neben der Seitenumkehrung in vielen Details neu interpretiert); weitere wichtige Werke dazu: Kat. Nr. 112 (S. 304), Die Fürstin: Zweite Illustration zu Kapitel 1, zu: Edschmid 1918.

Architektur überragt. Umrahmt wird die kleine Familie von Ugi und Fridel Battenberg.

Weiter links sitzt eine schwarze Katze im Profil. Mit erhobenem Kopf miaut sie die Himmelsgestirne an. Wahrscheinlich ist dies Battenbergs Hauskatze "Titti". Beckmann zeigt sie häufig mit Fridel: so in den Druckgraphiken "Der Abend (Selbstbildnis mit den Battenbergs)" 1916, "Mädchen mit Katze" 1916, "Battenbergs" 1916.[170]

Die eigentliche "Auferstehung" vereint Erlebtes mit Vorstellungen aus der Frontzeit. Am Horizont ist ein städtischer Raum zu sehen. Dieser stürzt gleichsam in sich zusammen und kippt aus der Welt. Es sei an Beckmanns Schilderungen der Stadt Lille erinnert: "Gerade ins Herz der Stadt hat man mit wüster Gewalt gestochen, und die Straßenreihen klaffen auseinander wie am Jüngsten Tage."[171] Der aufberstende, unwirklich zugleich nahe und ferne Stadtgrund zieht sich als Andeutung durchs gesamte Bild bis nach vorne durch.

Unterhalb der Gruppe um Beckmann treten Figuren aus Kellern und Erdlöchern hervor: Während seines Kriegseinsatzes hat er zeitweilig über einer Grabkammer geschlafen. Des Nachts hat er sich im Traum von den Verstorbenen heimgesucht gefühlt. Zudem sei auf Äußerung eines "braven Franzosen" verwiesen, die Beckmann seiner Frau im Brief wiedergibt: "An manchen Stellen verwesen noch in den

---

[170] Zugleich nimmt Beckmann das Katzenmotiv in "Selbstbildnis mit Hut" 1921 (Kaltnadelradierung) auf, die in der Überarbeitung des ersten hin zum zweiten Zustand (Städelsches Kunstinstitut) von seinem Arm an die Seite, also von der direkten Zugehörigkeit ihm neben geordnet wird.
[171] Beckmann u. Beckmann 1916/1984, S. 36.

verschütteten Kellern die Leichnahme, so dass der Pestgeruch uner-
träglich ist." Auch Beckmanns Zeichnungen von Verwundeten und Toten werden im Gemälde wieder wirksam: Von links unten nach rechts
oben erscheint eine konkrete Auferstehungs-Vorstellung. Zunächst ein
männlicher, wieder an Andrea Mantegnas "Christus" erinnernder Akt in
Untersicht. Dessen Körperhaltung geht zugleich auf die Lithographie
"Gefallener Soldat" 1914 sowie die mittlere liegende Figur in "Das Leichenhaus" 1915 zurück.[172] Auf gleicher Raumebene steigt eine Figur
aus dem Erdreich empor. Darüber ist ein schwebender Akt in Liegehal-
tung mit nur noch wenigen Binden zu sehen. Leicht nach rechts versetzt dann ein stehender männlicher Akt in Schrittstellung. Er beugt
seinen Kopf und hält seine Hände schützend vors Gesicht.

Vergleichbar schildert Beckmann seine Körperhaltung unter Beschuss
auf offenem Gelände an der Front: "Allerdings nicht in gerader Haltung,
sondern mit krummem Rücken und eingezogenem Kopf. [...] es war
das einzige, womit ich meinem Selbsterhaltungstrieb irgendwie etwas
vormachen konnte."[173] Im Gemälde betont Beckmann die unge-
schützte Genickpartie des Rückenakts. Seine Nacktheit zeigt seine
Verwundbarkeit entgegen der muskulösen Physis. Zugleich ist er von
den anderen Figuren isoliert. Er steht auf der herkömmlich zentralen
Christusposition.[174] Sein Schattenwurf heftete ihn an die Erdoberfläche.

---

[172] "Gefallener Soldat" vgl. Hofmaier 1990, Kat. Nr. 73, S. 170-71; "Das Leichenhaus"
vgl. ebenda, Kat. Nr. 83, S. 214-217.
[173] Beckmann u. Beckmann 1916/1984, S. 63/64.
[174] der auf eine Zeichnung eines männlichen Rückenaktes aus dem Jahre 1908 zurück-
gehen könnte - dazu vgl. von Wiese 1978, Kat. Nr. 29, S. 187 -, 1916 aber in einer

Auf dieser schreitet er in Richtung des Lichts. Der Rückenakt kann als Selbstverweis Beckmanns verstanden werden: Er überlebt physisch unverwundet. Doch hat, wie Fotos und die Selbstbildnisse "als Krankenpfleger" 1915 und "mit rotem Schal" 1917 zeigen, die psychische Marter an ihm gezehrt. Die Figurenformation der "Auferstehung" wird von einer stehenden Figur mit gespreizten Beinen abgeschlossen. Sie wirft den Kopf in den Nacken und öffnet die Hände flehend gen Himmel. Dies ist Beckmanns "Auferstandener"; er hat ihn schon an der Front konzipiert: "Alles versinkt, Zeit und Raum, und ich denke nur immer, wie malst du den Kopf des Auferstandenen gegen die roten Gestirne am Himmel des Jüngsten Tages."[175] Das vorgesetzte Bein des Auferstandenen ragt in eine teils nur skizzenhaft angedeutete Menschenmenge. Diese Gruppe ist in veränderter Formation links im Bild gespiegelt: "Ich hob die Tücher von ihren Köpfen. Der eine ganz fahl braunweiß mit merkwürdig überirdischem Ausdruck."[176]

Darunter ist eine Szene mit Soldaten zu sehen. Zwei unterschiedliche Begebenheiten an der Front können diese inspiriert haben: Einerseits wird Beckmann zweimal aufgrund seines Beobachtens und Zeichnens, seines Interesses am Krieg als Spion verhaftet. Daraufhin berichtet er Minna von seiner Vorstellung einer bevorstehenden Hinrichtung angesichts eines ihn mit geladenem Gewehr bewachenden Soldaten.

Vorstudie neu interpretiert wird: "Stehender männlicher Rückenakt" 1916, vgl. von Wiese 1978, Kat. Nr. 334, S. 107.

[175] Vgl. Guratzsch 1998; Kompositionsskizze zur "Auferstehung II", Mitte 1915, vgl. von Wiese 1978, Kat. Nr. 69, S. 58.

[176] Beckmann u. Beckmann 1916/1984, S. 55/56.

Andererseits wohnt er einer Beerdigung von zwei Gefallenen im kleinen Kreis von Kameraden und Vorgesetzten bei. Die uniformierten Körper weisen auf eine andere Ereignisebene. Es ist ein anderer zeitlich-örtlicher Rückblick. Zudem rückt Beckmann diese Szene aus dem innerbildlichen Ereignisraum auf eine scheinbar zweidimensionale Projektionsfläche. Die Auferstehung gewinnt dadurch an Präsenz.

Überspielt wird das gesamte Szenario von Gestirnen am Himmel. Sie wirken wie aus ihrem überirdischen Ordnungsgefüge gelöst und bedrohlich nah. Dieses Motiv des (glutroten) Himmelsgestirns formuliert Beckmann erstmals 1915 in dem Gemälde "Gesellschaft III, Battenbergs". Hier zeigt er sich mit Battenbergs und der Hauskatze Titti. Auch 1917 in der "Kreuzabnahme" setzt er es ein.[177] Das Himmelsgestirn ist also ein unmittelbares Nachkriegsmotiv. Es zeigt, dass das weltliche Gefüge für Beckmann aus dem Gleichgewicht geraten ist. Innerhalb der "Auferstehung" sind es gleich mehrere Himmelsgestirne. Hier sind sie zudem formal in den surrealen Transformationsprozess integriert. Sie korrespondieren in ihrer runden Form mit der Erdöffnung hinter Beckmann, aus der (gleich einer Vorhölle) Figuren herausströmen. Allerdings ereignet sich ihnen keine Auferstehung im biblischen Sinne. Diese ist für Beckmann nach den Kriegserfahrungen nicht mehr möglich. Vielmehr wirkt die Szenerie auswegs- und hoffnungslos. Sie erscheint wie ein Psychogramm von realen und fiktiven Gedächtnisbildern.

---

[177] Vgl. Hansert 2009.

Beckmann scheitert in seinem Werk an seiner herbeigesehnten Auferstehung. Zugleich ringt er mit seinem Entwurf einer Bildgegenwart von mehrfach verschachtelten Ereignisräumen. Seine Zeit- und Lebensräume sowie Vorstellungs- und Erlebnisräume funktionieren weder in mittelalterlicher Manier simultan noch im direkten Sinne kausal. Das Bild verharrt zwischen seinen eigentlichen Positionen. Jede Ereignisebene wird im Moment ihrer scheinbaren Erfüllung durch das zugewiesene Pendant im Bild in Frage gestellt: Die Bildnisse im Vordergrund beziehen sich auf Beckmanns in der Vorkriegszeit erprobten Realitätsanspruch. Diese wird von den aus Kriegszeichnungen und neu angefertigten Aktstudien entwickelten Auferstehenden zugleich unterstrichen und angezweifelt. Denn in ihnen fordern auch die Schreckens-Visionen aus Beckmanns Alpträumen ihre Realität im Bild ein. Dieser Widerspruch setzt sich in der aus den Fugen geratenen Welt fort: Entsprechend der Ereignisebene ist sie real (Krieg) und illusionistisch (Auferstehung) zu verstehen. Die Metaphorik einer derartigen Bedeutungsvielfalt misslingt Beckmann. Der Weltenraum zerfällt in surreal zusammengesetzte Raumpartien. Diese werden überdies von verschiedenen Seiten beleuchtet. Sie erscheinen dadurch unvereinbar nah und fern. Diese Raumparadoxie setzt sich in der in ein Bild im Bild verbannten Soldatenszene fort. Diese spiegelt die absurde Selbstvernichtung des Menschen. Zugleich hallt hier, wie in der zerstörten Stadt im Hintergrund, das Echo einer konkreten Vergangenheit nach. Inmitten dieses Raumchaos steht Beckmann schließlich umringt von Familie und Freunden. Sie wirken wie gefangen im Bild. Das ruhige, mittige Himmelsgestirn über ihnen wird von hier aus Fokus des Bildes. Allerdings suggeriert das Gestirn etwas Nichteinsehbares und Nichterahnbares außerhalb des Werkes.

Auch der Betrachter erfährt vor dem Bild keine konkrete Verortung mehr. Beckmann gibt einen schwebenden Blickwinkel vor. Das Gezeigte ist Zeugnis von Beckmanns Erfahrung der Welt. Er sucht sich davon zu befreien. Er möchte einen neuen Lebens-Begriff formulieren. Sinn und Funktion des Bildes haben sich für Beckmann geändert: er blickt nicht mehr auf, sondern durch; er bildet nicht mehr ab, sondern durchdringt. Dies will er in den veränderten Mitteln seiner Malerei widerspiegeln. Wie beim Wandfresko hat er für seine "Auferstehung" erneut die Kraft einer wandgroßen Bildfläche gesucht, um detailreiche Partien mit "leeren" zu konfrontieren.[178] Die Bildgröße soll seine Malerei formal mitbestimmen.[179] Auch nutzt Beckmann erstmals die graphische Linie seiner Kriegszeichnungen als malerisches Element. Er arbeitet die in Pastell angelegte Unterzeichnung teils in Öl aus. Das Motiv wird so allein durch Kontur und Schraffur aus der Fläche hervorgehoben. Doch dies bedeutet hier einen Konflikt zwischen zwei nahezu gegensätzlichen Beanspruchungen des Malgrunds: Die Freskomalerei geht auch bei monochromen Flächen von einem volldeckenden Farbauftrag aus. Die Ölzeichnung dagegen bezieht die unbemalte Leinwand als gestaltendes Element mit ins Motiv ein. Beckmann sucht zwei neue Malweisen in ein ihm bekanntes Medium - die Ölmalerei - zu übertragen. Doch auch deren aus der Vorkriegszeit bekannte Handhabung

---

[178] Beckmann u. Beckmann 1916/1984, S. 42.
[179] Daraus leitet er später ein grundsätzliches Gestaltungsprinzip ab.

zwingt sich ihm mitunter wieder auf. Insbesondere die lange Trocken-
zeit und intensive Farbästhetik der Ölfarbe kontrastiert mit Beckmanns
Wunsch einer Verbindung des "Bildes" mit dem Malgrund. Eine direkte
Übertragung des neu Entdeckten in die traditionelle Tafelmalerei ist also
nicht möglich. Sein Ziel aber gewinnt gerade im Scheitern klarere Konturen: "Ich hoffe allmählich immer einfacher zu werden, immer konzen-
trierter im Ausdruck, aber niemals, das weiß ich, werde ich das Volle,
das Runde, das lebendig Pulsierende aufgeben, im Gegenteil, ich
möchte es immer mehr steigern [...] Fülle und Plastik."[180]

Dio große "Auferstehung" bezeugt also einen Wendepunkt in Beckmanns Malerei. Erlerntes und Erprobtes der Vorkriegszeit und seine ra-
sante Entwicklung in der Handhabung neuer künstlerischer Medien unter den Kriegserlebnissen treffen unvereinbar aufeinander. 1917 wird
Beckmann schließlich ganz aus dem Kriegsdienst entlassen.[181] 1918
belässt er das monumentale Gemälde unvollendet. Allerdings stellt er
es entgegen seiner Angewohnheit, die Bildflächen an die Wand zu dre-
hen, sichtbar in seinem Atelier auf. Das hier Formulierte leitet sein Zwischenkriegswerk ein.[182]

In diesem bezieht er sich zugleich auf seine künstlerischen Anfänge mit
den "Jungen Männer am Meer". Zunächst insbesondere in Ansichten

---

[180] Vgl. Beckmann u. Beckmann 1916/1984, S. 27; von Wiese 1978, S. 100.

[181] Vgl. Pillep 1990, S. 411.

[182] Charles W. Haxthausen äußert im Mai 2008 in einem Gespräch in Cambridge über
Beckmann, die Erfahrung der Freskomalerei habe Beckmanns Begriff der "Rundheit der
Fläche in der Ölmalerei" hervorgebracht. Und, die "Auferstehung" sowie zeitnahe Werke
seien die Herleitung seiner folgenden malerischen These. Dann erst habe Beckmann eine

des Mains, der unweit von Beckmanns Atelierwohnung in der Schweizer Str. 3 in Frankfurt verläuft: "Der Eiserne Steg" 1922, "Eisgang" 1923,[183] "Mondlandschaft" 1925, "Mainufer und Kirche" 1925. Wie einst das Meer, hat er dieses Bildsujet direkt vor Augen. Es inspiriert seine Interpretation einer erlebten Wirklichkeit. Beckmann gibt erneut einen schwebenden Blick auf die Welt vor. Ufer und Brücken des städtebaulichen Kontexts um den Wasserstrom in Richtung Ozean bieten Halt. Auch passen diese die Naturgewalt des Flusses in den gestalteten Lebensraum des Menschen ein. Zugleich erfasst Beckmann so die ambivalente Beziehung von Natur- und Stadtraum: Er zeigt an den unteren Uferpromenaden den seitlichen Spielraum des Flusses für die Schneeschmelze: so in "Eisgang" 1923. Oder er betont die Höhe der Brücken: so in "Flusslandschaft" 1923 und "Mainlandschaft mit Regenbogen" 1923. Die Unberechenbarkeit des Wasserstroms fasziniert Beckmann. Denn in Frankfurt, wie in anderen Flussorten, sind zwei bereits in sich verdichtete Lebenswelten - Wasser und Stadt - ineinander verwoben. Ihre jeweiligen Binnenstrukturen formulieren jedoch ihre Eigenständigkeit. Augenscheinlich wird dies für Beckmann in Tages- gegenüber Nachtansichten der Flusslandschaft: Im Sonnenlicht holte er die "eigenen Farben der Dinge" wie er sie sieht hervor: "Eisgang" 1923.[184] Des Nachts wölbt sich der Fluss unter dem hellen Mondlicht regelrecht aus seinem Flussbett heraus: "Mondlandschaft" 1925. Die Reflexionen

---

erste künstlerische Souveränität erlangt. Gespräch Charles W. Haxthausen, Mai 2008 in Cambridge, MA, USA.
[183] Vgl. Frosch 1994 1; Frosch 1994 2.
[184] Vgl. Ebenda.

überstrahlen die Umgebung. Diese hebt sich nur noch als dunkle Formen gegen die Straßenbeleuchtung und den Himmel empor. Beckmann zeigt das eigentlich Unsichtbare. Er lässt Licht erscheinen. Der
unendliche Raum des Alls wirkt wie erleuchtet, wenngleich er unein-
sehbar bleibt: Es ist die Zeit von Beckmanns intensiver Auseinandersetzung mit kabbalistischem und fernöstlichem Gedankengut.[185] Gott,
Raum, Licht, Erscheinung und Leben sind nicht mehr hierarchisiert,
sondern wie bei Franz Rosenzweig eins: "So wie das Metaethische des
Menschen ihn zum freien Herrn seines Ethos macht, auf dass er es hat
und nicht es ihn; und so wie das Metalogische der Welt den Logos zu
einem ganz in die Welt ausgegossenen 'Bestandteil' der Welt macht,
dass sie ihn habe und nicht er sie; so macht das Metaphysische Gottes
die Physis zu einem 'Bestandteil' Gottes."[186] Nur wenig später ergänzt
Gershom Scholem dies um, mit Beckmann gesprochen, einen gegenwärtigen Begriff von "Individualität": "Ich, nicht das Ich als transzende-
tales Subjekt der idealistischen Deduktion und auch nicht das allgemeine Ich, die Idee des Ich, sondern das empirische Ich, das aus der
Erfahrung aufsteigt, das Ich, das Namen trägt und Vornamen..."[187]
Beckmann nimmt erneut auf, worin sich seine Lebens- und Kunstauffassung spiegelt. Raum und Licht begreift er als Reflexion eines allum-
fassenden Wahren. Sie sind ihm zugleich erfahrbar, darstellbar als auch

---

[185] Vgl. Dan 1999; Dan 2006; Papus: Kabbala 19-?; Scholem 1957; Scholem 1981;
Scholem 1994; Scholem 1995.
[186] Rosenzweig Berlin 1930[1]/Frankfurt am Main 1988[2], S. 19.
[187] Rosenzweig Berlin 1930[1]/Frankfurt am Main 1988[2], S. 531.

metaphysisch zu verstehen: sie sind der immer konkrete Verweis auf das Transzendente.

Mitte der 1920er Jahre wendet Beckmann sich so dem Leben und dem Menschen zu. Die Loslösung seiner Figuren von der Erdoberfläche wird zum kategorischen Imperativ. Er möchte "den Menschen auf sich selbst stellen". Auch Beckmanns Idee der Welt verändert sich: Sie ist der Lebensraum des Menschen und damit auch sein Wirklichkeits-Bereich.

An das Meer knüpft er nach wie vor einen ewigen Schöpfungsgedanken.[188] Dessen äußere Erscheinung sei Schein: Das auf der Oberfläche reflektierende Sonnenlicht ruft ein unwirkliches Bild von Spiegelungen, durchdrungen von der Dunkelheit der Tiefe darunter, hervor. Im permanenten Fluss ist es unbeugsam. Es definiert die Grenzen der für den Menschen verfügbaren Erde. Nur die Seele, gefasst im Symbol des Fisches bei Beckmann, überlebt in diesem ewigen Raum. Wieder Neues kann so geboren werden. Beckmann glaubt, wie seine zweite Frau Mathilde Kaulbach, genannt Quappi, an Wiedergeburt.

In "Barke" 1926 hält Beckmann eine Strandszene von ihrer Hochzeitsreise fest. Quappis Gesicht ist von ihrem blauen Badeanzug, den sie soeben auszuziehen scheint, verdeckt. Ihr nackter Busen steht für Reinheit, für die Vereinigung der Geschlechter und das Werden von Leben. Für den Moment wird sie zur Madonna inmitten der Badenden. Für Beckmann ist sie der Anlass des Bildes. Sie ist ihm hier der Schöpfungsgedanke seiner Kunst. Ihre Jugend und ihre Schönheit faszinieren

---

[188] Vgl. Fischer 1972, S. 48.

ihn. Er entkleidet sie aus dem Blau. Er hebt sie aus dem ewigen Kreislaufs des Lebens. Sie lebt jetzt.

In dem späteren Bildnis "Quappi in Blau" 1926 erweitert nun die Wasser-Konnotation des blauen Stoffs ihr Wesen.[189] Sie trägt die Unendlichkeit des ewigen Raums in sich und tritt als Individuum hervor. Antworten wird Beckmann diesem Bildnis seiner Frau durch sein "Selbstbildnis im Smoking".

"SELBSTBILDNIS IM SMOKING"

Beckmanns "Selbstbildnis im Smoking" geht sein Text "Der Künstler im Staat" am 4. Juli 1927 in der "Europäischen Revue" voraus.[190] Anlass dürfte die aktuelle internationale Neupositionierung Deutschlands sein. Diese wirkt sich auch auf die inneren Strukturen und Gegebenheiten des Landes aus: Raum für Zukunftsvisionen entsteht. Beckmann formuliert eine davon. Seine Idee von Deutschland als weltliche Gesellschaft und Staatsmacht transformiert er dann in sein "Selbstbildnis im Smoking".

Eine aktuelle politische Begebenheit schriftlich und malerisch an die Öffentlichkeit gerichtet zu reflektieren, zeugt von Beckmanns gespannter Haltung auf die Auswirkungen hin. Auch seine Briefe 1925-27 zeigen dies.

---

[189] Zu "Quappi in Blau" vgl. Bezzola 1998.
[190] Vgl. ebenda.

Doch was zeichnet diese zwei Jahre für Beckmann aus?

Ein stabiles Staatengefüge sowie eine machtvolle Position Deutschlands innerhalb Europas scheinen zugleich fiktiv und real. Umso intensiver setzt sich Beckmann wie auch u. a. Martin Heidegger, Fritz Lange, Ludwig Mies van der Rohe, Erwin Panofsky mit den Möglichkeiten Konsequenzen dieses "historischen Augenblicks" auseinander. Die abstrakten als auch die konkreten Elemente sollen ergründet werden. Doch ist bis 1927 die Aussagequalität politischer Werke erst zukünftig ersichtlich. Ihr Wahrheitsanspruch ist zunächst mehrdeutig. Denn die äußeren Bezugsparameter sind zwar definiert, aber noch nicht wirksam und real. Dadurch leben Mitte der 1920er Jahre dialektische Betrachtungsweisen des eigenen Wirkens erneut auf. Zugleich herrscht 1925-27 in Deutschland eine eigentümliche Stille, fast ein spannungsvoller Stillstand. Diese Energien werden 1927 im Land, aber auch anderswo mit der Einkehr einer völkerrechtlichen Normalität in Europa freigesetzt. Freiheit, Selbstbestimmtheit und internationale Handlungsfähigkeit sind nun auch in der Kunst wieder reale Begriffe

Raum, Leben und Zeit sind gemeinsamer Nenner vieler Werke von 1927. Die zweijährige Ungewissheit hat offenbar eine Konzentration auf übergeordnete Parameter, anhand derer die eigene Epoche bewertet wird, bewirkt. Auch bedarf es aktuell keiner konträren Positionen im Inneren der Kulturlandschaft. Theorie und Praxis gehen für einen Augenblick fast einmalig "Hand in Hand". Ganz gleich wie unterschiedlich die Imagination eines "neuen" Deutschlands ausfällt - es ist gemeinsames Ziel.

Zu fragen ist, welche Antworten in den Überlegungen zu Raum, Leben und Zeit gefunden werden? Warum wird versucht, entgegen der gegenwärtigen wissenschaftlichen Erkenntnisse wie Einsteins Relativitätstheorie, Zeit und Raum voneinander zu trennen? Es ist ein Gefühl von Entwurzelung im eigenen Land infolge des Aufbrechens des "Alten Europas" entstanden. Man sucht dies durch Geschichtsbetrachtung aufzuheben. Beckmanns Generation sucht die Diskrepanz zwischen physischem Da-Sein und geistigem Fern-Sein aufzulösen. Diese "Räumlichkeit eines Nichtverortet-Seins" wird in der Idee von Leben als Zeiten-Raum-Synthese ausgedrückt. Vergangenes und Gegenwärtiges sei im Ursprung historisch versetzt, aber nun gleichzeitig vorhanden. Im Individuum kann dies durch das Schaffen eines Werkes als "Spiegel" des Lebens vereint werden. Die romantische Vorstellung eines Einklangs von Mensch und Natur weicht der Idee von Leben als Ausdruck von Raum und Zeit.

Doch warum sind sich viele individuelle Haltungen 1927 auch formal, ästhetisch und methodisch nah? Welche Spannungsräume bewirkt die Betrachtung des Gegenwärtigen vor dem Spiegel der Geschichte, während der technische Fortschritt eine zuvor unbekannte "Präsenz" und "Erreichbarkeit" der weltlichen Dinge und Ereignisse bedeutet? Wie verhalten sich die daraus entwickelte Idee von Abstraktion auf Wesentliches zu der Hoffnung auf Frieden und Menschlichkeit?

Die von Beckmanns Generation ab 1925 auf einen zugleich nahen und fernen Zustand des eigenen Landes hin entwickelte Welt-Anschauung kann als symbolischer Raum von Hoffnungen und Ideen charakterisiert werden. Mit der internationalen Reintegration Deutschlands dehnt sich dieser durch Werke in den zunächst freien Bereich des Staates und seiner Beziehungen zu anderen Staaten aus. Das fast einmalige Zusammentreffen von zielgerichteter Aussage (innen) und struktureller Freiheit (außen) ist der Kern einer noch immer wirkenden Kraft dieser Werke. Erst die sich etablierende, weltpolitische Wirklichkeit sowie die inneren, gesellschaftlichen Formungen setzen Grenzen.

Im Bewusstsein darüber versuchen viele Künstler und Wissenschaftler auf die unmittelbare Realität (Raum und Zeit ihres Lebens), welche die Zukunft grundlegend gestaltet, Einfluss zu nehmen. Die 1927 als direkte Reaktion auf die Geschichte entstehenden Werke ergeben in ihren unterschiedlichsten Facetten von Wahrnehmung und Reflexion ein Bild bzw. einen Ideenraum. Hier sollen einige Arbeiten genannt werden, die Beckmann durchaus wahrgenommen haben kann.

Zunächst Mies van der Rohes "Glasraum", der später ausführlich besprochen wird: 1925 wird in Stuttgart mit der Planung einer internationalen Bau-Ausstellung "Das neue Wohnen" begonnen. Ludwig Mies van der Rohe wird rasch als zweiter Vorsitzender des Deutschen Werkbundes und künstlerischer Oberleiter der Ausstellung berufen. Für die "Weißenhofsiedlung" konzipiert er einen großen Wohnkomplex von Apartments für das Existenzminimum. Nur wenige Wochen vor Eröffnung der Ausstellung entwirft Mies van der Rohe zudem den "Glasraum". Dies ist der Schlüsselbau seiner späteren Glas-Architekturen und wirkt direkt auf die Architekturentwicklung der westlichen Welt. Mies van der Rohe entwickelt aus der Symbiose romanischer Materialhandhabung sowie gotischer Raum- und Lichtästhetik ein gegenwartsrelevantes Lebens- und Arbeitsraumkonzept. Durch die architektonische Hülle erschafft er einen Raum, der zugleich geschützt ist und die Umgebung bzw. Natur einbindet. Die innere Struktur des Raums sieht eine bewegungsmäßige Aneignung desselben vor. Erst durch Abschreiten des Raumgefüges werden Wechselspiel und Bezüge von Innen und Außen, offen und geschlossen erkenntlich.

Fritz Lange entwirft in seinem Stummfilm "Metropolis" eine zugleich erschreckende und hoffnungsvolle Zukunftsvision.[191] Die Bedeutung des technischen Fortschritts für die Menschheit und ihre Haltung gegenüber einer individuellen, gesellschaftlichen und staatspolitischen Selbstbestimmtheit wird reflektiert. Insbesondere Langes Rückgriff auf die zu Beginn der 1920er Jahre erlebte New Yorker Hochhausszene ist wegweisend für seine Stadt-, Architektur- und Lebensraum-Utopie. Den Raum des Menschen zeigt er als zunehmend vertikal hierarchisiert und nicht allein als territoriale Ausbreitung. Zeit ist bei Lange eine Größe, die durch eine Optimierung von Arbeitsprozessen beschleunigt und ausgedehnt werden soll. Im Film stellt sich diese allerdings als autonome und nicht zu beeinflussende Größe als "nicht aufzuhaltenden Lauf der Dinge" heraus. Sinnbildlich überdrehte die Uhr bis zu ihrer eigenen Zerstörung.

Martin Heidegger, dessen Weg sich ab 1933 deutlich von Beckmanns trennt und gerade deshalb als frühzeitige philosophische Gegenposition hier erwähnt werden soll, publiziert 1927 die Schrift "Sein und Zeit".[192] Heideggers zentrale Fragestellung in dem Kapitel zur

---

[191] Vgl. Ausst. Kat. Providence, Beverly Hills u. Frankfurt am Main 1996.
[192] Vgl. Heidegger 2006.

"Räumlichkeit des Daseins" ist, in welcher Beziehung die Vorstellung von einer "Räumlichkeit des Daseins" zu der Idee von einer "Räumlichkeit des In-der-Welt-seins" stünde. Die Bestimmung des "Ichs" begreift er als Bestimmung der "existenzialen Verfassung des In-der-Welt-seins". Orientierung (in der Welt) sei daher ein subjektives Prinzip, das einen "innerweltlichen Raum" a priori voraussetze. Nach Heidegger ist "Da-sein" (Sein an sich) grundsätzlich räumlich zu begreifen. Allerdings würden Wahrnehmung (Sinne) und Bewegung die mentale Orientierung ergänzen. Diese "Verräumlichung des Daseins in seiner 'Leiblichkeit'" wiederum bewirke eine kategoriale Bestimmung von "Ent-fernung", was ein Entferntsein, ein Nicht In-Sein meine, sowie eine kategoriale Bestimmung von "Ausrichtung". Beides stünde in Relation zu den Dingen des alltäglichen Daseins, welche eine eigene, verständliche Bestimmtheit besäßen. Die in einer Person begründete Subjektivität fungiere so als Maß der realen Welt, dass ein jeweils "spezifisch innerweltlicher Charakter" dem Dasein (Subjekt und Objekt) zugesprochen würde. Daraus resultiert für Heidegger die Annahme, dass "das umsichtige Ent-fernen der Alltäglichkeit des Daseins … das An-sich-sein der 'wahren Welt', des Seienden, bei dem Dasein als existierendes je schon ist", hervorbringt.[193]

Erwin Panofsky erörtert in seinem Essay "Über das Problem der historischen Zeit" 1927 die widersprüchliche Verwendung der Begriffe von "Raum" bzw. "Ort" und "Zeit".[194] Die selbstverständliche Verknüpfung

---

[193] Vgl. Heidegger 1927.
[194] Vgl. Panofsky 1927.

von Entstehungsmoment und -ort eines Werkes in den historischen Disziplinen kontrastiere mit epoche- bzw. territorialgebundenen Bestimmungen von kulturellen Errungenschaften. Diese Überlegungen beschreiben bereits einen Kernaspekt der zeitnah entstehenden Kunstwerke.

Beckmann entwirft in seinem Text "Der Künstler im Staat" und in seinem "Selbstbildnis im Smoking" einen weiteren Eckpfeiler. Seine Vision einer staatlichen Neuorientierung stellt den Künstler ins Zentrum: "Der Künstler im neuen Sinn der Zeit ist der bewusste Former der transzendenten Idee. Er ist gleichzeitig Former und Gefäß. Sein Wirken im Staat ist von wesentlichster Bedeutung. Da nur von ihm aus die Gesetze einer neuen Kultur ausgehen können. Ohne eine gemeinsame neue transzendente Idee ist ein neuer Staatsbegriff unvollendet. Der Staatsbegriff hat sich aus dieser Idee heraus erst zu bilden, der Künstler im neuen Sinn ist der eigentliche Schöpfer der Welt, die vor ihm nicht existierte."[195]

Diese sprachlich-metaphorische Abstraktion seines Selbst kontrastiert Beckmann durch bewusste Individualisierung. Das Werk ginge aus der individuellen Existenz hervor. Wenn es Wahres aufzeige, sei es von seinen räumlich-zeitlichen Ursprungsparametern unabhängig und wirke deshalb über den einzelnen Menschen hinaus: "Da haben wir unser eigenes Bild. Die Kunst ist der Spiegel Gottes, der die Menschheit ist."

Beckmann   fordert   vom   Rezipienten   eine   bewusste

---

[195] Beckmann 1927, zitiert nach Beckmann u. Pillep 1984, S. 116-121.

Auseinandersetzung mit der Beziehung des Individuums zu seiner Welt. Er strebt an, "die Geschöpfe von ihrer metaphysischen Abhängigkeit zu befreien".

Der Begriff des "Metaphysischen" ist bei Beckmann entsprechend der Wortstämme "meta" und "physisch" als "jenseits von physischer Präsenz" zu verstehen. Sein Begriff der "Transzendenz" bezieht sich auf das "Metaphysische". Mitunter sind die Ausdrücke synonym verwendet. "Metaphysische Abhängigkeit" meint ein Verbindendes des Existierenden, das hinter den "weltlichen" Parametern Raum und Zeit liegt. Jedes Einwirken auf diese "metaphysischen" Strukturen würde das System Raum-Zeit neu interpretieren. Dadurch wäre dann auch eine neuartige Lebensform des Menschen möglich. Zugang zum Metaphysischen habe der Mensch kraft seines Geistes, den Beckmann sub specie als metaphysischen Existenzzustand begreift. Zugleich sei dieser Zentrum der ebenfalls metaphysischen Größe des Glaubens.

Beckmann möchte den (Irr-)Glauben an eine äußere Macht auflösen und den Menschen zu sich selbst zurückführen. Die Kunst solle zugleich Ursprung und Gegenstand eines neuen Glaubens sein. Der Mensch solle frei leben - als "bewusster Besitzer der Unendlichkeit - frei von Zeit und Raum". Hier fügt Beckmann an: "Ich bin mir wohl bewusst, hierbei eine Utopie auszusprechen. Jedoch muss ein Anfang gemacht werden. Und wenn es nur eine Idee ist." Dieses bewusste Vordringen in einen Ideenraum jenseits einer denkbaren Lebensweise setzt Beckmann in seinem "Staatsbegriff" fort. Zwar bezieht Beckmann sich auf ihm bekannte europäische Staatsformen. Sein "Staat" ist allerdings "die Welt". Deren "eigentlicher Schöpfer [sei wiederum] der

Künstler im neuen Sinne".[196] Beckmann ersehnt also eine Neugründung der Welt durch einen neuen Menschen. Raum und Zeit würden dadurch gleichsam erneuert. Der Mensch solle seine Verortung durch seine Individualität denken. Das eigene Leben resultiere daraus. Aus dieser Perspektive würde eine neue Beziehung des Menschen zu Raum und Zeit seiner Existenz entstehen. Zu fragen ist dann, welche Genese Beckmanns "Selbstbildnis im Smoking" nimmt; welche Aussage es treffen soll und welche Transformation Beckmanns Sprachmetaphorik im Gemälde erfährt?

Bereits 1925 berichtet Beckmann in einem Brief an seine zweite Frau Quappi von der Idee eines "Mannes im Anzug" und fügt eine Skizze an.[197] In diesem Entwurf steht der Mann noch hinter einer raumarchitektonischen Trennung. Diese Komposition ist bei Beckmann wiederholt in Figurendarstellungen zu finden, so in "Selbstbildnis auf gelbem Grund mit Zigarette" 1923, "Bildnis Quappi Beckmann" 1925 und "Bildnis im Hotel" 1932. Im Zuge der Individualisierung des "Mannes im Anzug" zum "Selbstbildnis im Smoking" tritt er hinter der innerbildlichen Barriere hervor. Der Raum wird hinter ihm zur Fläche. Das grau-weiß changierende Areal zur Linken des Künstlers kann als abstrahierte Leinwand gesehen werden.[198] Deren monochrome Fläche dient als Chiffre des Rückhalts von Beckmanns Selbstvergewisserung und Standortbestimmung im Selbstbildnis. Nun aber ist Beckmann sinngemäß aus

---

[196] Vgl. ebenda.

[197] Vgl. Beckmann Briefe II, S. 21.

[198] Pia Gottschaller: Max Beckmann: his painting materials and technique, 1998 [Gottschaller 1998].

dem Bild im Bild herausgetreten und steht davor. Er hat das Format der Selbstrepräsentation der Künstler-Boheme verlassen. Die durch den Humanismus begründete Idee, das Bild sei als Blick in die Welt zu verstehen, kehrt er um. Beckmann ist nicht Gegenüber des Betrachters, sondern hält ein Spiegelbild seines Selbst fest.[199] Der Betrachter sieht ihn demnach seitenverkehrt. Dadurch entsteht ein Identitätsspiel: Das Spiegelbild erhebt den Anspruch, Abbild eines vor dem Bild positionierten Individuums zu sein. Die äußere Erscheinung schafft jedoch einen hohen Wiedererkennungswert mit einem anderen Individuum - Max Beckmann. Dadurch vollzieht sich Beckmanns Idee der Repräsentanz des Menschen durch den Künstler.

Beckmann verwirft die Tradition, den Menschen im Bild zu entwerfen. Stattdessen entwirft er ein Bild des Menschen, in dem er als Künstler mehrfache Rollen erfüllt. Zugleich deutet er einen entscheidenden Satz aus Kants "Kritik der reinen Vernunft" - "wir sind durch unsere eigene Vernunft dazu bestimmt, uns selbst zu bestimmen" - malerisch aus. Dazu äußert sich Stephan Lackner: "[Beckmanns] Porträts sind nicht Abbildungen, sondern Schöpfungen. Er musste die Menschen erst formulieren, sie einordnen in seinen großen Weltzirkus und ihnen Existenz verleihen."[200] Leben und Individualität sind für Beckmann Begriffe, die nahezu synonym füreinander stehen. Und was er an sich selbst vorführt, fordert er vom jeweiligen Betrachter ein. Doch ist Beckmann bewusst, dass sein Wunsch, durch seine Kunst die Gesellschaft

---

[199] Zum Thema der gespiegelten Künstlerselbstbildnissen vgl. Silverman 1982.
[200] Lackner 1963, S. 23.

mitzugestalten, in Deutschland keine Tradition besitzt. Dies ist lediglich eine ideenmäßige Folgerung aus der Weimarer Klassik und deshalb Utopie. Eine selbstverständliche Beziehung zwischen Kultur und Staat wie in Italien und Frankreich, England und den Niederlanden existiert nicht.[201] Seinen Zwiespalt zwischen Wunsch und Realität reflektiert Beckmann in seinem frontalen Blick: das eine Auge liegt im Licht, das andere im Schatten. Ein homogener, gradliniger Augenkontakt bleibt verwehrt. Auch seine überzeichnete Präsenz unterstreicht diesen Widerspruch. Überlebensgroß und in Untersicht gegeben ist eine realistische Konfrontation mit seinem gemalten Spiegelbild nur aus einigen Metern Entfernung möglich. Die Distanz scheint unüberwindbar, die Utopie bleibt Utopie. Zugleich wirkt die Ansicht als Kniestück, als dränge Beckmann aus dem Bild heraus in den tatsächlichen Raum vor dem Bild. Dies kann als Hinwendung zur Gesellschaft gelesen werden.[202]

Beckmann bezieht sich hier auf deutsche, niederländische und französische Traditionen. Diese Vorbilder begreift er als ein Bild, als These, die vor seinem Selbstbildnis entstanden ist, aber fortan parallel dazu existiert. Durch Synthese der Einzelpositionen schafft er seine Antithese. Diese ist die These seiner Zeit.

In diesem Kontext wichtige Werke der alten Meister sind Dürers "Selbstbildnis im Pelzrock" von etwa 1500 und Rembrandts

---

[201] Vgl. Gohr 1986.
[202] Vgl. Gohr 2002.

"Selbstbildnis mit Hut" 1632 bzw. "Selbstbildnis" ca. 1639.[203] Impulse für sein "Selbstbildnis im Smoking" findet Beckmann zudem in Arbeiten u. a. von von Marées,[204] Böcklin, Corinth, Munch, Dix, Grosz und den Brücke-Künstlern. In diesen Bildnissen sind die Spannung zwischen Künstler- und Bürgeridentität sowie zwischen Berufs- und Gesellschaftsporträt auf immer neue Weise ergründet. Doch findet diese Frage für jede Generation eine andere Ausprägung.

Die Älteren wie Böcklin, Corinth und Marées vollziehen im ausklingenden Kaiserreich eine kritische Selbstbefragung. Zu den prominentesten Werken zählt das "Selbstbildnis mit japanischem Mantel" 1872 von Marées. Dieses malt er ein Jahr nach der Staatsgründung Deutschlands 1871. Der Künstler zeigt sich als Dreiviertelfigur in ambivalenter Pose und doppeldeutiger Mimik.[205] Diesen Gestus zitiert Beckmann 1927. Doch Marées steht noch im Raum und seine Haltung ist im Vergleich zu Beckmann unschlüssig und introvertiert: Marées' linker Arm und die zur Faust verschlossene, in die Taille gestützte Hand erinnern an Beckmanns Haltung.[206] Marées' rechte, sich öffnende Hand hält Beckmann selbstbewusst mit Zigarette vor den Körper. Den japanischen Mantel von Marées, unter dem nur im Hals- und Brustbereich der traditionelle Anzug mit Hemd und Fliege zu erkennen ist, hat Beckmann abgelegt. Gemäß der Bildnistradition wendet Marées sich mit

---

[203] Vgl. Ausst. Kat. London u. Den Haag 1999.

[204] Eine Beckmann möglicherweise bekannte Publikation über Marées: Meier-Graefe 1910.

[205] Vgl. Blum 2005; Lenz 1987, insbes. S. 235.

[206] Zum Thema der Künstlerhand vgl. Ausst. Kat. Köln 1991.

seinem Kopf in Rotation zum Körper dem Betrachter zu; Beckmann steht frontal. Geht Marées' Haar in den dunklen, eine unbestimmte Raumtiefe suggerierenden Hintergrund über, steht Beckmann vor diesem. Die Andeutung eines Türrahmens, eines Pfeilers oder einer Säule links bei Marées abstrahiert Beckmann weiter. Die changierende Beleuchtung einer zu erahnenden Wand rechts von Marées interpretiert Beckmann direkt als Fläche. Motiviert Marées' Ungewissheit über seine Beziehung zur Gesellschaft noch sein Selbstporträt, formuliert Beckmann seine Utopie des Künstlers als Staatsbürger aus. Beckmanns Zitat der hell-dunkel kontrastierenden Augenpartie bei Marées gewinnt die Sicherheit der Porträtbüste. Negiert Marées seine Verortung im (Bild-)Raum, löst Beckmann den konkreten Raum ganz auf - er lebt und ist das Bild. Das Raummoment avanciert zur abstrakten Idee um den Künstler. Beckmann formuliert die Vision aus, die Marées nur als unkonkrete Hoffnung auf Veränderung zu zeigen weiß.

Auf diese "schweigende" Haltung der älteren Generation reagieren viele junge Künstler um Beckmann bereits vor dem Ersten Weltkrieg durch Abwenden von Traditionen: In ihren Künstler- und Selbstbildnissen ergründen sie das moderne Künstlertum in bzw. bewusst neben der gegenwärtigen Gesellschaft. Sie personifizieren sich als Zweifel an einer Zeit.[207] Infolge der Erlebnisse des Ersten Weltkriegs steigern sie dies hin zu einer existenzialistischen Betrachtung des Selbst im Bild. Sinn und Zweck der Kunst werden vor der Erkenntnis über die Irrsinnigkeit der gegenseitigen Vernichtung des Menschen hinterfragt. Dieser

---

[207] Vgl. Schneede 1993.

Einschnitt und die daraus resultierende Neuorientierung sind quer durch Europa im Werk dieser Künstlergeneration nachzuvollziehen - u. a. Baumeister, de Chirico,[208] Dix, Grosz, Kirchner, Schlemmer. Beckmanns Weg der Selbstbehauptung durch eine Neuinterpretation von Tradition ist nahezu einmalig. Infolgedessen wird er 1925 als Leiter eines Meisterateliers an die Städelschule in Frankfurt am Main berufen. Die aktuelle Instabilität der Kulturlandschaft spiegelt Beckmann in seinem "Selbstbildnis mit weißer Mütze" 1926. Er schlüpft in die clownhafte Rolle eines ewig Reisenden, dessen Hafen die Welt ohne konkrete Verortung ist. Inspiriert ist dieses Selbstbildnis möglicherweise von Pablo Picassos "Selbstbildnis mit der Palette" von 1906, das Beckmann wahrscheinlich auf einer seiner zahlreichen Paris-Reisen sieht. 1925 reist er auf seiner Hochzeitsreise mit seiner zweiten Frau über Paris nach Versailles. Beckmann zitiert jenes frühe entschlossene Moment Picassos, das dessen internationalen Durchbruch in Paris bringt. Gerade Mitte der 1920er Jahre bietet die Pariser Kunstszene eine einmalige Kontinuität aus Tradition und Avantgarde. Zudem ist das Land politisch stabil und hat eine international wettbewerbsfähige Kulturlandschaft. Beckmann richtet die Vision seines Wirkens daher direkt an Paris aus. "Von zu Hause" kann er seine international wegweisende Position nicht entwickeln. In Paris ist er allerdings, wie auch Picasso

---

[208] Vgl. Ausst. Kat. München u. Paris 1983; zu Beckmann und de Chirico vgl. Frommel 2002; Schmied 2002; Schneede 2009, S. 113.

anfangs, Fremder. Umso wichtiger erscheint ihm, die eigene geistes-geschichtliche und künstlerische Tradition international zu vertreten. Eine zwiegespaltene Perspektive auf die Entwicklungen in Deutschland zeigt auch Ernst-Ludwig Kirchner 1926 in einem Gruppenbildnis mit Selbstporträt. Infolge einer kriegsbedingten Erkrankung zieht sich Kirchner 1916 nach Davos in die Schweizer Berge zurück. Durch seine Frau Erna ist er fortan über die Ereignisse in Deutschland unterrichtet; auch bedient sie den deutschen Kunstmarkt mit seinen Arbeiten. Im Winter 1925/26 bereist Kirchner erstmals wieder Deutschland.[209] Das Vorgefundene entspricht aber weder seiner Idee von Staat, Gesell-schaft und Kultur zu Brücke-Zeiten, noch seinem in Abwesenheit ent-wickelten inneren Bild seines Landes. Deshalb holt er 13 Jahre nach Auflösung der Brücke-Gruppe Müller, Heckel und Schmidt-Rottluff ne-ben sich noch einmal ins Bild: Müller sitzt dabei Pfeife rauchend links im Vordergrund. Rechts von ihm steht Kirchner, der wiederum auf He-ckel und Schmidt-Rottluff neben ihm blickt. Auf Kirchners ausgestell-tem Bein ruht ein Schriftstück mit Bild. Es ist möglicherweise das Ma-nifest der Brücke-Künstler. Er betont es mit seiner linken Hand. Ihr eins-tiges Ziel, durch ihr Werk Gesellschaft und Tradition zu erneuern, wird von anderen realisiert - darunter Beckmann. Entsprechend formuliert Beckmann in seinem "Selbstbildnis im Smoking" Kirchners Eigeninsze-nierung des Scheiterns als tatsächliches Zukunftsbild. Kirchners Bilanz über Deutschland 1925/26 kontrastiert also mit Beckmanns Streben

---

[209] Zum Oeuvre von Ernst Ludwig Kirchner vgl. Moeller 1991; Moeller 2004; Ausst. Kat. Chemnitz 2007.

nach einer Konsolidierung von Staat und Gesellschaft durch Kunst. Ob Beckmann das Gruppenbildnis Kirchners direkt nach dessen Fertigstellung sieht und Impulse für sein "Selbstbildnis im Smoking" daraus zieht, ist nicht nachzuvollziehen. Unabhängig davon ist eine gesellschaftsrelevante Selbstrepräsentation des Künstlers im Frankfurter Bürgertum der 20er Jahre schlicht zeitgemäß.[210] Wie Zeitzeugen berichten, weiß Beckmann sich bei entsprechenden Anlässen zu inszenieren.[211] Seine Wirkung wird seine Idee von "Gestaltung des Staats sowie Erziehung des Menschen durch Kunst" inspirieren. Cézanne und Delacroix bieten Beispiele einer entsprechenden Eigenrepräsentation im Bild.[212] Geistesgeschichtlich greift Beckmann auf Schillers Ideen seiner Ästhetischen Briefe zurück. Diese finden sich in Beckmanns Text "Der Künstler im Staat" wieder. Zugleich betrachtet Beckmann das Zusammenwirken von Kultur und Macht übergeordnet. Was als transnationaler Kulturaustausch Delacroix - Goethe - Schiller etc. der Weimarer Klassik entsteht, bedeutet ihm einen Referenzpunkt. Daraus leitet Beckmann seinen transhistorischen Staatsbegriff ab; ihn interessiert allein das Bleibende.

Demgemäß sieht er sich als transhistorische Figur. Er verkörpere die Erkenntnis der eigenen Zeit und sei zugleich dieser voraus.[213] Bildlich spielt er mit Dürers Anlehnung des Künstlerbildnisses an

---

[210] Vgl. Hansert 2009; Nagel u. Rathke 1991.
[211] Vgl. Sander 2006.
[212] Vgl. Schneede 1993; zu Beckmanns Cézanne Rezeption vgl. auch: Schneede 2009, S. 14/15.
[213] Vgl. Schulz-Hoffmann 1993.

Christusdarstellungen wie im "Selbstbildnis im Pelzrock" formuliert.[214] Das Leben soll aus der europäischen Tradition heraus neu begriffen werden. Der deutsche Idealismus in seiner Leben und Menschen zugewandten Ausprägung ist Beckmanns Leitmotiv. Jean Paul entwirft zudem im Literarischen einen Bewusstseins- und Illusionsraum für eine neue Zeit, einen neuen Menschen. Sein von Beckmann hochgeschätztes Meisterwerk ist der "Titan".[215]

ZWISCHEN DEN SELBSTBILDNISSEN

In "Badekabine (grün)" von 1928 liegt Jean Pauls "Titan" demonstrativ auf dem Fenstersims. Nur durch eine kleine Luke darüber öffnet sich der hermetische Innenraum nach Draußen, wo der Strand bis hin zum Meer führt. Die romantischen Vorstellungen von Welt und Gegenwelt, Wirklichkeit und Imagination des Romans werden neu gedeutet: Hier, Jetzt und Ich geben das Motiv vor. Beckmann beobachtet mittels seiner Kunst. Er entzieht sich nicht mehr, sondern möchte sinnbildlich durch das Fenster zum unbegrenzten Raum gelangen. Die Innenposition ist eine kritische Befragung des eigenen Standpunkts: Das "Allerweltsmotiv" der Badekabine ist sein Gedankengebäude und, für den Augenblick des Schauens, sein Schutzraum. Noch ist er unbeobachtet. Der physische Akt des Umkleidens wird zum geistigen, vielleicht

---

214 Vgl. Warnke 1996; Koerner 1993.
215 Vgl. Miller 2004/5; Jean Paul 1957; Jean Paul 1983.

auch zum seelischen. Sobald er nach außen tritt, steht er im Raum und im Licht. Dann ist er nahe dem Meer, der "alten Freundin". 1928 ist diese ruhige Betrachtung möglich.

1929 ereignet sich dann die Weltwirtschaftskrise, die sich in den Folgejahren auf Deutschland auswirkt. Der rapide wirtschaftliche Abstieg und die diesmal eigens auferlegte Isolation bringen im Januar 1933 die Nationalsozialisten an die Macht. Schon seit 1929 spürbare Tendenzen der Gesellschaft gegen die kulturellen Errungenschaften der Weimarer Blütezeit setzen sich durch. Beckmann verliert seine Professur als Leiter eines Meisterateliers an der Städelschule in Frankfurt am Main und siedelt mit Quappi nach Berlin um.

Hier formuliert er viele Bild- und Werkideen der vorangegangenen Jahre endgültig aus. Er stellt sein erstes Triptychon fertig - "Abfahrt" bzw. "Departure" 1932/33.[216] Zwei Bühnenausschnitte geben den seitlichen Bildraum vor.[217] Links tragen drei aus ihrer architektonischen Ordnung geratene dorische Säulen ein kippendes Gebälk. Rechts öffnet sich seitlich eines verzerrten Rundbogenportals ein Treppenhaus-Labyrinth.[218] Wie in der klassisch-griechischen Tragödie gibt die Mitteltafel eine dritte Öffnung vor: Inmitten eines ruhigen, blauen Meeres gleitet ein hölzerner Kahn mit einer Figurengruppe dahin. Gleich dem Boot verdrängt ein ungenutztes Ruder nur leicht das Wasser. An der

---

[216] Zum "Abfahrts"-Triptychon vgl. Chametzky 2009; Fischl 1997; Lenz 2002; Phillipp 1994; Schwarz 2008; Zimmer 2005.
[217] Vgl. Belting 1998, S. 10.
[218] Vgl. Belting 1998.

vorderen Seite des Kahns steht ein schwarzhaariger, zum König gekrönter männlicher Rückenakt. Sein nach rechts gewandter Blick wird durch den Fingerzeig seiner erhobenen Hand unterstrichen. Seine linke Hand ist entspannt neben seinem Körper platziert. Die schwarzen Konturen gehen in die eines weißen, ausgeworfenen Fischernetzes über. Aus diesem wiederum schwimmt ein Schwarm von Fischen hinaus: das Symbol der menschlichen Seele. Beckmann verbindet hier verschiedene Bildelemente formal. Zugleich setzt er in der Farbarchitektur der Komposition ästhetische und bedeutungsmäßige Assoziationen ein: Auf Taillenhöhe bindet ein schmaler, wie die Krone gold-gelber Gürtel ein lapislazuli-farbenes Tuch am Königskörper zusammen. Zugleich schimmert die Farbe seines Gewandes auch an den unbedeckten Körperpartien unwirklich durch. Beckmann hat die Königsfigur in Blau konzipiert und darauf den Hautton des nackten Körpers angebracht. Dem König ist so vor dem mittelblauen Meer und dem hellblauen Himmel eine große Präsenz eigen. Das im doppelten Sinne "Königsblau" erscheint als Verdichtung des unendlichen Meeres- und Himmelsraums in der Person des Königs. Ganz als gewinne hier Leben seine Gestalt. Wahrnehmbar wird dies kraft des Körpers; doch wie die Licht-Spiegelung auf dem Wasser erscheint die Haut des Königs als Reflexion. Das Königsgewand betont zudem den König als höchstes Wesen im unendlichen Meeres- und Himmelsreich. Dieses wird von der Königskrone hierarchisiert; deren untere Kante liegt auf der Horizontlinie. Die Gestalt des Königs wirkt wie eine Erscheinung, die sich illusionistisch zwischen dem unbegrenzten Raum und der Standfläche im Kahn erstreckt. Sein königlich-geistige Erhabenheit gehören dem

Himmelsreich als dem "Palast der Götter" an. Seine Körperlichkeit ist sein Handlungszustand. Er fährt begleitet von einem maskierten Mann mit symbolischem Fisch in den Händen ab. Eine Frau mit einem blonden Knabenakt auf dem Schoß ist dem König spiegelbildlich zugeordnet. Die Idee der Königsfamilie klingt an. Genauso die Frage nach dem ewigen Kreislauf des Lebens.

In dem Gemälde "Reise auf dem Fisch" von 1934 steigert Beckmann diese Grundgedanken.[219] Außergewöhnlich literarisch erzählt er hier von der Beziehung der Geschlechter: Ein Menschenpaar stürzt auf zwei Fischen in eine unbestimmte Tiefe. Die Frau sitzt auf dem kopfüber fallenden Mann. Ein weißes Tuch bindet die beiden aneinander. Seine Unterschenkel sind zudem mit einem schwarzen Band an seinen Fisch fixiert. Entsprechend der Farbikonographie ist ihm der "uranisch"-blaue Fisch als Zeichen seiner Männlichkeit und ihr der "ethonisch"-rote als Weiblichkeitssymbol zugeordnet.[220] Erneut sind die Fische Symbole der menschlichen Seele. Sie schauen mit weit geöffneten Augen aus dem Bild. Ihr Blick steht orthogonal zu ihrer Bewegungsrichtung nach unten. Ein diagonal nach rechts aus dem Bild hinaus steuerndes Segelboot gibt eine weitere Raumdimension an. Doch es erscheint, als kippe es an der gewölbten Horizontlinie dann aus der Welt. Eine Unendlichkeit in der Bildtiefe wird so suggeriert. In orthogonaler Spannung steht dazu wiederum eine unbestimmte Dunkelheit im Vordergrund. Die

---

[219] Zu "Reise auf dem Fisch" vgl. Stolzenburg 1994.
[220] Vgl. Brusatin 2003, S. 39 und S. 40.

Körper- und Blickachsen der Protagonisten gliedern sich teilweise in dieses Raumraster ein. Die vom Segelboot angezeigte Diagonale setzt sich im Blick der Frau nach links unten fort. Dieses Spiegeln der Richtungsimpulse wirkt verstärkend auf den jeweiligen Richtungsimpuls. Die Raumstruktur verschränkt also die zwei aufeinander gelegten Motivfolien von Figuren und Raum miteinander. Die abstrakten schwarzweißen Maskenprofile, die von Mann und Frau in Distanz zum Körper empor gehalten werden, ragen daraus wie eine dritte Motivebene hervor. Diese führen die Blickrichtung wiederum geradlinig nach links aus dem Bild. Diese Scherenschnittprofile thematisieren das Spiel der Geschlechter: Sie hält sein Profil, das oft als Beckmanns erkannt wird, und er hält ihres, entsprechend Quappi zugeschrieben. Dagegen sind die Gesichter der Protagonisten nur zu erahnen. Beckmann spielt mit der Idee von Vorbild und Abbild.

Die Figuren mit den Abbildern stehen zwischen der unbestimmten Tiefe im Vordergrund und dem unendlichen Raum hinten. Ihre Wesen beseelen die ihnen im Leben gegebenen Körper. Diese erscheinen wie Meer und Boot "real". Doch in der Welt der Ideen bleiben sie von ihren wahrnehmbaren Körpern getrennt. In dieser Sphäre ereignet sich nur eine Vereinigung ihrer Wesen. Dies ist die Geburt von Erkenntnis. Dann existieren sie als Licht (Weiß) im dunklen Raum (Schwarz). Lediglich die Fische liegen über beiden Raumpartien. Sie sind die Seele, die Geist und Körper zusammen bindet. Beckmann entwickelt hier eine eigene

Metaphorik für die Welt der Ideen gegenüber dem Leben durch Schwarz, Weiß und Farbe.[221]

Diese Ausdeutung Beckmanns von Raum und Leben scheint 1934 nicht zufällig. Er begreift, um mit Albert Einstein zu sprechen, "Raum [...] als eine gewissermaßen der Körperwelt übergeordnete Realität".[222] Zugleich kehrt Beckmann angesichts der gesellschaftlichen Ablehnung der abendländischen Kulturtradition in seiner Bildwelt einen anderen Gedanken der Raumtheorie um. Lukrez stellt fest: "Denn von dem Ort, wo gerade sich jeder befindet, erstreckt sich Überallhin gleichweit das unendliche All in die Runde."[223] Beckmanns Weltsicht aus Höhe seiner beiden Fischreisenden mutet wie eine räumliche Inversion an. Als wolle er dadurch die Zeit rückwärts laufen lassen. Letztlich bleiben Raum und Zeit jedoch unentschieden. Sie sind abstrakte Begriffe.

Eine transzendente Betrachtung wird auch vom Segelboot getragen. Zwar scheint das Segel wie vom Wind erfüllt, doch weist die fragile Mast-Konstruktion über eine physikalisch antreibende Kraft hinaus. Das Gleiten übers Wasser ist metaphysisch zu verstehen. Wie lang die Reise sein wird, bleibt offen. Auch, ob das All ein es Begrenzendes hat oder bereits der Raum an sich - Beckmanns "Palast der Götter" - ist.[224] Zunächst richtet Beckmann die Frage des "Lebens" noch an jene in der schicksalhaften Bindung der Geschlechter, also an den Menschen.

---

[221] Vgl. Brusatin 2003, S. 49.
[222] Vgl. Einstein 1953.
[223] Zitiert nach Jammer 1960, S. 11.
[224] Vgl. Jammer 1960, S. 18; Platon: Timaios..

Im gleichen Jahr schafft Beckmann seine erste Skulptur, den "Mann im Dunkeln" 1934.[225] Er formuliert innere Regungen seiner Figur durch Bewegungen: Tasten, Voranschreiten und Lauschen.[226] Die verschlossenen Augen weisen darauf hin, dass sich Wahrnehmung und Reflexion zugleich durch Physis und Geist ereignen. In der geformten Masse interpretiert Beckmann "Leben" deutlich anders als in seiner Bildwelt. Sein erschaffener Skulpturenkörper formuliert einen Präsenzanspruch im Raum des Menschen. Empfindung steht im Vordergrund. Beckmann formt 1933, als ihm sein Kunst- und Lebensbegriff abgesprochen wird, eine existierende Figur. Sein "Mann im Dunkeln" bildet sein Erlebtes als Gestalt aus: Er, Max Beckmann, wandert im Dunkeln. Die gewohnten Strukturen von Welt und Gesellschaft sind außer Kraft gesetzt. Eine übergeordnete Macht kontrolliert nun Freiheit und Individualität. Beckmanns Medienwechsel hin zur Plastik ist auch sein Bestreben, das Unabwendbare zumindest in seiner Kunst zu überwinden. Durch das Modellieren eines realen Körpers vergewissert er sich des eigenen Lebens. Sein "Mann im Dunkeln" zeigt die Beziehung zwischen "der Welt des Geistes" und der "Welt des Stoffes", deren Koexistenz den Raum an sich voraussetzt.[227]

Zwei Jahre darauf, 1936, formuliert Beckmann seinen Figuren-Gedanken im "Selbstbildnis-Kopf" noch weiter aus. Zugleich steigert er seinen Kopf aus seinem "Selbstbildnis im Smoking" zur tatsächlichen

---

[225] Vgl. Ausst. Kat. Frankfurt am Main 2008.
[226] Vgl. Franzke 1984, S. 96-98.
[227] Vgl. Jammer 1960, S. 44.

Porträtbüste. Deutlich überlebensgroß zeigt er sein Lebendig-Sein jenseits von aktueller Zeit und gegenwärtigem Raum. Seine Porträtbüse ist in seinem Verständnis mit ihm identisch.[228]

Weitere zehn Jahre später deutet Beckmann seine Skulptur als Inbegriff des eigenen Lebens in seiner Bildwelt neu aus. In "Bildhaueratelier" 1946 spiegelt er wörtlich sein Wirken. Er lebt nach wie vor in Amsterdam. Angebote, nach Deutschland zurück zu kehren, lehnt er ab. Er hofft weiterhin auf eine Übersiedlung in die USA. Er lebt zwischen den Welten. Daher reflektiert er seinen Schaffensraum in seiner Bildwelt: Zwei aufrecht aneinander lehnende Spiegel dominieren das Motiv. Ihr Neigungswinkel ist nur leicht verschieden, doch sie scheinen zwei unterschiedliche Umgebungen zu reflektieren. Der rechte Spiegel zeigt Beckmanns Selbstbildniskopf. Nach Kriegsende befindet Beckmann sich in einer ähnlich ungeklärten Lage wie 1933-37 in Berlin. Außerdem sind ein weiblicher Rückenakt im Licht einer Deckenlampe und darüber das Geländer einer Empore zu sehen. Es handelt sich also um eine Innenraumansicht. Zugleich fehlt allerdings die Reflexion der direkt vor dem Spiegel stehenden Vase. Der Vorstellungsgehalt des Spiegelbildes wird ersichtlich. Der Spiegelrahmen erinnert an Gemälderahmen. Beckmann zeigt eine erdachte Welt.

Auch das zweite Spiegelbild gibt Imaginäres wieder: Das Bildmotiv ist ein weiterer Spiegel. Beckmann spielt mit der Verschachtelung von

---

[228] Zudem entstehen zu dieser Zeit die Skulpturen 1935 "Kriechende Frau" und "Tänzerin", 1936 "Adam und Eva".

Realitäten und Räumen. Die Idee von Spiegelbildern und das auf ihnen Gezeigte erfüllen sich nicht. Vielmehr zeigt Beckmann ein Raum- und Objektgefüge durch Bilder im Bild: Raum und Zeit bedingen und widersprechen sich zugleich. Sie schaffen so eine unwirkliche, doppelte Bildgegenwart: Entweder erscheint sich zu unterschiedlichen Zeitpunkten an einem Ort Ereignendes zeitgleich im Bild. Oder aber parallele Ereignisse verschiedener Orte, die ein Nebeneinander bräuchten, werden räumlich durch Mehrfachspiegelung gebündelt.[229] Beckmann hinterfragt dadurch die Räumlichkeit von Orten und die Momenthaftigkeit von Zeit. Gedankliche und physische Präsenz seiner Objekte kommen nicht zur Deckung.[230] Wahrgenommenes und Erdachtes verschränken sich. Das einzelne Bildelement steht gleichberechtigt neben seinem Nächsten. Beckmann sucht wieder nach der Verbildlichung eines metaphysischen Sinngefüges. Er möchte seine Existenz über Raum und Zeit hinweg begreifen. Er lebt und existiert unabhängig davon durch seine Kunst. Dies formuliert er durch Umkehrung des gewohnten Spiegelbildes: Im Spiegel reflektiert er ein lediglich vom Dinglichen Inspiriertes, aber der Welt der Ideen Zugehöriges. Was hier erscheint, gewinnt für den Moment des Bildes Form und Gestalt wie zuvor sein König im Kahn. Es besitzt also einen argumentativen Wahrheitsanspruch, nicht aber einen unmittelbaren Realitätsanspruch: Der Bildgegenstand ist ein "Bildhaueratelier". Die allegorische Bedeutung des Ateliers liegt in Beckmanns Verständnis dieses Raumes als dem Ort, an dem der

---

[229] Vgl. Jammer 1960, S. 21.
[230] Vgl. Jammer 1960, S. 22.

Künstler im Schaffensprozess das Sichtbare der Welt mit jener individuellen inneren Welt vereint.

"SELBSTBILDNIS IN BLAUER JACKE"

"Sein letztes Selbstbildnis zeigt das Bild eines Künstlers, der uns ange-
spannt, verzerrt und dünner geworden anstarrt, aber dennoch genau
beobachtet, was um ihn herum geschieht. Das ist das Abbild eines
New Yorkers."[231] Beckmann zeigt sich 1950 in der Neuen Welt gegenüber seinem "Selbstbildnis im Smoking" verändert: Die hinter ihm um-
gedrehte Leinwand erinnert an die vollendeten, zur Wand lehnenden
Werke in seinem Atelier. Die Zigarette dient dem Genuss nach getaner
Arbeit. Das Bildnis lebt erneut vom Kontrast zwischen Selbstreflexion
und künstlerisch-gesellschaftlicher Statusfrage: Beckmann vermag in
den USA ebenso wenig wie in Deutschland durch seine Kunst auf die
Gesellschaft einzuwirken. Doch erfährt er eine ihm ungewohnte öffentliche Wertschätzung in den Kunstmetropolen des Landes, so in Chicago, Boston, New York, St. Louis und Los Angeles.[232] So bleibt sein
Blick im "Selbstbildnis in blauer Jacke" zwar skeptisch, seine ruhende
Geste des aufgestützten Armes positioniert ihn allerdings inmitten der
Gesellschaft. Hier verharrt er im Habitus des denkenden und beobach-
tenden Künstlers. Der Akt des Rauchens und der Rauch der

---

[231] Barker 1984, S. 124.
[232] Vgl. Forster-Hahn 2007.

glimmenden Zigarette markieren den schmal wirkenden, von seitlichem Streiflicht hell erleuchteten Kopf. Dieser erscheint als Zentrum seiner Person und somit des Bildes.

Es ist Beckmanns Selbstbildnis des Nachkriegsexils: Auf der anderen Atlantikseite wendet er sich vom eigenen Tun für einen Moment ab und nimmt am Geschehen teil. Es ist ein bewusstes Moment. Er ist der willkommene Fremde, der zugleich angepasst und eigenständig sein darf. Alle ihm seit Kriegsende in Deutschland angebotenen Positionen lehnt er ab. Auch eine geplante Reise nach Deutschland tritt er angesichts der Korea-Krise nicht an.[200] Durch seine erneute Etablierung in der Gesellschaft resümiert er die zurückliegenden Exiljahre. Diese haben Beckmann auf sich selbst zurück geworfen. Er hat eine große künstlerische Steigerung vollbracht. Sein Werk dieser Jahre ist ihm großteils in die USA voraus gereist.

1950 steht Beckmann in der gesuchten Fremde des Nachkriegsexils historisch versetzt dort, wo er in der Alten Welt schon einmal gestanden hat: Wie 1928 seine erste große Werkretrospektive in der Kunsthalle Mannheim ausgerichtet wird, findet 1948 im City Art Museum of St. Louis eine "Max Beckmann Retrospective Exhibition – Assembled and circulated by the CITY ART MUSEUM OF ST. LOUIS" statt. Kuratiert wird diese von Perry T. Rathbone:[234] "47 oil paintings, 45 water colors and drawings and 41 prints". Die Ausstellung geht weiter an das "Los Angeles County Museum [...]; de Young Memorial Museum, San

---

[233] Vgl. Habermas 1962; Kienle 2008; Sabin 2008; Schneede 2009.
[234] Vgl. Ausst. Kat. St. Louis 1948; Rathbone 1994.

Fransisco; the Baltimore Museum of Art; the Minneapolis Institute of Arts and the Germanic (Busch-Reisinger) Museum, Harvard University, Cambridge".[235] Im Germanic Museum ist die Beckmann-Retrospektive vom 8. Dez. 1948 - 6. Jan. 1949 laut Charles L. Kuhn zu sehen.[236] In seiner ersten Retrospektive 1928 ist Beckmanns "Selbstbildnis im Smoking" bereits vertreten. Zwei Jahre nach seiner Oeuvre-Ausstellung 1948 in den USA aktualisiert er 1950 seine Ikonographie des öffentlichen Selbstbildnisses im "Selbstbildnis in blauer Jacke". Es entsteht ein Zyklus weltlicher und persönlicher Ereignisse. Die Entstehungsgeschichte beider Werke ist hoffnungsvolles Zeichen. Ihre parallele Existenz ist gewollt. Die Wirkung des frühen Bildnisses soll in der Wirkung des späteren wiederholt werden - gleich einem Um- und Ausklammern der Exiljahre: Sein "Selbstbildnis im Smoking" wird 1928 unmittelbar in der Berliner Sezessions-Ausstellung von Julius Meier-Graefe erworben. Dieser verkauft es direkt weiter an die Nationalgalerie. Von dort bereist das Werk mitsamt Beckmanns "Loge" 1928 schon 1929 die USA anlässlich der jährlichen Carnegie-Ausstellung. Für die "Loge" erhält Beckmann den begehrten Carnegie-Preis.[237] Graefes Verständnis, Beckmanns Selbstbildnis als öffentlich zu begreifen, wird 1933 von Ludwig Justi realisiert. Am 15. Februar 1933 eröffnet der "Beckmann-

---

[235] Im Ausstellungskatalog werden zunächst neben dem "City Art Museum of St. Louis" als weitere Stationen "Los Angeles County Museum, Detroit Institute of Art, Baltimore Museum of Art, Minneapolis Institute of Arts" genannt: vgl. Ausst. Kat. St. Louis 1948.
[236] Vgl. Ausstellungsakte "Beckmann 1948" Archiv Busch-Reisinger Museum, Angabe von Kuhn vom 26. Okt. 1948, Harvard Art Museum, Cambridge, MA, USA.
[237] Vgl. Kienle 2008.

Raum" im Kronprinzenpalais.[238] Diesen schließen die Nazionalsozialisten allerdings bereits Mitte Juli desselben Jahres wieder. 1937 werden dann infolge von Beckmanns öffentlicher Reputation 1906-33 gleich 21 seiner Werke in der Münchener Ausstellung "Entartete Kunst" gezeigt.[239]

Karl Buchholz erwirbt Beckmann-Werke und sendet diese ab 1939 an seinen New Yorker Vertreter Curt Valentin; so auch das "Selbstbildnis im Smoking".[240] "Curt Valentin hat Berlin am 6.1.1939 verlassen. Von diesem Tag stammt die schriftliche Vereinbarung über die Eröffnung einer gemeinsamen Galerie in NY. Am 18.3.1939 eröffnete Valentin seine erste Ausstellung. Sie heißt 'Sculpture and Drawings' und zeigt Arbeiten von Barlach, Kolbe, Lehmbruck, Marcks, Scheibe und Sintenis. Am 2.9.1939 (wohl wegen des Kriegsausbruchs) schreibt Buchholz an Valentin einen Brief, dass Valentin von nun an alleiniger

---

[238] Vgl. Fleckner Hg. 2009; Janda 1992; Janda u. Grabowski 1992.

[239] "Christus und die Sünderin" 1917; "Kreuzabnahme" 1917; vgl. Ausst. Kat. Wien 1998; "Selbstbildnis mit rotem Schal" 1917; "Nizza" oder "Das Nizza in Frankfurt am Main" 1921; "Doppelbildnis Karneval oder Maskenball" oder "Max B. mit Quappi" 1925; zu Beckmanns Beziehung zu seiner zweiten Frau Mathilde Quappi Beckmann vgl. Beckmann 1983, Schneede 2009; "Stilleben mit Musikinstrumenten" oder "Saxophone" 1926; "Der Strand" 1927; "Badekabine" 1928 vgl. Olaf Metzel: Beckmanns "Badekabine", in: Olaf Metzel Hg.: Public art, Ostfildern 2001 [Metzel 2001]; "Pariser Fastnacht" 1930; "Ochsenstall" 1933; "Liebespaar 1" 1916; "Garderobe" 1921; "Die Bettler" 1922; "Die Enttäuschten II" 1922; "Fastnacht" oder "Faschingsszene" 1922; "Nackttanz" 1922; "Umarmung" 1922; und weitere Werke vgl. Ausst. Kat. Los Angeles u. München 1993, S. 202-209.

[240] Vgl. Eskilsson Werwigk 2009.

Eigentümer der Galerie sei."[241] Vermittelt und reichlich durch Valentin bestückt findet bereits vom 12. Nov. bis 7. Dez. 1940 eine erste Beckmann-Ausstellung im Germanic (Busch-Reisinger) Museum statt. Charles L. Kuhn empfängt 16 Ölgemälde als Leihgaben von Valentin, wie ein Vertrag vom 1. Nov. 1940 belegt: darunter "Selbstbildnis im Smoking" und "Kreuzabnahme". Weitere, wahrscheinlich acht Werke scheinen aus der privaten Sammlung von Georg Swarzenski für die Ausstellung geliehen zu sein (Brief 10. Dez. 1940 von Kuhn an Swarzenski).[242]

Bereits zwei Tage nach Eröffnung fragt Kuhn am 14. Nov. 1940 bei Valentin die Preise für das "Selbstporträt im Smoking" und die "Kreuzabnahme" an. Es sind die beiden repräsentativen Meisterwerke Beckmanns aus deutschen Museen: Ersteres aus der Nationalgalerie Berlin und letzteres aus dem Städel Museum in Frankfurt am Main. Doch nur das "Selbstbildnis" geht an das Germanic (Busch-Reisinger) Museum. Infolge weiterer Ausstellungs-Kooperationen erwirbt Kuhn bis zu Valentins Tod 1955 einige zentrale entartete Werke der deutschen Moderne:

---

[241] Freundliche Mitteilung im Januar 2009 von Anja Tiedemann, die bei Uwe Fleckner über Karl Buchholz und Curt Valentin - Verwertung 'entarteter' Kunst im 3. Reich (Arbeitstitel) promoviert.

[242] "#731, Varieté, 1934, oil, $500. #2048, Birth, 1937, oil, $900. #2049, Death, 1938, oil, $900. #1944, Selfportrait, 1927, oil, $600. #1934, Descent from the Cross, 1917, oil, $600. # 1793, Quappi with Swans, ca. 1937, oil, $250. #1413, Naila, oil, $400. #1217, Snowflowers, oil, $150. #1779, Stillife with Candle and Profile, 1934, oil, $280. #1940, Sea Shore at Southern France, 1931, oil, $250. #1784, Port with Palm Trees, 1938, oil, $300. #733, The Kitchen, 1936, oil, $500. #1789, Stilllife with Fruit and Yellow Roses, 1937, oil, $400. #1791, Madame Ira, oil, Private Collection. #1795, Sacre Couer Paris, 1939, oil, $300. #102, Fleurs des Lis, 1937, oil, $400." vgl. Ausstellungsakte "Beckmann 1940" Archiv Busch-Reisinger Museum, Harvard Art Museum, Cambridge, MA, USA.

u. a. das Triptychon "Genesende" 1912/13 von Erich Heckel (ehemals Museum Folkwang Essen).[243] In den erhaltenen Korrespondenzen zwischen Kuhn und Valentin ist Valentins Bemühen um den öffentlichen Verbleib repräsentativer Werke nachdrücklich formuliert.[244] Zugleich bewahren Valentin und Kuhn mit ihrer bis heute spektakulären Auswahl das deutsch-verwurzelte Germanic Museum vor seiner Auflösung nach Kriegseintritt der USA 1942. Zwar wird das Germanic Museum 1942 für zunächst unbestimmte Zeit geschlossen. 1946 eröffnet es allerdings sofort wieder. Die ins Fogg-Museum ausgelagerten Kunstwerke werden nach und nach in die Busch-Reisinger Hall zurück gebracht.[245]

Auf der anderen Seite des Charles Rivers baut Georg Swarzenski seit seiner Immigration 1938 die Mittelalter-Sammlung des Museum of Fine Arts Boston (MFA) auf. Als früherer Direktor der Städtischen Galerie 1907-1933 und des Städelschen Kunstinstituts 1906-1937 in Frankfurt am Main (heute Städel Museum) formuliert er den Transfer europäischer Kulturgüter in die USA auf Institutsebene mit. Seit den gemeinsamen Frankfurter Jahren ist er eng mit Max Beckmann befreundet.[246] Am 13. März 1948 folgt Beckmann einer Einladung zu einem Vortrag

---

[243] Lebensdaten Charles L. Kuhn: 14.12.1901 – 21.07.1985, Kurator Busch-Reisinger Museum: Juli 1930-1968. Vgl. Nisbet u. Norris 1991, S. 29. Kuhn beginnt eine permanente Sammlung mit Originalen mit Amtsantritt 1930 anzulegen: vgl. Haxthausen 1982, insbes. S. 24.

[244] Objekt- und Ausstellungsakten 1939-1954 im Busch-Reisinger Museum, Harvard Art Museum, Cambridge, MA, USA.

[245] Vgl. Koerner 2007.

[246] Zur Gründungs- und Sammlungsgeschichte beider Institutionen sowie der Ankaufspolitik von Swarzenski, der 1919-1933 zehn Bilder von Beckmann direkt aus dessen Atelier in der Schweizer Str. erwarb vgl. Schulze 1998, S. 5-11.

ins MFA. Seine "Letter to a Woman Painter – I-III" werden von seiner Frau Quappi vorgetragen.[247]

An diesem Tag erlebt Beckmann die in Boston und um Harvard aufgebauten Strukturen europäischer Traditionen. Auf Einladung von "einem Herrn R." besichtigt er die Harvard Museen und die Newberry's Collection, wo er insbesondere Expressionismus-Werke sieht. Die Begegnung mit Erwin Panofsky erwähnt Beckmann besonders in seinem Tagebuch.[248] Dass nun drei kulturgeschichtliche Größen der Weimarer Blütezeit - Beckmann, Panofsky und Swarzenski - im selbst gewählten Nachkriegsexil in den USA inmitten europäischer Kulturerrungenschaften zusammentreffen, ist ein historischer Moment. Erneut prägen sie in hochrangigen Positionen die Kulturlandschaft. Losgelöst von historisch-gesellschaftlichen Zusammenhängen zeigt sich Beckmann eine Beständigkeit von Werten, Werken und Traditionen, sogar von "Individuen".

Beckmann erlebt also eine sinnbildliche Spiegelung der Jahre der Weimarer Republik. Vergleichbar der Rückkehr von der Kriegsfront in die Heimat 1915, ist er ab 1947 wieder sicher. Sein Weg nach Westen 1947 ist sein Weg zurück in eine Freiheit. Dort erlebt er eine zweite Nachkriegszeit: Zwar sind die Schauplätze - Europa/USA - gewandelt. Auch die konkreten Erlebnisse in beiden Weltkriegen - Sanitäter/diffamierter Künstler und Exil - unterscheiden sich. Doch erkennt Beckmann die übergeordneten Parallelen. Auch das Pendeln zwischen Erinnerung

---

[247] Beckmann 1947.
[248] Vgl. Beckmann u. Göpel 1979.

und Neuem, zwischen Sehnsucht und Erfüllung ist ihm aus der Zwischenkriegszeit 1918-1933 vertraut. Ab 1947 erlebt er dies vor der Erkenntnis über den ewigen Kreislauf der Dinge.

Die erneute Begegnung mit seinen europäischen Werken in Sammlungen, der Galerie von Curt Valentin, seiner Retrospektive in St. Louis 1948 als auch in U.S.-amerikanischen Museen neben von ihm hoch geschätzten Niederländern, Franzosen, Engländern, Italiener sowie Munch, Corinth, Liebermann u. v. m. reflektiert dies symbolisch.[249] Beckmann kann erstmals seine unterschiedlichen Werkphasen 1900-48 als Gesamtheil betrachten. Zugleich erlebt er die Gültigkeit seines Werks als Teil der europäischen Kunst. Im neuen kulturhistorischem Zusammenhang der Neuen Welt sind, wie Beckmann es zu Beginn seiner Karriere selbst formuliert, die "nationalen Identitätsbilder der Kunst" aufgehoben. Zudem sind die europäischen Positionen inzwischen mit Entwicklungen der Neuen Welt verwoben. Es ist ein eigenständiges Kunst-Bild entstanden. In der Neuen Welt wird der ab 1937 erlebte Bildverlust durch die Rettung derselben in die USA zum doppelten Bildgewinn. Durch die Wahrnehmung von ihm Bekanntem sowie Eigenem in neuem Kunst-Kontext beendet oder überarbeitet Beckmann frühere Arbeiten. Ebenso interpretiert er Motive und Themen aus der aktuellen Gegenwart heraus neu. Er passt sie erneut seiner Welt an. Beckmann geht dabei in seiner Bildwelt ein letztes Mal auf seine Lebenswelt ein und fasst sie als den Raum seiner Bildereignisse auf. Auch die figürlich-gegenständliche U.S.-Gegenwartskunst wie von Edward Hopper

---

[249] Vgl. Einreisedokument Max Beckmann und Quappi [Quelle 001].

inspiriert ihn. Im Zuge dessen bildet sich ab 1947 Beckmanns 1943 mit seinem Faust-Zyklus angekündigter Spätstil vollständig aus.[250] Wie in Frankfurt am Main ist die Bildnis-Kunst in den USA wieder von besonderer Bedeutung: Denn diese zeigt den hohen Stellenwert von Individualität, Freiheit und persönlicher (Eigen-)Verantwortung in der Gesellschaft. Zugleich sind repräsentative Porträts selbstverständlich. Beckmanns Idee des Künstlers als Former von "Welt" und "Mensch" findet gesellschaftlichen Anklang. Die Auswahl der europäischen Bildnisse in Sammlungen sowie die in Beziehung dazu entwickelte Bildnis-Tradition von Copley und Sergeant, dann Hopper u. v. m. spiegeln dies. Beckmanns "Selbstbildnis im Smoking" ist also auch unter diesem Aspekt öffentlich wirksam. Unabhängig von der individuellen Geschichte ist es Teil der Kultur der Neuen Welt.

Daher möchte sich Beckmann 1950 durch ein erneutes Selbstbildnis auch in die amerikanische Bildnistradition einschreiben. Diesmal trägt er eine blaue Jacke: Der ehemalige Frankfurter ist nun New Yorker: New York ist für Beckmann sein gesellschaftliches Frankfurt der 20er Jahre. Es ist ähnlich jüdisch-christlich geprägt. Künstlerisch erfüllt sich Beckmann in den USA seine europäische Vision. Die Begriffe von Staat, Künstler und Mensch werden konkret. Die Idee der Erziehung des Menschen durch Kunst wechselt von einem kantischen rezeptiven Ästhetik-Verständnis hin zu einem aktiven Schaffen von ästhetischen Werten im Sinne Schillers und Hegels. Der deutsche Idealismus der Weimarer Klassik mischt sich bei Beckmann mit amerikanischen

---

[250] Vgl. Bongaerts 2007; Goethe 1978; Gohr 1984.

Denkansätzen. Den "Wert der Welt" für den Menschen bestimmt Beckmann gemäß seines Verständnisses von Schopenhauers Ideenwelt. Die Kunst und das Schöne erhalten einen neuen Stellenwert: Sie sollen wieder erfreuen; sinnliche Wahrnehmung verdrängt die gedankliche Schwere konstruierter Bedeutungskomplexe des Exils. Einfachheit und Klarheit treten in Beckmanns Bild- und Ideenwelt in den Vordergrund wie zuletzt um 1930 als er die Welt vom Begriff der Kunst aus transnational denkt. Doch sind ab 1947 seine ästhetischen Mittel nicht mehr gewollt, sondern sie sind Ergebnis. Beckmann hat seine malerische Souveränität erlangt. Die zuvor in Gemälden sorgfältig entfernten Unterzeichnungen bleiben zunehmend als Teil des Bildes stehen. Der gelockerte Pinselduktus gibt den Formen eine für Beckmann neue Leichtigkeit.

Die Idee von Existenz geht wieder vom Leben aus. Leben und Denken begreift Beckmann wieder als Einheit. Dadurch ist für ihn Denken wieder Bestandteil der Welt. Wahrheit wird wieder Gehalt der Welt; die Wirklichkeit bewahre diese Wahrheit. So wie Beckmann bei der Betrachtung der Welt ein Vorhandenes wieder voraussetzt, nimmt er erstmals ein "Meta-Vorhandenes" an. Seine Existenz in der Welt lässt die Idee eines Existierens jenseits der Welt zu. Und: wenn "er" bleibt, kann er entschwinden und dennoch existieren. Sprich, sein "Selbstbildnis in blauer Jacke" soll sein Existieren in den USA erfüllen wie sein "Selbstbildnis im Smoking" sein Existieren in Europa bereits unabhängig von seinem Leben erfüllt.

In diesem Moment löst Beckmann jenes dialektische Denksystem auf, das sein Werk zumindest 1916-1925 und 1932-1947 bestimmt. Er befreit sich aus dem inneren Zwiespalt, das eigene Leben immer auch als eine Nicht-Existenz aufzufassen. Nun lebt er und wird deshalb auch existieren. In diesem Sinne deutet er die Begriffe Staat, Künstler und Mensch als spezifische Begriffe von Raum, Leben und Zeit in seinem "Selbstbildnis in blauer Jacke" neu aus. Was er in seinem Text "Der Künstler im Staat" als Utopie formuliert ist nun seine Gegenwart: die Kunstwelt bestimmt seinen "Welt"-Begriff.

Und dieser Welt-Begriff bestimmt wiederum Beckmanns Lebens-Begriff. Wie das Selbstbildnis formuliert er 1950 auch eine neue Vision des Entschwindens von der Erde. In seinem Werk "Abstürzender" 1950 nimmt er Elemente aus der Mitteltafel des "Abfahts-Triptychon" 1932/33, seinem "Mann im Dunkeln" 1934 und seinen "Faust II"-Illustrationen 1943 auf:[251] Ein männlicher Rückenakt scheint im freien Fall zwischen brennenden Hochhäusern in die Tiefe zu stürzen. Diese Tiefe entfaltet sich jedoch im Himmel. Es entstehen zwei zueinander gewandte Bewegungsrichtungen, die beide von der Figur des Abstürzenden ausgehen. Der freie Fall des "Abstürzenden" geht in ein Entschweben in den Bildraum hinein auf. Der "Abstürzende" ist also zugleich in frontaler Rückenansicht und planer Draufsicht zu sehen.[252] In der Ansicht der Füße wird dieser Perspektivwechsel wiederholt: Der linke, von oben gesehen, ist tief in den Bildraum hinein gerückt. Dagegen drängt der rechte in Untersicht aus dem Bild hinaus. Diese Raum- und

---

[251] Zum "Mann im Dunkeln" vgl. Noll 2002.
[252] Vgl. Panofsky 1927/28.

Richtungskomposition wird in der Architektur noch einmal erneuert. Die Arm-Konturlinie des Abstürzenden geht im Balkongitter auf (wie einst die Hand des Königs im "Abfahrts-Triptychon"). Dieses wiederum entfaltet sich fächerartig vor den planen Hausfronten dahinter. Die Hochhäuser wirken dadurch instabil, als würden sie auseinanderdriften. Zudem verlaufen ihre Konturen schräg zu den Bildrändern. Die beiden übereinander gelegten Motivfolien sind ausbalancierten. Der Abstürzende scheint aus dem weltlichen Raum zu entgleiten. Im Hintergrund begleiten Engel ein Boot zwischen den Wolken der himmlischen Sphäre. Darin ist der Abstürzende sinnbildlich aufgenommen. Sein grünes Tuch, das sich im Schweben zwischen Unterschenkel und Unterarm aufspannt, fehlt ihm hier. Das Empfangen-Werden von den Engeln ist also metaphorisch zu verstehen.[253] Ebenso die ihm unterhalb des Bootrumpfes im Himmelsmeer zugeordneten Fische als Symbole der Seele.[254]

Das Entgleiten erachtet Beckmann als die Erfüllung seiner Individualität. Dies sei gemäß Pythagoras der "Ruf auf eine andere Bewusstseinsebene". Es sei der Einzug in den ewigen Raum, den "Palast der Götter". Diesen mythologischen Kontext ruft Beckmann durch die Bekleidung des Abstürzenden auf. In dieser rekurriert er auf die eigene Darstellung antiker Helden, so in "Akademie I" 1944. Beckmann bezieht sich auf die antike Idee der Gottwerdung des Menschen. Zugleich resümiert er in den modernen Hochhausarchitekturen seine gegenwärtige

---

[253] Zur Verarbeitung religiöser Themen bei Beckmann vgl. Heidecker 1995.
[254] Vgl. Fischer 1972.

künstlerische Laufbahn. Elemente der für ihn wegweisenden Kunst-weltmetropolen Paris und New York verschmelzen hier im französi-schen Balkon am Wolkenkratzer miteinander. Ein Foto desselben Jahres zeigt Beckmann vor dem fertigen Werk. Noch einmal nimmt er seine Pose seines "Selbstbildnisses im Smoking" von 1927 ein. In seiner Rechten hält er die Zigarette; sein Bein ist leicht ausgestellt. Nur die linke Hand stemmt er nicht in die Hüfte. Er hat sie wie in seinem "Selbstbildnis in blauer Jacke" in die Hosentasche ge-steckt.[255]

Zur Deckung wie auf dem Foto bringt Beckmann die mythologische Heldenfigur und das Selbstbildnis innerhalb seiner Bildwelt erst im "Ar-gonauten Triptychon". Dieses vollendet am Vortag seines Todes 1950.[256] Auf der linken Tafel ist ein Künstler konzentriert auf die Lein-wand blickend zu sehen. Seine rechte Hand führt den Pinsel zu ihr. Er erschafft und erfindet seine Bildwelt. Vor ihm sitzt ein weibliches Modell, möglicherweise Medea, auf einer umgekippten Kopfskulptur. Diese er-innert an Beckmanns Selbstbildniskopf von 1936, oder an eine Maske. Mathilde Quappi Beckmann interpretiert in Erinnerung an ein Gespräch des 9. Dez. 1950 mit Max Beckmann den Kopf als den eines Opfers von Medea.[257] Auf diese Szene wiederum zeigt Glaukos von der Mittel-tafel. Er steht auf einer Leiter hinab zum Meer und weist den

---

[255] Vgl. Ausst. Kat. Köln 2005.
[256] Vgl. Belting 1998, S. 9-17, insbes. S. 12.
[257] Vgl. Gespräch mit Quappi, 9. Dezember 1950, abgedruckt in Beckmann u. Pillep 1984, S. 205-6.

Argonauten Jason und Orpheus den Weg: Bei Beckmann ist die Malerei der Weg zum, wenn nicht gar das Goldene Vlies selbst.

Doch liegt das Geheimnis tiefer. Denn das Bild des Malers ist nicht einzusehen. Die Rückwand der gezeigten Leinwand weist auf das Triptychon als das Bild an sich zurück.

Beckmanns letztes Werk ist also sein Werk über die eigene Malerei. Nur die Argonauten (u. a. Stephan Lackner, Quappi) können sie erkennen. Deren Reise ist allerdings noch nicht zu Ende. Dies wird im Blau des Meeres angedeutet. Es ist nur links neben Glaukos sowie zwischen den Deinen der anderen beiden Argonauten zu erkennen. Dennoch erfüllt es das Triptychon mit einer eigenwilligen Präsenz: Alle Tafeln sind blau untermalt. Helle, changierenden Blautönen dominieren die linke sogar. Diese kontrastieren wiederum mit den warmen Hauttönen von Maler und Modell.

Beckmann nutzt die assoziativen Qualitäten von Farbe mit dem weltlichen Motiv des Meeres. Dieses ist zugleich ein Kernaspekt der Saga. Wie im Himmel des "Abstürzenden" entsteht eine "doppelte Wahrheit zwischen Farbe und Farbe":[258] weltlicher Verweis und transzendente Konnotation der Farbe Blau verschmelzen miteinander.

Mit dem "Argonauten-Triptychon" deutet Beckmann seine "Jungen Männer am Meer" endgültig aus.[259]

---

[258] Brusatin 2003.

[259] Vgl. Schneede 2009, S. 13-20; zum Villa Romana Preis Vgl. Schneede 2009, S. 20; "Männer am Meer" vgl. Barker 1984, S. 123.

Und diesen Bogen spannt spielerisch seine "Brücke" 1950.[260] Eine Figur zeichnet einen Halbkreis entgegen der natürlichen Beugungsachsen des Körpers nach. Sie macht eine sogenannte "Brücke". Der Körper scheint sich der Form der geturnten Figur unterzuordnen. Im rechten Bein ist die Anstrengung des statischen Moments, im linken dagegen die Dynamik der für die Pose ausgeführten Bewegung zu erkennen. Auch die Hände nehmen dieses Wechselspiel auf. Dazwischen ist der Kopf platziert; die Gesichtszüge bleiben vage, die Ohren sind markant herausgearbeitet. In der Schulter- und Achselpartie kommt die notwendige Energie für die eingenommene Haltung erneut zum Ausdruck. Der langgezogene, aufgespannte Körper wirkt abstrakt und zeigt so den formalen Aufbau der Skulptur. Denn der Körper umschreibt regelrecht Raum: Eine Art Innenraum unter der Skulptur und jenen Radius, den sie beim Aufrichten durchqueren würde. Beckmann erzeugt zudem innerhalb dieses kleinen Skulpturenkörpers eine Nah-

---

[260] Zudem 1950: "Schlangenbeschwörerin" und "Kopf eines Mannes". In zwei kurzen Momenten 1934-36 und 1950 bündeln sich Beckmanns Schaffenskräfte im dreidimensional modellierten Körper. Zumeist fertigt er seine Plastiken in Ton und streicht sie eventuell später farbig an. Die Beziehung von Beckmanns Skulpturen zu seinem malerischen Werk ist doppelsinnig: Vgl. Ausst. Kat. Essen 1998, insbes. S. 156-163. Einerseits thematisiert er seine Plastiken immer wieder in Gemälden, interpretierte sie als Körper im Bildraum, integriert sie in seine Bildwelt, so in "Selbstbildnis mit grauem Schlafrock" 1941, "Atelier" 1946, "Plastik-Studio (Atelierecke)" 1950. Andererseits baut er den dreidimensionalen Körper anders als dessen Abbild auf: Er negiert die Fläche und steigerte die Raumbeanspruchung seiner Plastiken über ihr tatsächliches Volumen hinaus. Er durchdringt die äußere Form des wiedergegebenen Körpers hin zu einer quasi inneren Struktur, zu einem Bewegungsmoment, der zwischen zwei statischen Situationen verharrt. Die gezeigte Bewegung bleibt durch die Skulptur unausgeführt, ist Imagination. Dadurch ist die Skulptur nur durch einen Rundgang um das Objekt und eine gedankliche Bildsequenz mehrfacher Perspektiven zu erfassen. Vgl. Einstein 1920.

und Fernwirkung. Betrachtet man die Skulptur von der einen oder anderen Seite aus frontal, erscheinen entweder ihre Hände neben den Füßen oder umgekehrt die Füße zwischen den Händen. Das Auge vermag jedoch immer nur vorne oder hinten scharf zu sehen. Das Pendant verschwimmt. So entsteht ein Spiel von Verdecken und Hervorscheinen. Die Spannung des Körpers ist in seine Form eingeschrieben. Die Schwere von Füßen und Händen hält die Figur am Boden, gibt ihrer eigentlich unmöglichen Pose eine innere Stabilität und Struktur.

Zu einer Zeit, in der Beckmann eine zuvor unbekannte Souveränität erlangt hat, erscheint dieses skulpturale Spätwerk wie eine Reaktion auf Brancusi, Giacometti, Henri Moore, Matisse, Picasso, Marino Marini. Die plastischen Arbeiten dieser Künstler sind 1950 in New York in Museen und Galerien zu sehen. Zudem ergeben sich etwa mit Marini persönliche Begegnungen. Beckmann antwortet auf die Fragen der Skulptur dieser Zeit, er zeigt den Abstraktionsprozess vom Körper hin zu dessen Aussage auf. Und er bezieht diese Idee in seinen verbalen Reflexionen mit ein: "[The] depth of space in a work of art (in sculpture too, although the sculptor must work in a different medium) is always decisive. The essential meaning of space or volume is identical with individuality, or that which mankind calls God. For, in the beginning there was space, that frightening and unthinkable invention of the Force of the Universe. Time is the invention of mankind; space or volume the palace of the gods."[261]

---

[261] Beckmann 1947.

Als Max Beckmann am 27. Dezembers 1950 in New York stirbt, hinterlässt er ein umfangreiches Werk.[262] Dieses erstreckt sich vom Beginn des 20. Jahrhunderts bis hin zu den ersten Jahren nach dem Zweiten Weltkrieg - und - von Europa bis in die USA. In diesen mehr als 45 Jahren einer eigenständigen Künstlerkarriere erlebt er dreimal eine persönliche und zugleich politische Stabilität: von 1905 bis 1914 in Berlin, 1925 bis 1932 in Frankfurt am Main sowie von 1947 bis 1950 in den USA, St. Louis und New York. In jeder Phase bündeln sich Beckmanns schöpferische Kräfte in entscheidenden Werken. Diese Werke wiederum prägen die jeweilige Kulturepoche durch wegweisende Malerei-Positionen. Klarheit, Farbintensität und Sicherheit in den eigenen Mitteln zeichnen diese Arbeiten aus.

Bereits seine Studienzeit in Weimar von 1901 bis 1903 bringt Beckmann durch seine persönliche Bekanntschaft mit Harry Graf Kessler mit der französischen Kunst im Kontext der Weimarer Klassik in Berührung. Daraufhin begibt sich Beckmann nach Studienende im Winter 1903/04 direkt ins Zentrum der europäischen Kunstszene. Er geht nach Paris. Beckmann beginnt, wo Künstler gewöhnlich erst nach ihren ersten Erfolgen ankommen. Doch anstatt eines geklärten Kunstverständnisses und avantgardistischer Impulse erlebt er in Paris jenen Moment zwischen Altem und Neuem, der erst rückblickend benannt

---

[262] Vgl. Beckmann, Gohr u. Hollein 2006; öpel u. Göpel/von Erffa Hg. 1976; Hofmaier 1990; von Wiese 1978.

werden kann. Auf den gerade 20-jährigen Beckmann wirkt dies zunächst irritierend, wird für sein Werk allerdings maßgeblich. Beckmann muss von Anbeginn seinen Lebens- und Schaffensweg eigenständig formulieren: Des Französischen nicht mächtig und ohne verfügbare Gegenwartspositionen in der Kunst, wendet sich Beckmann Vertrautem zu. Er liest Kant, Nietzsche, Schopenhauer u. a. Doch er begreift die Ideologie der Weimarer Klassik als ebenso überholt wie die ihn umgebende Kunst. Wenige zentrale Ideen erkennt er an. Durch diese entwickelt er die Grundthemen seiner Kunst: Raum, Leben und Zeit. Deren Wahrheit läge hinter dem Dinglich-Wahrnehmbaren in Tradition und im Metaphysischen.[263] 1905 zurück in Berlin ist erstes Ergebnis sein vom deutschen Spätidealismus inspiriertes Jugendmeisterwerk der "Jungen Männer am Meer". 1906 wird es wegen reduzierter Raumbehandlung mit dem Villa Romana Preis ausgezeichnet. Es ist ein Moment gegenseitiger Anerkennung zwischen der älteren Generation mit Corinth, Liebermann, Slovegt u. a. und dem jungen Beckmann. Tatsächlich soll Beckmanns Raumbehandlung wegweisend werden, wenngleich er sich bereits vor der Auszeichnung gegen eine Idealisierung von Figuren entscheidet. Diese bezeuge allein die Idee von einer Lebensform, nicht aber den Menschen und das Leben.

Um diese Zeit bildet sich dann auch in Paris ein neuer kulturpolitischer Höhepunkt: Kämpferisch leiten Picasso, Matisse, Braque, Léger, aber auch de Chirico, Munch, van Gogh u. a. die klassische Moderne ein.[264]

---

[263] Vgl. Beckmann 1977, S. 8.
[264] Vgl. Schneede 2009, S. 21.

Und was Beckmann moderat in den "Jungen Männern am Meer" andeutet, entwickeln andere zu abstrakten Positionen, so die "Fauves", der Kubismus und der Konstruktivismus.

Die Forderung der Moderne, Kunst als System neu zu denken, setzt Beckmann durch Neuformulierung von Tradition um: 1909 interpretiert er die christliche "Auferstehungs"-Idee.[265] Er strukturiert den etablierten Bildkanon räumlich neu und deutet das Sujet als Erkenntnis-Gewinn: Das gleißend helle Himmelslicht kann womöglich mit Platon als Sinnbild der Ideen-Welt aufgefasst werden. Beckmann formuliert dann ein "Erwachen im Licht", was gleichbedeutend ist mit Sokrates Wunsch einer Säkularisierung der Ethik. "Gut" und "richtig" seien weder gottgegeben noch empirisch herzuleiten, sondern aktuelle Wert-Begriffe. An dieses "moralische Gesetz in uns" appelliert Beckmann. Er bricht die Idee von ewiger Existenz anderswo auf und fordert Individualität als gegenwärtiges Leben ein. Im Sinne seines späteren Argonauten-Gedankens sei dies nur Wenigen möglich. Seine Kunst avanciert zunehmend vom Erdachten zum Vollbrachten. Sie soll den Menschen auf sich selbst zurückzuwerfen. Dies hat er eigens kurz zuvor in Paris erlebt. Zugleich besitzt ein derartiger Sinnwandel eines sakralen Bildes durchaus Tradition in Deutschland: Wie Joseph Koerner zeigt, hat bereits Lucas Cranach durch ein "image of an image" - dasjenige der Gemeinde vor der Kanzel während der Predigt - den Rezipienten ins Bildgeschehen integriert.[266] Beckmann zeigt also für die Moderne die

---

[265] Vgl. Beckmann u. Klinkel 1908-9/1983.
[266] Vgl. Koerner 2004.

Errungenschaften von Spätmittelalter und Renaissance: Die Neuzeit wird als Anfang des Gegenwärtigen begriffen. Hier ist der antike Ursprung neu gedeutet worden. Daraus ist auch die Emanzipierung der Kunst hervorgegangen. In der Moderne ist das kirchlich-feudale Auftragsprinzip abgelegt: Der Künstler erfüllt nicht mehr qua seines Talents, sondern bedient und prägt idealerweise den Kunstmarkt. "Inventio" und "Perfectio" sind noch immer Begriffe des Kunsturteils; doch ob intellektuelle Reflexion, sinnliche Empfindung oder Phantasie zu bevorzugen sind, obliegt Künstler und Publikum gleichermaßen.

Beckmann formuliert in der Manier der französischen Historienmalerei des 19. Jahrhunderts aktuelle Tragödien wie das Erdbeben von "Messina" 1908 oder den Untergang der "Titanic" 1912. Auch in diesen Werken bricht er die traditionelle Ereigniserzählung auf. Er blickt gemäß seiner Idee des "gegenwärtigen Helden" auf das Individuum.[267] Und: "zeitlos" soll die "Verbildlichung seiner Zeit" sein.

Aus diesen Versuchen zur Idealität zwischen Tradition und Moderne schließt Beckmann, dass Raum Zeit, Zeit aber nicht Raum umfassen könne. Gemäß Kant stellt Beckmann also den Raum über die Zeit. Zwar bilde ihre Verknüpfung eine erfassbare "Sinneinheit", doch sei diese nicht stabil, sondern im Fluss:[268] verbildlicht er "zeitlos", dann ist sein Gegenstand seine Zeit und bleibt über die Zeit hinweg im Raum. Zugleich interessiert ihn zunehmend das Unmittelbare des Alltagsgeschehens. Ab 1912/13 gewinnt dies in seiner Bildwelt durch Gemälde

---

[267] Vgl. Kaiser 1913.
[268] Vgl. Panofsky 1927/1984, S. 78.

wie "Menschen im Auto" oder "Straßenszene mit Selbstporträt" an Präsenz. Der Überhöhung des Menschen setzt er nun das "Einfache" entgegen. Doch reflektiert er das Erkannte durchaus kritisch: Industrialisierung und einsetzenden Wohlstand sieht er als "Täuschung des Menschen" durch äußere Anreize. Der aufkommende volkstümliche Idealismus sei ein Verständnisverlust für die Wirklichkeit. Nur aus einer derartigen Lebensferne heraus kann in Beckmanns Augen Krieg als mögliches Katharsisereignis verklärt werden. Im Augenblick des Kriegsausbruchs 1914 bewegt er sich zeichnend durch die Menschenmengen auf den Straßen. Er meint, es sei "die größte menschliche Tragödie".[269] Im Wissen um seine Wehrpflicht und aus Neugierde auf außergewöhnliche Motive und Erfahrungen, meldet Beckmann sich freiwillig. 1914/15 wird er als Sanitäter in Ostpreußen und in Flandern stationiert. Wie für viele seiner Künstlerkollegen, die den Kriegseinsatz überleben - u. a. Kirchner, Dix, Grosz, de Chirico bedeuten die Erlebnisse eine künstlerische Zäsur. Doch seine künstlerische Tätigkeit im Krieg - das Zeichnen für medizinische Zwecke sowie ein Wandfresko - ermöglichen Beckmann, sich während seines Einsatzes künstlerisch weiterzuentwickeln. Die Darstellung von Wunden und Verwundeten zwingt ihn zur Konzentration auf das "Eigentliche" und "Realistische" seines Motivs. Dabei stehen ihm allein Linie und Fläche zur Verfügung. Dies wiederholt sich im Fresko in einem ihm unbekannten Maßstab. Zwar ist dieses wieder in Farbe gearbeitet. Doch verschmilzt es mit seinem Trägermaterial, dem Wandputz. Das Bild erscheint nur noch. Dadurch wird

---

[269] Vgl. Beckmann u. Schmidt 1903-04 u. 1912-13/1985.

Beckmanns Begriff von Malerei revidiert. Zurück vor der gewohnten Leinwand muss er die Malerei dann für sich neu erfinden. Auf kleineren Formaten, die den Gedanken einer vergrößerten Zeichnung zulassen, gelingt ihm dies rasch. An seinem größten je begonnen Gemälde, der zweiten "Auferstehung" 1916-18, scheitert Beckmann jedoch. Es ist - als müsse das Bildmaß inhaltlich rechtfertigt werden - motivisch zu komplex angelegt. Zugleich zeigen die mehrfach verschachtelten Raum- und Ereignisebenen Beckmanns Unvermögen, nach seinen apokalyptischen Kriegserlebnissen eine klare Aussage zu treffen. Er vermag nicht ein Bild zu finden. Vielmehr fragt er in dieser Wiederaufnahme seines Vorkriegsthemas nach dem Identischen im Veränderlichen. Er fragt nach dem Begriff von Leben. Dessen Deklinierung bestimmt in allen seinen realen und fiktiven Facetten seine zweite "Auferstehung". Im Zentrum steht dabei Beckmanns durchlebter Konflikt zwischen Todessehnsucht und Lebenswillen. Im Prozess des Bildentwurfs befreit sich Beckmann von Nietzsches gleichzeitigem Welt-Wollen und Lebens-Nihilismus. Er überwindet so, was Nietzsche selbst nach dem Kriegstrauma des deutsch-französischen Konflikts nur als Idee zu formulieren vermag. Nietzsches Gedankenwelt dreht sich um die eigene Marter im Kreis. Sie ist immer zugleich Impuls und Ziel seines Tuns. Dadurch verewigt er diese Marter durch sein Werk. Beckmann dagegen führt seine Todesvisionen nicht aus, sondern belässt seine "Auferstehung" als Andeutung mit Raum für Anderes. Das Erlebte wird so zu Geschichte, ohne Gegenwart und Zukunft vorwegzunehmen. Dies bezeugt auch Beckmanns Verhältnis zum eigenen Wirken: Weder für noch in seiner Kunst möchte er sterben. Sinnbild seiner Kunst soll das

Leben als die Verbindung von Seele und Leib sein. Nur in diesem Zustand ist er gemäß seiner ethischen Grundsätze erkenntnis- und handlungsfähig. Oder wie Kant schreibt, dass es eben nicht darum ginge, "Gründe anzugeben von dem, was geschieht, sondern Gesetze von dem, was geschehen soll, ob es gleich niemals geschieht."[270]

Begleitet von den glücklichen Umständen, bei seinen Weimarer Studienfreunden Battenbergs in Frankfurt Unterkunft und Atelier zu finden, wendet sich Beckmann dem Gegenwärtigen zu. Die Welt und die Kunst sind ihm Spiegel seines Lebens. Beckmann erfüllt als Künstler Nietzsches Forderung nach dem "höchste[n] Zustand, den ein Philosoph erreich kann: dionysisch zum Dasein stehen". Auf diese Weise gelingt Beckmann durch seine "Auferstehung" die Befreiung aus der Kriegs-Aporie. Sein Werk der folgenden Jahre reflektiert dies. 1925 wird er als Leiter eines Meisterateliers an die Städelschule in Frankfurt am Main berufen. Dies zeichnet ihn als "den besten Gegenwartskünstler Deutschlands" aus. Im gleichen Jahr heiratet er seine zweite Frau, Quappi. Seine Bildwelt verläuft nun parallel zu seiner Lebenswelt.

Historisch gesehen ist die politisch-wirtschaftliche Stabilität von 1924/25 bis zur Weltwirtschaftskrise 1929/30 ein kurzer Moment. Aus dessen Spannung zwischen Altem und Neuem gehen epochale Werke hervor. Sie beschreiben die "Blüte der Weimarer Republik". Beckmann nimmt die Impulse seiner Zeit auf. Dadurch wirkt er auf das Kultursystem maßgeblich zurück: Seine klassisch-moderne Vision eines durch Kunst und Künstler geführten Staates formuliert er 1927 in "Der

---

[270] Vgl. Kant 1986, S. 58.

Künstler im Staat" und im "Selbstbildnis im Smoking". Im Text verankert Beckmann seine Gedanken ideengeschichtlich durch Bezug auf Schiller. Sein Sprachduktus lehnt sich an seine Autoren der Weimarer Klassik an. Doch ist entgegen des Eindrucks von Plausibilität keine begriffliche Kontinuität bei ihm gegeben. Wie er im "Selbstbildnis im Smoking" dann Schwarz und Weiß nebeneinander setzt, artikuliert er verschiedene Gedankenabsätze als stünden sie nebeneinander: Allein der Künstler könne die letzten Ziele des Handelns einsehen und solle deshalb Staat und Gesellschaft formen. Darin einbezogen sei die ethische Erziehungsaufgabe, im Individuum schlummernde Erkenntnis wachzurufen. "Das moralische Gesetz in uns", so Beckmann, "bringe dann die bestmögliche Staatsform hervor". Den "Künstler" versteht Beckmann als eine Gemeinschaft von Künstlern, die diesen Staat zusammen lenken und schützen. Um das utopische Moment seiner Vision weiß er.

Sein Text ist zugleich eine Vorformulierung seines Gemäldes, durch das er dann seine Vision in die Verlässlichkeit und Struktur seiner Bildwelt integriert. Hier zeigt er "Wahrheit" durch konkrete Form: sein Abbild begreift er als Urbild seiner Individualität und seiner Ideen. Er erschafft sich durch die eigene Hand selbst und steht dann "objektiviert" als Teil der Wirklichkeit Menschen gegenüber. Dieses Wirkungsprinzip ist Beckmanns künstlerisch-politisches Statement: Im "Selbstbildnis im Smoking" interpretiert er seine Begriffe von Identität und Leben durch die Begriffe von Künstler, Mensch und Staat neu.[271] In seiner Aussage - "Da haben wir unser eigenes Bild. Die Kunst ist der Spiegel Gottes, der

---

[271] Vgl. ebenda, S. 116-121.

die Menschheit ist."[272] - begreift Beckmann "Gott" als moralisches Postulat, als Vernunftidee. Religiöse Moral soll durch Vernunftethik ersetzt werden. Kunst solle dem Individuum Kraft zur Hervorbringung des "Menschen im neuen Sinne" verleihen.

Doch in Beckmanns Künstlerbild äußert er auch seinen Wunsch, selbst die Bedeutung eines "geschichtlichen Individuums" zu erlangen. Gemäß französischen Traditionen oder wie Dürer im "Selbstbildnis im Pelzrock" möchte er Repräsentationsfigur zwischen Staat, Glaubenstradition und Individualität sein. Dies zeigt eine zugleich traditionelle und kosmopolitische Kunst- und Staatsauffassung. Zudem steht die Ausformulierung seiner Utopie unter dem "Schutz der Kunst": Als Künstler muss er sich nicht als Ideologe der bürgerlichen Gesellschaft begreifen. Das von ihm als "Wahrheit" Ausgegebene bedarf keiner Relativierung als "Ideologie". Er ist "Künstler im heutigen Sinne". Er nutzt schlicht eine "klassische" Terminologie, wie sie bei Kant, Schiller u. a. zu finden ist. Nach seinem "Selbstbildnis im Smoking" kann sich Beckmann nicht mehr klassisch-intellektuell gebärden. Denn er hat sich auf eine Ideologie bezogen, die ihre Aufgabe noch in der Vermittlung positiver Wertsysteme zur Konstitution einer bürgerlichen Gesellschaft sehen kann. Die daraus erwachsene Gesellschaft ist Beckmanns Wirklichkeit und bedarf nach wie vor der Utopie: denn die Weimarer Zeit bringt den tatsächlichen Zwiespalt hervor, parallel das Glück der Menschheit in toto zu fordern und nach dem eigenen "Ich" zu fragen. Die Kunst soll dies aufheben. Doch dadurch offenbart sich die Zweideutigkeit

---

[272] Vgl. Beckmann 1927, zitiert nach Beckmann u. Pillep 1984, S. 118.

künstlerischer Existenz. Menschheit in toto ist für Beckmann direkt nicht mit der Idee von Individualität vereinbar. Wohl aber sei dies im "Metaphysischen" denkbar. Um diesem Zwiespalt zu begegnen, nutzt Beckmann die Symbiose von Text und Bild von "Der Künstler im Staat" und "Selbstbildnis im Smoking". Er möchte Erkenntnis um der Erkenntnis Willen sowie Leben um des Lebens Willen im Sinne von Schiller, Kant und Hegel. Und er nimmt diese im Gegensatz zum aktuellen "Zeitgeist" als gegeben und richtig (gut). Durch seine beiden Arbeiten schafft Beckmann sich jeweils eigene Referenzpunkte. Fortan lässt er kritischere, unabhängigere und modernere Haltungen zu.

Als Deutschland infolge der Weltwirtschaftskrise ebenso schnell wieder abstürzt wie es soeben die "Weimarer Blüte" hervorgebracht hat, ergreifen die Nazis die Macht. Viele Kulturerrungenschaften der Weimarer Zeit werden neu bewertet; so auch Beckmanns Werk. Diese Zäsur verleiht vielen "entarteten" Werken bis in unsere Gegenwart Gültigkeit. Durch die Geschichte bezeugen sie ihre Zeit: Sie vertreten jene Entwicklungen, die fortan unausgeführt bleiben oder sich in neuen Kontexten "anders" entfalten. Durch den abrupten Schnitt bestimmt die Klassische Moderne sämtliche nachfolgenden "postmodernen" Positionen nach 1933. Gleichermaßen ist die klassisch-moderne Idee der "Freiheit der Künstler" lediglich in ihrem Entstehungsmoment gegeben. Davor ist sie formulierte Utopie. Danach ist sie Rekurs auf einen Gedanken, der seither System ist und dadurch wieder eigenen Diktaten unterliegt: Die Kunst ist freiwillig "unfrei frei".

Bei Beckmann entzweien sich mit seiner öffentlichen Diffamierung ab 1933 Bild und Gegenwart wieder. Dadurch entwickelt er seinen

Lebens-Begriff erneut weiter.[273] Mythologische und theosophische Themen sind wieder zentral. Eines der prominentesten Werke darunter ist sein erstes Triptychon "Abfahrt" 1933: zwischen einem Rekurs auf die antike Tragödie und den Helden-Epos auf den Seitenflügeln erscheint auf der Mitteltafel die Rückfahrt ins Reich der Ideen. Es ist die Reise in eine "Neue Welt". Der König als "göttliche" Figur verkörpert für Beckmann ein Ideal von Ethik und Erkenntnis. Er sei Ursprung allen Lebens. Fährt dieser nun aus einer Gegenwart in eine andere, schließt sich der Kreis ewigen Lebens. Dies ist Beckmanns Vision von Wiedergeburt und Unsterblichkeit der Seele. Das Werk entsteht in einem Augenblick der Hoffnung auf Erkenntnis, durch die jene sich herausbildenden Werte der Nationalsozialisten noch zu revidieren sind. Beckmann stellt die Frage, ob die modernen Mythen des Alltags nach nur fünfzehn Jahren wieder eine existenzielle Verschleierung des Wahren bewirkt haben.[274] Als Hoffnung bleibt ihm zunächst nur der Rückzug in seine Bildwelt, in der er Zeitlichkeit und Geschichtlichkeit zu überwinden sucht. Er abstrahiert von einem Raum-Zeit-bedingten Ich-Erleben zu einem überzeitlichen und transhistorischen Lebens-Begriff. Er überhöht die entzauberte Wirklichkeit und inszeniert Welt als Vision innerhalb seines Ideenraums. Die Mitteltafel seiner "Abfahrt" zeigt den unwirklichen Zustand der Ruhe in der Bewegung. Im Abwenden von der gegebenen Welt ist es die "zeitlose Verbildlichung seiner Zeit".

---

[273] Vgl. Beckmann 1977.
[274] Vgl. Haffner 2002.

Die Neubewertung von Kunst und Kultur unter den Nazis findet 1937 einen ersten Höhepunkt in der Ausstellung "Entartete Kunst". Beckmann ist prominent mit zehn Gemälden und zahlreichen Arbeiten auf Papier vertreten. Am Vorabend der offiziellen Eröffnung siedelt er mit seiner Frau nach Amsterdam über. Am 21. Juli 1938 hält er stellvertretend für die von Nazi-Deutschland Diffamierten die Rede "Über meine Malerei" in der Ausstellung "Twentieth Century German Art" in den New Burlington Galleries, London.[275] Hier deutet er nun die schwarz-weiße Farbästhetik seines "Selbstbildnisses im Smoking" als transzendentes Raum-Zeit Element von Realität. Losgelöst aus dem ursprünglichen Kontext aktualisiert Beckmann sein Werk durch neue Sinnzusammenhänge. Er erfindet sich als Künstler unter veränderten Umständen, andererorts und zu einer neuen Zeit neu: Er wirkt dort, wo er unter seiner Kleidung mit Kopf und Händen hervortritt, lebendig. Diese weist zugleich abstrakte und figürliche Elemente auf. Die Ader auf seiner Hand mit der Zigarette scheint fast zu pulsieren. Joseph Koerner schreibt diesbezüglich zu Dürer, er zeige im Selbstbildnis "his role of maker and model within one irreducible moment".[276] Die Hand sei "both a creation and a creator, ... at once an exemlum and an instrument of the artist's skill".[277] Beckmann spitzt dies in der glimmenden Zigarette noch weiter zu. Ihre Glut ist der zündende Funke. Beim Zug an der Zigarette führen künstlerisches   und   geistiges   Zentrum   wie   beim   Malen   eine

---

[275] Vgl. Frowein 1984.
[276] Vgl. Koerner 2006, S. 6.
[277] Vgl. Koerner 2006, S. 45.

gemeinsame Handlung aus. Farblich korrespondiert die Glut mit den freien Körperpartien. Während Beckmann 1938 seine Rede in London hält, ist das "Selbstbildnis im Smoking" bereits bei Curt Valentin in New York. Im Winter 1939/40 wird es ausgestellt und für das Busch-Reisinger Museum in Cambridge erworben. Wie Beckmann dem eigenen Werk in Europa eine neue Bedeutung verliehen hat, entfaltet es zeitnah in den USA eine unvorhersehbare Wirkungsgeschichte: als das "masterpiece in exile" wird es zum Symbol des Busch-Reisinger Museums. Darauf greift Charles L. Kuhn nach 1945 genauso zurück wie die bis in unsere Gegenwart tätigen Förderer. Bis heute wird die Eigenständigkeit des Museums als einzige Kulturinstitution in den Vereinigten Staaten mit vornehmlich Kunst der deutschsprachigen Länder Zentraleuropas gewahrt.[278] Zugleich ist eine fast einmalige Sammlungs-Kontinuität dieser Kunst von etwa 1900 bis in die Gegenwart gegeben.[279]

Diese Symbiose aus Instituts- und Werkhistorie wirkt auf die Rezeption von Beckmanns Gesamtwerk zurück: seine nach wie vor in ausländischen Sammlungen befindlichen Werke aus der Ausstellung "Entartete Kunst" 1937 in München sind ebenfalls "artworks in exile": so etwa "Kreuzabnahme" 1917 im Museum of Modern Art, New York.[280] Zugleich spiegelt die Auswahl der 1937 in München ausgestellten Beckmann-Werke die bewusste Diffamierung des bis 1937 amtierenden

---

[278] Vgl. Nisbet u. Norris 1991, S. 12; Haxthausen 1983.
[279] Vgl. Koerner 2007; Nisbet u. Norris 1991; Haxthausen 1983.
[280] Nach 1945 bemühen sich deutsche Institute um eine Rückkehr von Arbeiten dieser Gruppe: so "Das Nizza in Frankfurt am Main" 1921, "Stillleben mit Musikinstrumenten" 1926 etc..

Direktors des Städelmuseums: fünf der zehn Gemälde aus öffentlichen Institutionen stammen aus Frankfurt.[281] Denn dank der Privatstiftung des Städels ist Georg Swarzenski nicht nur als einziger "moderner" Museumsdirektor bis 1937 im Amt. Er ist zudem auch der einzige deutsche Museumsdirektor jüdischer Abstammung. 1937 scheidet er, offiziell als "Ruhestand" bezeichnet, aus dem Amt und emigriert 1938 in die USA nach Boston. Dort setzt sich die Frankfurter Kooperation mit Beckmann fort. Die Wiederbegegnungen manifestiert Beckmann 1950 in New York anlässlich einer Festschrift in einem Porträt von Swarzenski. Dieses ist heute im Städelmuseum.

Ab 1937/38 sendet Beckmann sein Werk selbstständig zunehmend in die USA. Stephan Lackner als persönlicher Förderer in Los Angeles und Curt Valentin als Kunsthändler in New York ermöglichen dies. Auf diesem Wege ist auch Beckmanns in Deutschland unausgestelltes "Abfahrt-Triptychon" seit Januar 1938 dem US-amerikanischen Publikum zugänglich: zunächst in der von Valentin geführten Buchholz Gallery West 46th St New York in "Max Beckmann. Recent Paintings". Im Mai 1939 geht es als Leihgabe in "Art in our Time". 1942 geht es durch eine private Schenkung ans Museum of Modern Art New York. Dort sieht Beckmann es 1947 im Jahr seiner Ankunft in der "neuen Welt" wieder. Ein Foto zeigt ihn mit dem Rücken zu seinem Werk sitzend. Seine Hände sind über den aufgestützten Unterarmen

---

[281] "Das Nizza in Frankfurt am Main" 1921, "Doppelbildnis Karneval" 1925, "Stillleben mit Musikinstrumenten" 1926, "Der Strand" 1927, "Selbstbildnis mit rotem Schal" 1917.

zusammengefaltet. Seinen Blick richtet er wie ein Resümee des eigenen Lebenswegs nach links aus dem Bild hinaus.

Angekommen in der Neuen Welt vollendet Beckmann während seiner drei letzten Lebensjahre sein Werk. Im Zuge dessen formuliert er 1950 in New York sein "Selbstbildnis im Smoking" als "Selbstbildnis in blauer Jacke": neu: Entspannt lehnt er auf einem Stuhl und raucht nun seine Zigarette. Kopf und Hand sind wieder das Zentrum. Das Bild ist seine vollbrachte Schaffenskraft. Auch das zweite, seine Karriere seit 1904/5 begleitende Thema deutet Beckmann 1950 final aus: die "Männer am Meer" werden zum "Argonauten-Triptychon". Diese beiden Bildgenres stehen wie eine spiegelbildliche Umkehrung einander gegenüber: Sucht Beckmann im Selbstporträt nach Durchdringung und Überhöhung seines Selbst, so distanziert er sich durch die idealtypischen Männerakte im eigenen Werk von sich selbst. Der Unverwechselbarkeit seines "Ichs" und seinem Wunsch nach Individualität gegenüber abstrahiert er zugleich vom gegenwärtigen Menschen durch den klassisch-akademischen Akt. Die Werke umspannen die äußeren Pole von Individualität und Idealität, Nähe und Distanz, Geist und Körper. Zur Deckung bringt Beckmann diese Deutungen von Leben, Raum und Zeit erst in seinem letzten Werk. Am Vortag seines Todes stellt er das "Argonauten-Triptychon" fertig. Am nächsten Tag stirbt er auf dem Weg zu seinem letzen "Selbstbildnis in blauer Jacke". Im "Argonauten-Triptychon" wirkt seine mythologische Heldenfigur nun plötzlich individuell. Ursprung und Ende - sowie umgekehrt - Ende und Ursprung seiner Bildwelt berührten sich also im ersten und letzten Meisterwerk. Und so kann er in seinem "Selbstbildnis in blauer Jacke" gelassen vor der umgedrehten Leinwand stehen und rauchen. Denn, was Beckmann 1903/04 in Paris "auf der anderen Seite" erkundet und dann 1927 als der Gegenwartskünstler der Weimarer Republik formuliert, ist über Zeit, Raum und Geschichte hinweg in den USA gültig: Die Kunst und ihr Wahrheitsgehalt hat den Menschen und seine Taten einmal mehr über- lebt. Oder wie Franz Rosenzweig es in seinem "Stern der Erlösung" schreibt: "Die Wahrheit ist für die Welt nicht Gesetz, sondern Gehalt. Die Wahrheit bewährt nicht die Wirklichkeit, sondern die Wirklichkeit bewahrt die Wahrheit. Das Wesen der Welt ist diese Bewahrung (nicht Bewährung) der Wahrheit."[202]

ZUR RAUMAUFFASSUNG MIES VAN DER ROHES:

VOM "GLASRAUM" ZUM "SEAGRAM BUILDING"

1928, zu einer Zeit als Ludwig Mies van der Rohe seine ersten interna- tionalen Erfolge mit der Dreierserie "Glasraum" 1927, "Barcelona Pavil- lon" 1929 und seinem Bau auf der Berliner Bau-Ausstellung 1931 feiert, bemerkt er, "Baukunst ist in Wahrheit immer der räumliche Vollzug geistiger Entscheidungen".[283] In lediglich abgewandelter Form folgt die Komposition dieser drei Bauten dem Grundprinzip von offenen Raum- übergängen, Trennwänden aus polierten Naturwerkstoffen, raumho- hen, metallgefassten Spiegelglasfronten und der Integration einer

---

[282] Rosenzweig Berlin 1930[1]/Frankfurt am Main 1988[2], S. 16.
[283] Ludwig Mies van der Rohe 1928, Neumeyer 1986, S. 362.

Skulptur im Außenbereich. Diesen Typus des modernen Atriumhauses entwickelt Mies van der Rohe nach 1938 maßgeblich weiter. Die prominentesten Bauten sind das "Haus Resor" 1938 und "Farnsworth House" 1951. Parallel dazu setzt er sich von Anbeginn mit dem modernen Hochhaus auseinander: 1921/22 Wettbewerb für die "Friedrichstraße" in Berlin,[284] 1922 "Bürohaus in Eisenbeton", 1923 "Die Wabe", 1950 "Lake Shore Drive" Apartements. Er entwickelt hier vom Skelett, von der inneren Statik des Gebäudes her seine Formsprache. Er gibt seinem Grundsatz des "Less is More" ein unverkennbares Erscheinungsbild. Diese zwei Gebäude- und Architekturtypen fließen erstmals in Vollendung im "Seagram Building" 1954-58 in New York zusammen. Es nimmt hier die Charakteristika seiner zwei zentralen Bautypen auf: Zunächst des flachen, auf seine Umgebung bezogenen Einfamilienhauses. Zugleich des vertikalen, mehrgeschossigen Multifunktionsbaus: Die Hochhausszene Manhattans fasst Mies van der Rohe 1954-58 als seine Umgebung auf. Daraus entwickelt er ein individuelles, in sich gestaffeltes Hochhaus. Dieses ist an seinen Kontext und dadurch seinen Ort gebunden. Im Außenraum des "Seagram Buildings" formuliert er ein leider nie realisiertes Skulpturenensemble vor. 1967 äußert Mies van

---

[284] Andreas Marx und Paul Weber zeigen, dass Mies van der Rohe seinen Entwurf "Wabe" erst nach dem eigentlichen "Friedrichstraße"-Wettbewerb ausarbeitet und diesen in Konzeption und Materialwahl an Beiträge anderer Architekten nach deren Veröffentlichung anlehnt. Vgl. Marx u. Weber 2003.

der Rohe rückblickend, es sei eben nicht möglich, "jeden Montag eine neue Architektur zu erfinden".[285]

Zunächst wird das für die Architektur der Moderne Wegweisende von Mies van der Rohes frühen Messebauten untersucht. Aufgrund ihres Ausstellungskontexts unterliegen "Glasraum", "Barcelona Pavillon" und "Berliner Bau" jeweils einer vergleichsweise kurzen Planungs- und Aufbauphase. Meisterlich vollendet sind sie "reine Architekturidee". Sie realisieren noch ohne Anspruch auf dauerhafte Funktionalität einen Baugedanken. Zudem erfahren sie keine Restriktionen durch einen Auftraggeber. Sie leben von idealen klimatischen Bedingungen, entweder in einer größeren Industriehalle oder durch die Mittelmeernähe Barcelonas. Die rasche Abfolge der Bauten 1927 - 1929 - 1931 zeigt die konsequente Weiterentwicklung einer Grundidee. Mies van der Rohe nutzt das Erleben seiner Architektur, also die Bewegung im eigenen Raum, zur Verfeinerung und Perfektionierung.[286]

Der Ursprung von Mies van der Rohes Raum-Idee zeichnet sich in seinem Wirken seit Beginn der 1920er Jahre im Kontext der Berliner

---

[285] Die Verwendung von "Architektur" im Singular verdeutlicht bereits auf semantischer Ebene, dass Mies van der Rohe anstatt einzelner Gebäude eine übergeordnete Grundidee in seinen Bauten zu realisieren sucht.

[286] Zu Mies van der Rohes Ausstellungsbeteiligungen unter der Leitfrage: "Did the nature of an exhibition project - its focus on certain issues and its freedom from addressing others - allow Mies to produce designs that he would have been unable to create otherwise? Or were exhibition projects only distinguished from others by their venue?" wird von Wallis Miller vorgenommen. Vgl. Miller 2001.

Avantgarde ab.[287] Trotz der spärlichen Bauaufträge ist er durch das Vermögen seiner Frau Ada abgesichert und erlebt eine für seine "Baukunst" prägende Zeit. Auch ein eigenes Publikationsorgan ruft er kurzfristig ins Leben. 1923 begründet Mies van der Rohe mit Hans Richter die Zeitschrift G. In der Erstausgabe vom Juli 1923 erörtert Theo van Doesburg die modernen Anforderungen an Architektur, Skulptur und Malerei:[288] "Verallgemeinerung", "Monumentalität" und "Dezentralisierung" bei strikter Trennung ihrer künstlerischen Gestaltungsprinzipien, ihres Einsatzes und ihrer Rezeptionsweise sei gefragt. In drei aus seiner Serie "Construction of Time Space" entwickelten Graphiken veranschaulicht van Doesburg die Beziehung von "Fläche", "Volumen" und "Raum" in Architektur, Skulptur und Malerei. Schnittmenge sei die Zeit. Entsprechend sei die Malerei gestaltete Fläche, die sich als raumschaffendes Element in die Architektur eingliedere. Dagegen beanspruche die Skulptur den von der Architektur umschriebenen Raum.[289]

Bereits in der September-Ausgabe von G veröffentlicht Mies van der Rohe sein Modell eines "Landhauses in Eisenbeton". Dessen rhythmisch-dynamisches Gefüge der Baukörper ist den Grafiken van Doesburgs entlehnt. Mies van der Rohe transferiert hier also einen im Zweidimensionalen entwickelten Konzeptionsgedanken ins Dreidimensionale. Im folgenden "Landhaus in Backstein" rhythmisiert Mies van der Rohe den Innenraum in Anlehnung an seine kubisch-gestaffelte Hülle.

---

[287] Zu Mies van der Rohe innerhalb der Berliner Avantgarde vgl. Mertins 2001; Schulze 1984, S. 28-137.
[288] Vgl. van Doesburg 1923.
[289] Vgl. van Doesburg 1923.

Den Baukörper bricht er zugleich durch große Glasfronten auf. Zwei Jahre später realisiert er Grundelemente dieser Architekturidee im "Haus Wolf" in Gubin innerhalb der technischen Möglichkeiten und gemäß den Wünschen des Auftraggebers.[290]

Auch die "Weißenhofsiedlung" 1925-1927 formuliert Mies van der Rohe in Zeichnungen parallel zu einem fast skulpturalen Modell von Gebäuden und städtebaulichem Kontext vor. Aus der Spannung zwischen Interpretation seiner abstrakten Form als reale Bauten durch die eingeladenen Architekten-Kollegen und dem eigenen Bau entwickelt er 1927 kurz vor Eröffnung der Messe die Idee zum "Glasraum". Dieser ist sein Schlüsselwerk der direkten Überführung eines utopischen Architekturgedankens in Architektur. Er hat den Charakter eines realen Modells: Der "Glasraum" überführt jenes Wesentliche des seit 1921/22 Erdachten in eines der einflussreichsten Gebäude der modernen Architekturen. Hier transferiert Mies van der Rohe das dynamisch-kubische Raumgefüges seiner Landhäuser in eine wahrnehmbare Rhythmik des Innenraums. Trotz der den "Glasraum" umschließenden Messehalle wird ersichtlich, dass Mies van der Rohe Innen- und Außenraum als geschlossene Einheit begreift. Daraus leitet er auch seine Innenarchitektur und den Entwurf seiner Möbel ab.[291] In einem zweiten Schritt integriert Mies van der Rohe in seinen "Glasraum" eine Skulptur, den

---

[290] Ebenso Wohnblock der Afrikanischen Straße Berlin vgl. Scharnholz 2001; Eggler-Gerozissis 2001 1.

[291] In den noch bestehenden Wohnhäusern dieser Zeit, "Haus Lange" und "Haus Esters" in Krefeld, reguliert durch die Auftraggeber abgemildert, doch durchaus bis heute wahrnehmbar.

"Mädchentorso" 1914 von Wilhelm Lehmbruck. Dies ist sicherlich inspiriert durch seine Entwurfs- und Bau-Tätigkeit für Kunst-Sammler wie das Ehepaar Kröller-Müller, die Familien Esters und Lange. Die beiden aus dem "Glasraum" entwickelten Messe-Bauten "Barcelona Pavillon" und "Berliner Bau" gehen dann von einer ganzheitlichen Architekturform mit Innen- und Außenraum aus. Diese entwickelt Mies van der Rohe durch die gewonnenen Erkenntnisse jeweils konsequent weiteren.

Der Blick in die Innenräume seiner Ausstellungsbauten zeigt ein unverwechselbares Arrangement der den Raum umschreibenden Elemente Boden, Wand und Decke. Ästhetische Gesichtspunkte bestimmen die Auswahl der scheinbar naturbelassenen Stein- und Holzwände im Verhältnis zu den raumhohen, metallgefassten Spiegelglasfronten. Letztere werden zur transparenten Trennung von Innen- und Außenraum eingesetzt. Der aus der Innenraumsequenz gewohnte Bewegungsfluss durch die Raumöffnungen und entlang oder um die steinernen und hölzernen Wände wird hier unterbrochen. Der Raum jenseits der jeweiligen Spiegelglaswand ist einsehbar. Doch man kann der eigenen Blickrichtung bewegungsmäßig nicht direkt folgen. Gesichtsraum und Tastraum sind voneinander getrennt. Die gläserne Wand ist zunächst ebenfalls zu umschreiten. Diese zugleich raum-öffnenden und raum-bewahrenden Elemente zeigen Mies van der Rohes Architekturraum.

Tatsächlich ermöglichen erst die technischen Innovationen in der Produktion des Spiegelglases ab Mitte der 1920er Jahre eine derartige Architektur. Mies van der Rohe setzt sie in maximal produzierbarer Größe ein. "Glas" sei, so Schulz 1930 in der Zeitschrift Stein Holz Eisen, "geschmolzener Stein und zugleich die vollkommenste Form des Steins". Die Materialästhetik weckt eine neue Materialideologie.[292] Eine von Mies van der Rohe in Auftrag gegebene elektronische Technik zur Versenkung der metallgerahmten Spiegelglasscheiben öffnet zeitnah den Innenraum zum Außenraum. 1931 ist diese im Esszimmer des "Berliner Baus" bereits eingesetzt. Auf der gegenüberliegenden Gebäudeseite erscheint im Schlafzimmer als Pendant eine fest installierte Spiegelglasfront. Diesem scheinbaren Auflösen der architektonischen Einheit nach Außen und dem Verlust von Privatsphäre wirkt Mies van der Rohe wie in "Glasraum" und "Barcelona Pavillon" in Anlehnung an das römische Hofhaus durch Steinmauern entlang der Grundstücksgrenzen entgegen. Hof und Garten werden durch diese opake, in Distanz zum Gebäude errichtete Mauer zu einem architektonischen Gesamtkomplex zusammengefasst. Der private Außenraum ist nun im Verhältnis zum öffentlichen Raum innen, im Verhältnis zum privaten Innenraum aber außen. Er nimmt also eine Zwischenposition ein. (In moderater Form ist dies auch bei den Häusern "Lange" und "Esters" zu finden.)

Im Gebäudeinneren der drei Messe-Bauten zieht Mies van der Rohe dagegen scheinbar tragende Wände in Stein und Holz ein. Er richtet durch diese raumbildenden Elemente den modernen Impuls der inneren Raumöffnung nach außen. Zugleich schafft er abgegrenzte Areale und Ruhezonen innerhalb seiner Raumsequenzen. Die opaken Flächen

---

[292] Schulze, 1930 4, S. 10.

korrespondieren mit den horizontalen Boden- und Deckenflächen. Sie klären durch eine oftmals pittoreske Anmutung die Ausrichtung des Raums. Mies van der Rohes Interpretation der Raumfluchten erinnert an Paul Klees Pädagogisches Skizzenbuch, dessen Originalblätter erstmals im Sommer 1923 in der Bauhaus-Ausstellung in Weimar ausgestellt sind:[293] Klee erläutert darin Darstellung (logisch) und Wahrnehmung (psychologisch) des Raums. Ausdehnung, Tiefe und Organisation seien erst im Zusammenspiel von vertikaler und horizontaler Flächen abzulesen. Bei orthogonaler Verbindung der Raumelemente gliedern sich, so Klee, die Wände entweder in die im Boden vorgegebenen Fluchten und Dynamiken ein oder beantworteten diese als statisches Element mit bildhaftem Charakter.[294] Aller Ursprung des Bildes sei der Punkt, aus dem die Linie entspringe, die wiederum Form und Fläche, letztlich sogar Farbe erschaffe.

Dies beschreibt die großflächigen, organischen Strukturen der von Mies van der Rohe zur Vertäfelung der Innenraumwände ausgewählten Holz- und Steinmaserungen. Durch in dünne Scheiben geschnittene Stein- und Holzblöcke gewinnt Mies van der Rohe ein nur leicht variierendes Grundmotiv. Durch dessen Reihung erzielt er eine "natürlich-pittoreske" Wandgestaltung. Die Wände des rekonstruierten "Barcelona Pavillons" aus polierter Vert antique, poliertem Onyx und grünem Tinosmarmor veranschaulichen die bildhaften Qualitäten bei

---

[293] In den USA sammelt Mies van der Rohe Werke von Klee.
[294] Die Decke nimmt Klee meist implizit mittels der definierten Wandhöhe an, zeichnete sie allerdings nicht. Vgl. Klee 1925, S. 25-31.

frontaler sowie die räumlich-dynamischen bei seitlicher Betrachtung.[295] In der Bodengestaltung dagegen vermeidet Mies van der Rohe eine derartige Ästhetik und fasst Klee folgend die Steinplatten aus unpoliertem römischen Travertin seriell auf: ihre Maserung verläuft parallel zur hauptsächlichen Bewegungsrichtung.

In "Glasraum" und "Berliner Bau" furniert Mies van der Rohe einige Innenwände mit Makassarholz. Dabei wählt er statt der typischen, knospenartig filigranen Maserung eine grobe großflächige. Im "Berliner Bau" hängen zudem einzelne kleinformatige Gemälde an weiß gestrichenen Beton-Wänden. Diese Beton-Wände sind auf ihre architektonische Funktion reduziert und nehmen im Raumkontext das Pittoreske der Materialwände zurück.[296]

In dieses Ensemble von Architektur als artikulierter Raumgedanke und von gestalteter Fläche als Malerei integriert Mies van der Rohe im Sinne des Dreiklangs Raum-Skulptur-Malerei van Doesburgs jeweils eine Skulptur. Diese weiblichen Aktstatuen von Bildhauern seiner Generation sind im realen oder simulierten Außenbereich der raumgreifende Körper. Im "Glasraum" steht auf hüfthohem Sockel der "Mädchentorso" 1913/14 von Wilhelm Lehmbruck; im "Barcelona Pavillon" im Wasserbecken "Der Morgen" 1925 von Georg Kolbe; und im "Berliner Bau" am Teich "Die Große Laufende" 1929, abermals von Kolbe. In ihrer Bewegung und Tektonik spiegeln die Plastiken Dynamik und

---

[295] Vgl. Mies van der Rohe 1929.
[296] In Ergänzung zu den Messebauten sind die zeitnah errichteten Wohnhäuser "Esters", "Lange" und "Tugendhat" etwa zu sehen, wobei erstere die Gestaltungsansätze in moderat, letzteres diese konsequenter zeigen.

Organisation des Raumgefüges wieder. Ihr Blick ist für den Besucher unerreichbar. Leicht überlebensgroß sind sie eindeutig Kunstwerke, verweisen den Besucher jedoch auf das subjektive Erlebnis des jeweiligen Raums.

Heute verdanken die drei mit Messeschluss abgerissenen Bauten ihren hohen Bekanntheitsgrad Mies van der Rohes Weitsicht, hochrangige Fotografen wie Lutkat mit ihrer Dokumentation zu betrauen.[297] In der gewählten Perspektive der Raumfluchten verallgemeinern diese Fotografien einen möglichen subjektiven Standpunkt im Raum. Dies zeigt der Rundgang durch den 1986 als Kopie wieder errichteten "Barcelona Pavillon". Die Außenansichten erfassen den Bau jeweils in seiner komplexen Struktur aus diagonalem oder erhöhtem Blickwinkel. Durch diesen fotografischen Blick auf seine Architektur im Verhältnis zur jeweiligen Raumrealität entwickelt Mies van der Rohe auch in Zeichnung und Modell eine unverkennbare Darstellungsweise seiner Raumgedanken. Bereits der Entwurfsprozess des "Barcelona Pavillons" dokumentiert die Spannung zwischen Raum-Vorstellung und realer Raum-Anschauung sowie später dann der Raum-Dokumentation. Da die geschilderte Raumidee das Erleben seiner Architektur voraussetzt, wäre diese Beziehung durch eine Ausstellung von Zeichnungen und Fotografien des "Barcelona Pavillons" in demselben gut nachzuvollziehen.

---

[297] Vgl. Reuter 2008.

1931 besichtigt Phillip Johnson, der fortan Mies van der Rohes Wegbereiter in den USA ist, die Berliner Bauausstellung. Zu Mies van der Rohes Bau schreibt er, es sei unmöglich, das Erlebnis der Architektur mittels Fotografie als einem der planperspektivischen Konstruktion entsprechenden Abbildungsverfahren zu dokumentieren. Die Mies'sche Innenraum-Sequenz erfordere das Abschreiten des Raums und das Erfassen der Architektur als Einheit. Dies schließe zu jeder Zeit die augenblicklich nicht einsehbaren Bereiche als Erfahrungswert mit ein.[298]

Die Verwirklichung dieser Idee beginnt 1927 mit dem "Glasraum", den Mies van der Rohe in der Endphase der ihm unterstehenden Werkbund-Ausstellung "Die Wohnung" in Stuttgart errichtet: In Zusammenarbeit mit Lilly Reich entwirft er eine Raumsequenz zur Präsentation neuer Bauprodukte der Glasindustrie.[299] Zu sehen ist der "Glasraum" Juli bis Oktober 1927 in den städtischen Ausstellungshallen am "Gewerbeplatz" und wird hier nun von seiner Entstehung 1927 bis zu seiner aktuellen Rekonstruktion genauer betrachtet.

---

[298] Vgl. Bennet u. Boneverdi 2001.
[299] Verein Deutscher Spiegelglasfabriken G.m.b.H. Köln a. Rh., vor Ort als Ausstellerin vertreten durch die Südd. Glashandels A.-G., Stuttgart-Feuerbach. Vgl. Deutscher Werkbund 1927 1, S. 91; Kirsch 1987, S. 36-38.

Die Gelegenheit, einen Architekturgedanken in ein reales Modell zu überführen wie es dem Maler mit seiner Bildvorstellung und dem Bildhauer mit seiner Körperidee vorbehalten scheint, ergibt sich für Mies van der Rohe aus einer Reihe glücklich zusammentreffender Umstände: 1923 dem Werkbund beigetreten, wird er 1925 mit dem Kunsthistoriker, Kritiker und Autor zahlreicher Schriften zur Moderne Walter Curt Behrendt zum künstlerischen Berater der Werkbund-Ausstellung "Die Wohnung" ernannt. Eine frühere Kontroverse zwischen Mies van der Rohe und Behrendt aus dem Jahre 1924, in der letzterer Mies van der Rohe des "Dualismus" bezichtigt, scheint aus dem Weg geräumt.[300] Mies van der Rohes Berufung erfolgt durch den Geschäftsführer der Württembergischen Arbeitsgemeinschaft des DWB Gustaf Stotz. Dieser sucht nach einem vielversprechenden "unbeschriebenen Blatt".[301] 1926 wird Mies van der Rohe zweiter Vorsitzender des DWBs. Sein Metier der Architektur ist in diesen Jahren der Spiegel staatlicher und gesellschaftlicher Umbrüche. Die Neuformulierung des modernen Wohn- und Arbeitsraums als täglichem Lebensraum ist "Gebot der Stunde": Die Architektur der letzten Kaiserzeit und die Periode der Zerstörung unvorstellbaren Ausmaßes allgemein in Europa und eben auch

---

[300] Vgl. Neumann 2006 2.

[301] Vgl. Kirsch 1997, S. 8. Im einem im Stadtarchiv Stuttgart vorhandenen Interview mit Mia Seeger von 1973 schildert Seeger mit Erna Stotz die Ereignisse der Werkbundausstellung "Die Wohnung" 1927. Stadtarchiv Stuttgart Signatur: 2068 mit FM 8 Nachlass Mia Seeger Cat. No: TK 6 Teil 1 (63:10) und 2 (63:30) Aufnahmedatum 6/73.

in Deutschland 1914-24 mit Millionen Toten durch Krieg, Hungersnot, Epidemien (besonders die Spanische Grippe) soll überwunden werden. In Deutschland ist die politische Situation nach Kriegsende und in den Folgejahren zudem schwierig durch Novemberrevolution, Abdankung des Kaisers, Ausrufen der Weimarer Republik, Besatzung, Reparationsleistungen, Inflation, Zusammenbruch der Währung und das starke Anwachsen von Kräften, die die Republik ablehnen (z. B. Ermordung von Erzberger 1921 und Rathenau 1922). Erst ab 1923 stabilisiert sich die Wirtschaft in Deutschland nach Währungsreform und Verhandlungen über die Reparationsleistungen unter Kanzler Stresemann. Doch neben aufkommendem Luxus und Wohlstand kennzeichnen nach wie vor Wohnungsnot, Armut und zum Teil Arbeitslosigkeit den Beginn der 20er Jahre. Zu den herkömmlichen Medien tritt ab 1923 der Rundfunk, der sich ab Mitte der 20er Jahre als Massenmedium an der Seite von Tageszeitungen etabliert. Der Ausbau von Infrastruktur, Elektrifizierung und die Angebote der Industrie tragen bereits zur Popularisierung der Ideen rationaler und rationeller Haushaltsführung bei. Finanz- und vor allem Wohnverhältnisse breiter Schichten gestatten jedoch den Kauf moderner Geräte und Möbel, trotz erstmaliger Ratenzahlungsregelungen, nicht. Die Idee zur Ausstellung "Die Wohnung" ist also nicht nur einer DWB-internen Dynamik verpflichtet. Es ist einfach "das Gebot der

Stunde", preiswerten, hygienischen Wohnraum zu schaffen:[302] Der metaphorische Grundstein der "Weißenhofsiedlung" ist gelegt.[303] Kontrovers diskutiert, nimmt Mies van der Rohes modern vorgeformter Bebauungsplan die Gebäuderichtlinien und die Auswahl der Architekten (auch für die sich anschließende "Internationale Plan- und Modellausstellung" sowie die Produktschau in den "Gewerbehallen") vorweg. [304] Die Gesamtaussage der Siedlung in exponierter Lage ist das eigentliche Ziel, wie Mies van der Rohe 1927 in der DWB-Zeitung schreibt: "Ist die Form wirklich ein Ziel? Ist sie nicht vielmehr das Ergebnis eines Gestaltungsprozesses? Ist nicht der Prozess das Wesentliche? Hat nicht eine kleine Verschiebung seiner Bedingungen ein anderes Ergebnis zur Folge?"[305] Eine entsprechende Architekturauffassung würde

---

[302] Kracauer 1927 1. Zur Werkbund-Ausstellung "Die Wohnung" 1927: Vgl. Deutscher Werkbund 1927 1; Deutscher Werkbund 1927 2; Die Form 1927 S. 24-25, 249-252, 258-296, 298-307; Gräff 1928; Kermer 1989; Kermer 2000; Kirsch 1987; Kirsch 1997; Stein Holz Eisen 1927 S. 43, 135, 204, 239, 328, 394, 531, 639, 663, 671, [es sind sechs weitere Artikel in der Zeitschrift erschienen, die in allen eingesehenen Ausgaben fehlten]. Vgl. auch Stadtarchiv Stuttgart: Signatur: 2068 mit FM 8 Nachlass Mia Seeger, Baurechtsakte Gewerbehalle und Erweiterungsbau D 3043/9, D 3043/10; und Signatur: Depot B Nr. C IV B5 Bd. 1 Nr. 2.
[303] Die Stadt Stuttgart nimmt sich, wie in ganz Deutschland die Großstädte, der Wohnungsfrage an und stellt das Gelände der "Weißenhofsiedlung" zur Verfügung. Durch die Wohnungsnot nach dem ersten Weltkrieg ist das Thema zur Staatsaufgabe geworden. Vgl. Kirsch 1987, S. 9-58.
[304] Das in Kooperation mit Hugo Häring bereits 1925 erstellte Modell der "Weißenhofsiedlung" arbeitet Mies van der Rohe in der Folgezeit lediglich um. Vgl. Kirsch 1987, S. 44-52.
[305] Mies van der Rohe 1927 1. Das Modell ist wohl in erster Linie ein skulpturaler Gedanke, also eine funktionale Anordnung, die sich etwa im Stile Corbusiers Gedanken um die Verkehrsanbindung macht. Die Verteilung der einzelnen Kuben im Gesamtbild erinnert an die hervorspringenden Ziegelteile am "Denkmal für Rosa Luxemburg und Karl Liebknecht" ebenso wie an die Baukörper-Ensemble seiner Landhaus-Entwürfe.

Mies van der Rohe zumindest 1925 noch gerne, wie in einem Brief an Stotz geäußert, durch "alle auf dem linken Flügel stehenden Architekten" gespiegelt sehen.[306] Die zunehmende wirtschaftliche und politische Stabilität Deutschlands öffnet das Ereignis für eine internationale Beteiligung und Ausrichtung.[307] Errichtet werden schließlich Bauten von

---

[306] "Ich bin davon ausgegangen, eine in sich zusammenhängende Bebauung anzustreben, einmal weil ich das für künstlerisch wertvoll halte, dann aber auch weil wir in einem solchen Falle nicht so sehr von den einzelnen Mitarbeitern abhängig werden. Ich habe die verwegene Idee, alle auf dem linken Flügel stehenden Architekten heranzuziehen, das würde ausstellungstechnisch glaube ich unerhört erfolgreich sein. Hierdurch könnte diese Siedlung eine Bedeutung erreichen, wie etwa die Mathilden-Höhe in Darmstadt seinerzeit erreicht hat." Ludwig Mies van der Rohe an Gustaf Stotz, Berlin 11.09.1925. Vgl. Kirsch 1987, S. 53; Kirsch 1997, S. 24.

[307] Ende Juni 1925 sieht die Württembergische Arbeitsgemeinschaft noch vor, lediglich regionale Architekten zu berufen, "die im Geiste einer den heutigen Verhältnissen angepassten fortschrittlichen und künstlerischen Form arbeiten und die mit den entsprechenden technischen Einrichtungen für den Hausbau vertraut sind". Vgl. Kirsch 1997, S. 20. Anfang September desselben Jahres schreibt Mies van der Rohe seinen zitierten Brief an Gustaf Stotz vom 11.09.1925. Vgl. Kirsch 1997, S. 24. Im Stadtarchiv Stuttgart sind zehn sukzessive, immer wieder modifizierte Teilnehmerlisten vom 24.09.1926 bis 12.11. 1926 erhalten. Vgl. Kirsch 1987, S. 53-58; Kirsch 1997. Le Corbusier wird als Vertreter des "Neuen Bauens" mehrfach diskutiert und ist letztlich mit Pierre Jeanneret mit zwei Bauten vertreten. Henry van de Velde liefert trotz mehrfacher Ernennung lediglich für den Bereich "Internationale Plan- und Modellausstellung" Beiträge. Vgl. "Internationale Plan- und Modellausstellung" - Mitteilungen der Ausstellungsleitung Nr. 1 1. Februar 1927; "Internationale Plan- und Modellausstellung Neuer Baukunst" - Mitteilungen der Ausstellungsleitung Nr. 2 15. März 1927, Stadtarchiv Stuttgart: Signatur: Depot B Nr. C IV B5 Bd. 1 Nr. 2. Künstlerische, architektonische und ideologische Vorstellungen spielen im Vorfeld der Planung und in der Kritik der "Weißenhofsiedlung" eine Rolle, was zur Verzögerung von Baubeginn und Fertigstellung aller Ausstellungsteile führt.

[307] Auflage der Stadt ist es, Stuttgarter Architekten mit einzubeziehen. Als Mitglieder des DWB sind dies Richard Döcker und Adolf G. Schneck. Hugo Keuerleber, ein "moderner" Vertreter der lokalen, aber bedeutenden Stuttgarter Schule, wird nicht beteiligt. Die erste Liste der Architekten für die "Weißenhofsiedlung" vom 24. September 1925, erstellt durch Gustaf Stotz, sieht ihn noch an Position zehn vor. Handschriftlich ist angefügt, diesen durch Henry van de Velde zu ersetzen. Bereits die zweite Liste vom 26. September von Mies van der Rohe und Häring übergeht Keuerleber, van de Velde ist an dritter

Ludwig Mies van der Rohe, J. J. Pieter Oud, Adolf G. Schneck, Le Corbusier und Pierre Jeanneret, Walter Gropius, Ludwig Hilberseimer, Bruno Taut, Hans Poelzig, Richard Döcker, Max Taut, Adolf Rading, Josef Frank, Mart Stam, Peter Behrens, Hans Scharoun. Am 1. März 1927 erfolgt der erste Spatenstich.[308] Damit ist die "Moderne der Architektur" manifestiert. Mies van der Rohe stellt den Legitimationsrahmen seiner eigenen Architektur - gerade auch seines Wohnblocks auf der "Weißenhofsiedlung" - ins Rampenlicht. Die Geschichte bestätigt die Nachhaltigkeit seiner Vorgehensweise und der Siedlung; letztere ist mit den Worten Siegfried Kracauers "lebendiges Beispiel".[309]

Das eigene Ziel scheinbar erreicht und durch geschickte Personalentscheidungen, so Werner Gräff als Presseverantwortlichen, schenkt Mies van der Rohe der Architekten-Auswahl für die "Internationale Plan- und Modellbauausstellung" noch eine gewisse Aufmerksamkeit. Die "Gewerbehalle-Ausstellung" rückt jedoch zunächst aus seinem

---

Postition geführt. Am 08. Oktober 1925 entfällt van de Velde, Keuerleber steht wieder an Postition zehn. Ein Jahr später, am 01. Oktober 1926 sind die Architekten van de Velde und Keuerleber nicht mehr genannt. Vgl. Kirsch 1987, S. 208-209.

Erwähnenswert ist, dass Keuerleber 1929/30 in Bietigheim-Bissingen eine Versuchssiedlung der DLW errichtet. Diese steht heute ebenfalls noch und wird nach wie vor von Mitarbeitern der DLW bewohnt. Vgl. Kieß 1982; Schmidt 2004. [Interview mit Roland Hellmann, ehemaliger Mitarbeiter der DLW, ehrenamtlicher Archivleiter der DLW und Bewohner eines Keuerleber-Baus in der Versuchssiedlung, Juli 2006.] Hugo Keuerleber vgl. Cramer u. Gutschow 1984, S. 112-115; Schmidt 2004. Der Nachlass Hugo Keuerlebers ist im Südwestdeutschen Archiv für Architektur und Ingenieurbau (SAAI), Karlsruhe.

[308] Dieser Umstand wird besonders bei der Abrechnung durch Richard Döcker deutlich. Vgl. Kirsch 1987, S. 202-205.

[309] Kracauer 1927 1.

Blickwinkel.[310] Als die Produktschau des "Hausgeräts" zu scheitern droht, wird Lilly Reich am 25. April 1927 als Mies van der Rohes Vertreterin berufen.[311] Sie bricht das Präsentationskonzept des simulierten Wohnraums zugunsten einer isolierten Objektbetrachtung und der Gegenüberstellung mit Vergleichbarem auf uniformierten Ständen mit weißen Wänden auf. Die Ästhetik des Ausstellungsraums wird zum Erlebnismodell. Eine respektvolle Distanz zwischen Konsument und Anbieter bzw. Produkt ermöglicht das individuelle Kombinieren von Alltagsgegenständen nach eigener Vorliebe. Auch die Gliederung nach Sachgruppen ist revolutionär und wird entsprechend zukunftsweisend bewertet.[312] Die

---

[310] Werner Gräff: Vgl. Winkler 1981. So werden etwa im Frühjahr 1927 drei Mitteilungen der Ausstellungsleitung erstellt, die zusammenfassend über den Stand der Ereignisse und Entscheidungen berichten und einschlägige Presseberichte im Sinne der Ausstellung zitierten. Vgl. Stadtarchiv Stuttgart: Signatur: Depot B Nr. C IV B5 Bd. 1 Nr. 2.

[311] Vgl. "25. April 1927, § 73 Anstellung der Frau Lilly Reich" vgl. Stadtarchiv Stuttgart: Signatur: Depot B Nr. C IV B5 Bd. 1 Nr. 2. Lilly Reich wird aufgrund ihrer langjährigen Mitgliedschaft im DWB, zahlreicher erfolgreicher Aufträge in Organisation und Ausstellungsdesign und hier ihrer ganz persönlichen Beziehung zu Mies van der Rohe auf diesen Posten berufen; ihr Honorar beläuft sich auf 1000RM monatlich - eine Verdopplung der üblichen Besoldung für einen solchen Posten. Vgl. Kermer 1989, S. 90-91; Kirsch 1987, S. 31-38.

[312] Vgl. Kirsch 1987, S. 31-38. Vgl. "25. April 1927, § 73 Anstellung der Frau Lilly Reich"; "2. Mai 1927, § 82 Hallenausstellung"; "18. Mai 1927, § 103 Instandsetzung der Gewerbehalle und der übrigen Ausstellungsbauten"; "20. Juni 1927, § 40 Beschriftung durch Hallenbuchstaben"; "23. Juni 1927, § 50 Estrichbodenbelag in den Hallen 4 und 8"; „28. Juni 1927, § 117 Stand der Halleneinrichtung"; "5. Juli 1927, § 70 Linoleumbelag in Halle 4 und 8"; "12. Juli 1927, § 84 Erstellung von Wänden in der Gewerbehalle", Stadtarchiv Stuttgart, Signatur: Depot B, Nr. C IV B5 Bd.1 Nr.2.

Beschriftung der Ausstellungshallen und -stände ist in einer eigens von Willi Baumeister entworfenen Typografie vorgenommen.[313] Lilly Reich erschafft in diesem Sinne den Posten der künstlerisch-strukturellen Ausstellungsleitung im Messekontext.

Mies van der Rohe wird seiner erstmaligen Verantwortung, eine große anspruchsvolle Ausstellung in dominierender Weise zu leiten und ihre Realisierung seinen Ideen unterzuordnen, gerecht. Seine geschickten Personalentscheidungen sprechen für seine Fähigkeit, übergeordnet und weitblickend delegieren zu können. Doch es ist eine indirekte Leistung, die Mies van der Rohe noch nicht als Künstlerpersönlichkeit mit eigenem Architektur-Stil ins Rampenlicht stellt: Die tatsächlichen Bauten seiner Architekten-Kollegen werden sein Modell der Weißenhofsiedlung überschreiben. Darunter sind auch sein Lehrmeister Peter Behrens sowie seine beiden früheren Bürokollegen Le Corbusier und Walter Gropius. Zudem richten sich diese mit zwar kleineren, aber

---

[313] Willi Baumeister gestaltet bereits auf der "Bauausstellung Stuttgart 1924" die Reklame des ausstellenden Gewerbes einheitlich, was große Beachtung findet. Vgl. Cramer u. Gutschow 1984, S. 113-114. Zur Untersuchung der Typografie von Willi Baumeister vgl. Kremer 1989; Much 1998. Bemerkenswert ist die Einordnung dieser typografischen Arbeit in das Gesamtwerk des Künstlers, da er 1927 auf der Werkbund-Ausstellung in der Schriftgestaltung in einem zeitgemäßen Sinne dem Anspruch von Rationalisierung und Typisierung exemplarisch gerecht wird. Die Idee der Individualisierung verfolgt er durch Gemälde etwa in der Le Corbusier-Villa auf dem "Weißenhofgelände". Mit der Machtergreifung des Naziregimes 1933 löst sich die klare geometrische Form und Struktur allerdings auf, bereits 1933 entstehen erste Werke einer neuen Schaffensperiode. Entscheidend ist nun die Rezeption primitiver und prähistorischer Kunst im Sinne einer Ursprungssuche, die sich etwa in der "Läufer-Serie" vor der Frage abzeichnet, ob Schriftzeichen oder Figur das eigentlich Ursprüngliche sind. Weiterhin kann seine sich verändernde Formsprache als klare Zivilisationskritik betrachtet werden. Vgl. "08.12.1951 Willi Baumeister an Paul Westheim", Paul Westheim Archiv Berlin, Signatur 33, 8.dez.51.

luxuriöseren und individuelle Wohneinheiten an das gehobene Bürgertum. Inneneinrichtung und -ausstattung mit entworfen, tragen ihre Werke ohne Etikett ihren Namen und stehen so für sie.[314] Es scheint, als habe Mies van der Rohe für einen Augenblick den eigenen Grundsatz "Less is More" im sozialen Wohnungsbau überinterpretiert und sich zu sehr darauf konzentriert, es Peter Behrens' seinerzeit hoch bewerteten Bau für die Künstlerkolonie "Mathildenhöhe" in Darmstadt 1901 gleichzutun. Denn erst wenn er die architektonisch-künstlerische Forderung seiner Zeit durch einen visionären und einzigartigen Beitrag neu formuliert, wird er dem doppelten Ruhm Behrens' nahe kommen. Erst dann wird er - vergleichbar dem "Glashaus" von Bruno Taut 1914 auf der Werkbund-Ausstellung in Köln - seine Architektur zum historischen Markstein seiner Ausstellung machen.[315]

In gewohnter Schnelligkeit erkennt Mies van der Rohe die Zeichen der Zeit im Werk der anderen und transferiert dies sofort in eine eigene Form: Am 28. Juni 1927 reichen Ludwig Mies van der Rohe und Lilly

---

[314] Ein in der Maiausgabe ausschnittweise abgedruckter Artikel der "Neuen Züricher Zeitung" Beachtung der Werkbundausstellung in der Schweiz weicht von den übrigen wiedergegebenen und vornehmlich wohlwollenden Presseberichten deutlich ab. Vgl. "Beachtung der Werkbundausstellung in der Schweiz", Stadtarchiv Stuttgart: Signatur: Depot B Nr. C IV B5 Bd. 1 Nr. 2.

[315] In der einschlägigen Literatur zu Mies van der Rohe wird vielfach auf den expressiven Charakter seines Wettbewerbbeitrags "Wabe" vor den expressionistischen Glasarchitekturen der "Gläsernen Kette" von Paul Scheerbart und dem "Glashaus" von Bruno Taut auf der Werkbund-Ausstellung in Köln 1914 verwiesen. Doch bis auf die organisch-expressive Grundrissgestaltung verneint die "Wabe" durch die volltransparenten Glasfronten, die die Idee des Verschwindens der Außenhaut des Gebäudes suggerierten, diese Analogie. Bruno Taut widmet 1914 das "Glashaus "Paul Scheerbart, der wiederum im Gegenzug im gleichen Jahr seine Aufsatzsammlung "Glasarchitektur " Bruno Taut widmete. Bekannt sind sie seit 1912 durch den "Sturm-Kreis". Vgl. Scheerbart 1986, S. 135.

Reich den Antrag für den "Glasraum" bei der Werkbund-Kommission ein:[316] Die neuesten Produkte, die transparenten, voll eingefärbten sowie ein- und beidseitig mattierten Spiegelglassegmente (Marke V.D.S.), und das hohe Niveau der Fertigungstechnik des Vereins Deutscher Spiegelglasfabriken sollen präsentiert werden.[317] In weniger als einem Monat muss aufgebaut sein. Vom 23.7. bis zum 23.10.1927 ist die DWB-Ausstellung "Die Wohnung" in Stuttgart an drei Orten entsprechend thematischer Gruppierungen geöffnet: neben der "Weißenhofsiedlung", die "Internationale Plan- und Modellausstellung Neuer Baukunst" am Schlossgarten sowie die Produktschau in den "Gewerbehallen" am Stadtgarten; darin der "Glasraum".[318]

Nach heutiger Kenntnis überliefert uns Siegfried Kracauer die einzige Beschreibung des ephemeren Bauwerks zu Zeiten seiner Existenz:[319] "In der Hallen-Ausstellung befindet sich ein merkwürdiger von Mies van der Rohe und Lilly Reich erdachter Raum. Seine Wände sind aus

---

[316] Dies revidiert Ergebnisse einer früheren Forschungsarbeit aufgrund zusätzlich aufgetaner Quellen und neuer Erkenntnisse nochmals und ist dann Basis für die Untersuchung von Mies van der Rohes Begriffe von Raum und Figur.

[317] Verein Deutscher Spiegelglasfabriken G.m.b.H. Köln a. Rh., vor Ort als Ausstellerin vertreten durch die Südd. Glashandels A.-G., Stuttgart-Feuerbach. Vgl. Deutscher Werkbund 1927 1, S. 91; Kirsch 1987, S. 36-38. Vgl. HYPERLINK http://www.tu-harburg.de/b/kuehn/lm11.html#23. Letzter Zugriff 29.12.2006. Der Verein Deutscher Spiegelglasfabriken G.m.b.H., Köln a. Rh. und die Südd. Glashandels A.-G., Stuttgart-Feuerbach, waren nicht Mitglied im DWB. Freundl. Mitteilung von Rita Wolters, Werkbundarchiv, Museum der Dinge, 11.12. 2006.

[318] Vgl. Kirsch 1987, S. 20. Vgl. "19. Juli 1927 Regelung der Ausstellungs-Besuchszeiten und der Eintrittspreise", Stadtarchiv Stuttgart: Signatur: Depot B Nr. C IV B5 Bd. 1 Nr. 2.

[319] Kracauer 1927 3. Meinen Dank an Dietrich Neumann für den Hinweis auf dieses Zitat.

milchigen und dunkelfarbigen Glasplatten zusammengesetzt. Ein Glaskasten, durchscheinend, die Nachbarräume dringen herein. Jedes Gerät und jede Bewegung in ihnen zaubert Schattenspiele auf die Wand, körperlose Silhouetten, die durch die Luft schweben und sich mit den Spiegelbildern aus dem Glasraum selbst vermischen."[320] Trotz des Ausdrucks der Faszination ist Kracauers Rezeption nicht unkritisch: "Die Beschwörung dieses ungreifbaren gläsernen Spuks, der sich kaleidoskopartig wandelt wie die Lichtreflexe, ist ein Zeichen dafür, dass das neue Wohnhaus nicht eine letzte Erfüllung bedeutet [...]."[321] Folgend skizziert Krakauer das Modell einer mehrstufigen Architekturevolution. Die Moderne entledige sich des Ornaments, ohne den eigentlichen, nun schmucklosen Baukörper neu zu entwerfen. Zwar veranschauliche der "Glasraum" jenen Moment der Transformation in eine neue, zukünftige Architektur. Doch spiegele sich auch die "Traurigkeit" dieses Irrweges in ihm wider. Das Skelett des Alten würde versuchsweise neuartig - und zwar mit Glas - gefüllt. Eine konkrete Vision einer Zukunftsarchitektur hat Kracauer allerdings nicht. Er fasst diese vorerst in der Metapher des Menschen, der "aus dem Glas steigt" zusammen. Im übertragenen Sinne kann darunter der Mensch verstanden werden,

---

[320] Die Listung des "Glasraums" im Amtlichen Katalog zur Werkbund-Ausstellung beschränkte sich auf die Nennung der Aussteller und Lieferanten. Vgl. Deutscher Werkbund 1927 1, S.91. Weitere, zeitnahe Erwähnungen leisten lediglich einen Rückblick nach Ausstellungsende auf die nicht mehr existierende Raumsequenz, in mehreren Fällen mag daher die Besprechung des "Glasraums" auf der Betrachtung der Fotografien und nicht unbedingt der Begehung vor Ort beruhen. Vgl. Die Form 1928, S. 114-117; Gräff 1928, S. 118-121; Korn 1929, S. 161-169; Mitteilungen des Vereins Deutscher Spiegelglasfabriken 1928, S. 123-124.
[321] Kracauer 1927 3.

der aus der geisterhaften Silhouette der Schatten und Spiegelbilder auf den Glasflächen hervortritt und das Glasgebäude verlässt.[322]

Diese Architekturutopie nimmt in ihrer Doppeldeutigkeit die Rezeptionsgeschichte des "Glasraums" vorweg: Mit Abriss der Raumsequenz ist sie nicht mehr zu erleben. Es sind nur noch die strengen schwarz-weißen Innenaufnahmen von Walter Lutkat aus Stuttgart-Cannstadt und der Württembergischen Bildstätte Stuttgart zu betrachten.[323] Der "Glasraum" verblasst und verstummt also mit seiner fotografischen Dokumentation von Ansichten einer menschenleeren, spärlich möblierten, streng geometrisierten Raumstruktur.

Die Vorläuferfunktion des "Glasraums" für die heute prominenteren Bauten "Barcelona Pavillon" und "Berliner Bau" hat zuletzt zwar die Aufmerksamkeit der Forschung zunehmend auf diesen frühen Messebau Mies van der Rohes gelenkt.[324] Doch zumeist wird dieser aufgrund seiner Leichtbauweise, der kurzen Existenz und der spärlichen

---

[322] Ebenda.

[323] Im Museum of Modern Art sind Korrespondenzen zwischen Mia Seeger, die im Rahmen der Werkbund-Ausstellung Schriftleiterin war, Mies van der Rohe und Walter Lutkat erhalten, in denen die Zusendung der Glasnegative an Mies van der Rohe verhandelt wird. Vgl. Museum of Modern Art New York, Archiv Mies van der Rohe, Folder #13.4 und #15.1.

[324] Wissenschaftliche Rekonstruktion und Besprechung des "Glasraums" vgl. Bertig 2007; Dzeiwior 2005, S. 37-47; Johnson 1947, S. 49, 51; Kirsch 1987, S. 36-38; Kirsch 1997, S. 14; Schink 1990, S. 236-245; Schulze 1986, S. 148-149; Tegethoff 1981, S. 66-75. Erwähnungen des "Glasraums" vgl. Dollenmaier 2006; Haag Bletter 2001; Miller 2001.

Informationslage von einer Grundrisszeichnung und acht schwarzweißen Fotografien nach wie vor als Vorbildprojekt rezipiert. Erst in jüngster
Zeit treten die architektonische Qualität sowie souveräne und wegweisende Vollendung verhalten ins Bewusstsein.

Wahrgenommen werden kann die maßgebliche Position des "Glasraums" in Mies van der Rohes Werk erst, wenn über die formelhaften,
aber zutreffenden Charakterisierungen der Zeitgenossen hinaus das
Werk in seinen subtilen Aspekten rekonstruiert ist. Wenn eine differenzierte "Vorstellung" davon zur Verfügung steht. Entscheidende Aspekte
des "Glasraums", damit der Glasarchitektur Mies van der Rohes, werden hier nun gelöst. Der "Glasraum" kristallisiert sich dabei als Schlüsselbau der Moderne heraus.

Zunächst: Welche architektonischen Voraussetzungen ermöglichen
den "Glasraum"? Wie der angrenzende und ebenfalls in Kooperation
von Mies und Reich gestaltete "Linoleum-Raum" wird der "Glasraum"
in Hugo Keuerlebers Erweiterungsbau der "Gewerbehalle" von 1925
entstehen.[325] Bekannt für seine Stuttgarter Hochhausentwürfe, ist

---

[325] Willi Baumeister bereits seit 1925 für die Deutschen Linoleum Werke (DLW) tätig, u.
a. das neue Firmenlogo entworfen, gestaltet für den Auftritt der DLW auf der Werkbund-
Ausstellung die großen Wandschaubilder und wirkt so in der Gesamtraumkomposition
mit. Vgl. Kermer 1989; Kermer 2000. Zur "Gewerbehalle" vgl. Cramer u. Gutschow 1984,
S. 112-115; Kirsch 1987, S. 38; Schmidt 2004. Das Stadtarchiv Stuttgart führt eine Bau-
rechtsakte zur "Gewerbehalle" mit Plänen des Keuerleber-Baus sowie Schriftverkehr zur
Bewilligung desBaus, Stadtarchiv Stuttgart Signatur: D 3043/9 u. D 3043/10.
Karin Kirsch nennt 1987 Hugo Keuerleber bereits als Architekten des 1925 erbauten
Hallentrakts der "Gewerbehalle". Vgl. Kirsch 1987, S. 38. Der Nachlass Hugo Keuerle-
bers ist im Südwestdeutschen Archiv für Architektur und Ingenieurbau (SAAI), Karlsruhe.
Die hier lagernde Keuerleber-Akte wurde eingesehen, es ergaben sich jedoch keine Er-
gänzungen zum Erweiterungsbau der Gewerbehalle im Vergleich zur Baurechtsakte im

Keuerlebers Architektur selbst noch neu und Beispiel eines der Moderne zugeneigten Architekten der ansonsten eher konservativen Stuttgarter Schule.[326] Insbesondere der Hallenkomplex an der Kanzleistraße, in dem "Glasraum" und "Linoleum-Raum" installiert werden, zeichnet sich durch eine wegweisende Raumauffassung und Lichthandhabung aus. Der erhaltene Querschnitt zeigt einen seitlich gestaffelten Bau mit hohem Mittelraum. Zur Kanzleistraße schließen sich zackenartige Verkaufsbüdchen an. Entlang des Innenhofs kann ein schmaler Gang rein als Wegeführung sowie als zusätzliche Ausstellungsfläche genutzt werden. Durch die Höhenverschiebung der Baukörper sind alle Hallensegmente mit Tageslicht versorgt. In den Haupträumen ergänzen Lichtklappen im oberen Wandbereich die pyramidenförmigen Glaskegel auf dem Dach. Diese bringen mit der Sonnenwanderung eine ganztätige, gleichmäßige Beleuchtung hervor.

Diese vordefinierten Innenräume zur selbsterklärenden Vorführung innovativer Bauprodukte für Innen- und Außenraum zu nutzen, ist für Mies van der Rohe Herausforderung und Chance zugleich: Durch den Schutz der Außenhalle ist ein ansonsten durch Zeichnung und Architektur-Modell gezeigter Gedanke als Architektur-Simulation zu realisieren. Ganz in Glas soll eine Sequenz von abstrahierten Wohnräumen mit angedeuteten Außenbereichen entstehen. Der "kristalle Spuk", der "Glasraum", ist geboren.

Stadtarchiv Stuttgart. Eine Anfrage im Archiv der Universität Stuttgart bei Norbert Becker fiel ebenfalls negativ aus. HYPERLINK http://www.uni-stuttgart.de/archiv/Online-Findbuecher/Bestand_SN043/index.htm. Letzter Zugriff Juli 2006.

[326] Vgl. Kirsch 1987, S. 208-209; Cramer u. Gutschow 1984, S. 112-115; Schmidt 2004.

Ein an ein geöffnetes Doppelportal erinnernder Durchgang führt vom "Linoleum-Raum" in den "Glasraum".[327] Frontal schirmt eine milchig weiße Glaswand zunächst den Eingangsbereich ab. Allerdings dringen vage Spiegelbilder und Schattenumrisse von Personen und Mobiliar dahinter wie in einem Schattentheater hindurch. Diese mischen sich mit den Spiegelbildern des Besuchers auf der hochglanzpolierten Glasfläche. Aufmerksamen Besuchern könnte die niedrige Raumhöhe der abgehängten Stoffdecke auffallen. Sie verleiht der Architektur eine ruhigere Atmosphäre und erinnert ans Flachdach. Zugleich wird so eine homogene, diffuse Beleuchtung hervorgebracht. Der Boden ist mit dunkelrotem, glänzend poliertem Linoleum ausgelegt und nimmt das Spiel der Spiegelungen und visuellen Verschachtelungen verhalten auf. Rechter Hand ist eine dreigeteilte, mausgraue Spiegelglaswand montiert. Dem fotografischen Befund folgend, erscheint diese eventuell in unterschiedlichen Transparenzen. Dies ließe dann ein stufenweises, visuelles Annähern an die dahinter platzierte Skulptur zu: Etwa auf Augenhöhe eines Erwachsenen begegnet der Blick des Besuchers dem

---

[327] Wolf Tegethoff schlägt für den Rundgang durch den "Glasraum" keine eindeutige Bewegungsrichtung vor, Tegethoffs Darstellung legt den Eingang vom "Linoleum-Raum" aus jedoch nahe. Vgl. Tegethoff 1981, S. 66-75. Franz Schulze nimmt den Eingang in den "Glasraum" vom "Linoleum-Raum " aus an. Vgl. Schulze 1986, S. 148/149. Karin Kirsch hingegen den Eingang durch die Bibliothek und damit in umgekehrter Bewegungsrichtung. Vgl. Kirsch 1987, S. 36-38. Arnold Schink integriert den Rundgang durch den "Glasraum" in das Leitwegsystem des Erweiterungsbaus der "Gewerbehalle" und folgte so der Annahme von Tegethoff und Schulze. Vgl. Schink 1990, S. 236. Dem leistet auch Yilmaz Dziewior folge. Vgl. Dziewior 2005, S. 37-47. Die vom Museum of Modern Art 2001 beauftrage Computeranimation lehnt sich in Bodenfarbe und Rundgang an die Rekonstruktion von Karin Kirsch an. Vgl. Film Bennet u. Boneverdi 2001.

Antlitz des "Mädchentorsos" 1914 von Wilhelm Lehmbruck. Dieser ist auf hüfthohem Sockel in Distanz platziert. Der Rumpf des "Mädchentorsos" zeigt im rechten Winkel zum Skulpturengesicht nach vorne ins Innere des "Glasraums". Doch ist dieser vorwärtsgewandten Bewegungsrichtung nicht nachzukommen. Verbunden mit der verschleierten Ansicht wirkt die Skulptur im angedeuteten Skulpturenhof zweifach entrückt. Sie gehört dem Inneren des Architekturkomplexes an: es ist der Verweis weiterzugehen. Die Raumfolge führt nun zunächst in entgegen gesetzte Richtung des "Mädchentorsos". Frontal deuten auf wahrscheinlich Steinboden aufgereihte Pflanzen hinter volltransparentem Glas einen Garten- oder Innenhofbereich an. Von einem Farbwechsel im Boden hin zu Schwarz angekündigt, öffnet sich rechts ein breiter Durchgang. Mit einer Wendung um 90° betritt der Besucher das Wohnzimmer.[328] Von hier aus sind nun auch das Innere und die Raumstruktur des "Glasraums" ersichtlich. Drei olivgrüne Glasscheiben zeigen sich am Ende der Gartenfront. Frontal gegenüber dringt das Mobiliar eines dahinterliegenden Raums optisch durch mausgraue Spiegelglas-Scheiben. Zugleich spiegeln diese den gegenwärtigen Raum. Rechts entwerfen wieder beidseitig mattierte Spiegelgas-Scheiben das Spiel von undefinierten Farb- und Schattenreflexen.

---

[328] Barry Bergdoll bemerkt bereits die erforderlichen 90°-Wendungen im Außenbereich des Hauses "Riehl", um von der Grundstückseingangsforte zum Hauseingang zu gelangen. Vgl. Bergdoll 2001 1. Im Entwurf haben die beim Abschreiten einer Raumabfolge erforderlichen Wendungen um 90 Grad bereits vor dem "Glasraum" eine längere Tradition bei Mies van der Rohe und sind besonders deutlich im Entwurf für ein "Landhaus in Backstein" ablesbar. Vgl. Neumann 2001.

Der schwarze Wohnzimmerboden wechselt am gegenüberliegenden Zimmerende in Breite des nächsten Durchgangs nach Weiß. Der Sitzbereich mit einem schwarzen (oder schwarzroten) Clubsessel in Leder, einem niedrigen Tisch, wahrscheinlich aus Rosenholz, und drei weißen Clubsesseln erfährt eine innerräumliche Abgrenzung wie es üblicherweise durch Teppiche erfolgt. [329] Eine hüfthohe Seilabsperrung verwehrt allerdings das Verweilen in einer niedrigeren und unbewegten Position. Vielmehr wird der Besucher auf seinem Weg vorangetrieben. Die erneute 90 Grad Wendung auf Höhe des Farbwechsels zum weißen Boden unterstreicht den von der Rückseite der weißen Clubsessel flankierten Weg zu einem weiteren Bereich des "Glasraums".[330] Beim Eintreten in das abstrahierte Esszimmer scheint die Wegeentscheidung zunächst dem Besucher überlassen. Doch der sich nun hinten rechts durch volltransparentes Glas zeigende "Mädchentorso" fordert in seine Richtung auf. Auch das weiße Linoleum setzt sich entsprechend fort. In der Mitte des Raums steht ein niedriger, möglicherweise in Makassarholz gearbeiteter Tisch. Dieser legt den Rundgang durch den Raum bis zur Skulptur gemäß den bisherigen 90 Grad Wendungen nahe.

---

[329] Im Museum of Modern Art New York ist zumindest ein Teil der Korrespondenz zwischen der Möbelfirma Walter Knoll, die die Polstermöbel des "Glasraums" liefert, und Mies van der Rohe erhalten. Am 12. August 1927 fragt Mies van der Rohe die Lieferung eines "schwarzen und rotledernen Klubsessels" an. Ist der Anfrage entsprochen worden, ist wahrscheinlich ein Leder im Farbton Bourdeaux eingesetzt. Die schwarzweißen Fotografien lassen keine klaren Farbabstufungen erkennen. Vgl. Museum of Modern Art New York, Archiv Mies van der Rohe, Weissenhof Folder #9.4.

[330] Dadurch erscheint der Ausstellungsbereich der Glasindustrie als gläserne Raumflucht, die zugleich die Idee von Glasarchitektur jenen, dem Menschen nahen Bereich der Wohnung als erlebbares "Glashaus" gestaltet.

Dem "Mädchentorso" gegenüber stehend, gibt nun die Dynamik seiner Schrittbewegung den Impuls, den eigenen Rundgang fortzusetzen. Und so überschreitet man die weiß-schwarze Grenze hin zum letzten Raum. Trotz der vergleichsweise breiten Öffnung erscheint diese durch die prägnante Kontrastierung auf Höhe des Durchgangs klarer als vorherige Raumübergänge. Nur die Wandvertäfelung in Makassarfurnier entlang der Außenmauer vom Esszimmer in die angrenzende Bibliothek, sprich entlang des Weges von der Skulpturenansicht über Eck bis hin zum Arbeitsplatz, verbindet. Der zwischen Bibliothek und Esszimmer offene Bereich ist unmöbliert. Im Schutz der mausgrauen Spiegelglas-Wand zeigt sich ein Schreibtisch mit Stuhl und rückwärtiger Regalwand. Eine letzte 90 Grand Wendung in der Raumsequenz erlaubt das Nähertreten. Vor dem Schreibtisch ist die dynamisch ineinander geflochtene, eigentlich auf Unendlichkeit angelegte Raumabfolge an einem Endpunkt angelangt. In der Realisierung eines Gebäudes ist dies ein unumgänglicher Moment: Das letzte Glied der Kette ist ohne Verbindung zu seinem logisch nächsten. Es fällt damit auf sich selbst zurück und gibt einen erneuten Anstoß in umgekehrte Richtung. (Ob die im Grundriss des Glasraums verzeichnete Doppeltür von der Bibliothek zu einem schmalen freien Durchgang zwischen den Messehallen nur als Fluchtweg oder als möglicher Ausgang genutzt wird, muss unentschieden bleiben.) Durch eine Wendung um 180° vor dem Schreibtisch verlässt man die Raumsequenz in umgekehrter Abfolge. Jeder zuvor gewonnene Eindruck kann aus entgegengesetzter Perspektive überprüft werden: Das Esszimmer öffnete sich einem frontal, die Bewegungsimpulse der entfernten Skulptur sind nun gespiegelt. Zwar könnte jetzt der schmale Weg durch das Wohnzimmer irritierend wirken. Doch es werden selten so viele Besucher gleichzeitig im "Glasraum" sein, dass der Gang in entgegensetzte Richtung genutzt werden muss.

Der schwarze, schräg ausgerichtete Clubsessel im Wohnzimmer erscheint auf dem Rückweg wie der Mittelpunkt einer Kreisbewegung. Zudem wird aufgrund der Seilabspannung das gewohnte Probesitzen durch Beobachtung ersetzt. Die Frage nach Funktionalität tritt hinter seiner Form und seiner Ästhetik zurück. Der Helldunkel-Kontrast von Boden und Wand erscheint als schwarzweiße Rahmung. Auch korrespondiert der Sessel indirekt mit der Skulptur, deren Silhouette dahinter durch das mattierte Glas dringt. In räumlicher und metaphorischer Nähe zu jenem als Kunst bereits anerkannten Objekt erhält der Clubsessel einen skulpturalen Charakter: wie die Raumsequenz ist das Mobiliar von Mies van der Rohe gemeinsam mit Lilly Reich neu entworfen. Es ist gleichermaßen Ausdruck einer neuen Gestaltung des modernen Lebensraums.[331] Mies van der Rohes Möbel erscheinen exklusiv und genießen - trotz alltäglicher Nutzung - die Bewertung des "Kunstgegenstands". Im Vestibül angelangt, dringt nun die Silhouette des Sessels in der Nähe des wieder besser zu erkennenden "Mädchentorsos"

---

[331] Der zeitgleich im Apartment-Haus in der "Weißenhofsiedlung" erstmals ausgestellte "Freischwinger MR 10" von Mies van der Rohe wird eher als avantgardistisch bewertet und feierte einen bis heute ungebrochenen Erfolg. Die "Glasraum"-Tische und die kubischen, weißen Clubsessel werden dennoch von Mies van der Rohe in späteren Projekten wieder eingesetzt. Das weiße Leder setzt Mies van der Rohe in den Stühlen "Barcelona" und "Tugendhat" wieder ein.

durch. Doch wie eingangs lässt auch jetzt die mausgraue Spiegelglas-Wand des Skulpturenhofs sein Antlitz weder heller noch klarer erscheinen. Zudem überlagert das eigene Spiegelbild die Skulpturenansicht - der erhoffte Augenkontakt bleibt Utopie.[332]

Es ist also ein Spiel von Sein und Schein, das im "Glasraum" vorgeführt wird. Ein Spiel, in dem der "Mädchentorso" als stiller Körper im Raum immer wieder neu erscheint und doch konstant bleibt. Der Körper des Besuchers wird immer wieder ins Verhältnis zum Skulpturenkörper gesetzt. Es ist ein Spiel mit den Spiegelbildern der Körper auf opaken, auf teiltransparenten und auf kristallklaren Scheiben. Es wird eine immer neue Bebilderung des "Glasraums" entworfen: Der Besucher ist, und ist doch nicht. Er sieht sich, erkennt sich aber nicht. Das eigene Spiegelbild ist - anstatt klar und voll erfassbar - immer vage und scheinbar. Der Besucher bleibt der bewegte Körper im Raum. Auch in Ruheposition wird er nur auf das eigene Sein im Raum hingewiesen. Es ist der Verweis auf den eigenen Körper und auf die eigene Raumbeanspruchung. Es ist der Verweis auf sein Verhältnis zum ihn umgebenden Raum-Körper, dem "Glasraum".

---

[332] Es baute sich eine eigene Spannung aus dem Moment der Nähe und den vor- und rückwärts weisenden Elementen der Skulptur auf; eine Spannung, die eine weitere Steigerung durch die Raumsituation erhält: Zur Rechten öffnete sich ein diagonaler, teiltransparenter Blick durch den Skulpturenraum hin zur Durchgangsöffnung vom "Glasraum" in den "Linoleum-Raum". Das abgedunkelte mausgraue Spiegelglas zum Vestibül erzeugt wie im Vestibül Spiegeleffekte: löste man den Blick von der Skulptur, erscheint ihr Gesicht als Projektion wie das eigene Spiegelbild - nebeneinander en face oder im Dreiviertelprofil. Doch das Spiel des Abdeckens des einen Körpers durch den anderen ist nun umgekehrt, jetzt überdeckt die Skulptur.

Vom Raum zur Fläche: Welchen Flächengesetzen folgt die Raumkomposition des "Glasraums"? Die zugleich projizierenden und transparenten Qualitäten von "glasklarem" wie eingefärbtem Spiegelglas zeigt Mies van der Rohe auch im Zusammenspiel von Boden- und Wandflächen: Das Wechselspiel der Bodenfarben ist auf den Wänden weitergeführt. Einmal bilden, wie im Wohnzimmer, die weißen Wände ein Gegengewicht zu den großen schwarzen Bodenarealen. Im Esszimmer knüpft dieselbe Wand dagegen an die weißen Horizontalflächen von Boden und Decke an. Auch die mausgrauen Spiegelglasscheiben zwischen Wohnzimmer und Bibliothek kontrastieren den schmalen weißen Bodenstreifen auf der einen und unterstützen den schwarzen Boden auf der anderen Seite. Gleichzeitig reflektieren sich jeweils Wand und Boden durch Spiegeleffekte. Die volltransparenten Spiegelglasscheiben vor den simulierten Außenbereichen des Skulpturenhofs und des Gartens sind als wirklicher Ausblick, vielleicht sogar bereits als Verweis auf eine steuerbare Raumöffnung zu lesen. Die drei olivgrünen Glasscheiben im Wohnzimmer und die holzvertäfelte Außenwand in Esszimmer und Bibliothek integrierten "natürliche" Farben, Grün und Braun, in das Ensemble.

Die Lebendigkeit und Wirkungskraft des "Glasraums" liegt also in den schwarzweißen Kontrasten und Dopplungen. Diese fassen die prägnanten Spiegeleffekte in ein klares Raster. Die innere Statik spielt Mies van der Rohe im Wechsel von vertikalen zu horizontalen Wand- und Bodenflächen weiter durch. Auch die vernickelten Metallfassungen der Glaswandsegmente als die eigentlichen Statikelemente der gesamten Architektur fügen sich in dieses optische Schauspiel ein. Gerade diese

Intensität verlangt nach Ruhe und Klarheit durch die Beleuchtung. Nur oberhalb der beiden simulierten Außenbereiche ist die Stoffdecke ausgespart. Das Tageslicht fällt hier direkt auf Steinfußboden, Skulptur und Pflanzen. Auf den erhaltenen schwarzweißen Fotografien sind hier die sonst im Inneren der Raumsequenz vermiedenen Schlagschatten und Lichtkegel deutlich zu erkennen.

Mies van der Rohes Raumkreation spiegelt gegenwärtige Architektur-Entwicklungen wider. Seit Beginn der 1920er Jahre formulieren van Doesburg, Gropius und Le Corbusier die Raum- und Farbauffassung der Älteren, besonders Behrens, Taut und van de Velde, zu einer Architektursprache ihrer Generation um. Dem modernen Impuls eines von der Technik abgeleiteten Formenvokabulars folgend, entwickeln sie eine geometrisierte, durch Farbe ausgedrückte Raumstruktur. Auch Gropius' und Le Corbusiers Wohnhäuser auf der "Weißenhofsiedlung" folgen diesem Prinzip: Die Grundflächen des Raums - Boden, Wand und Decke - werden zunächst als schlichte Farbfläche aufgefasst. Dadurch entsteht im Entwurf eine "malerische" Atmosphäre. Diese Raumvorstellungen stehen dann entweder in Distanz zur realisierten Architektur; oder der tatsächliche Raum erscheint flach. Van Doesburg führt dieses Konzept zu Ende: Er begreift die Grundflächen eines Raums direkt als Bildflächen, die dann konstruktiv zusammengefügt werden.
Mies van der Rohe versteht sein Tun von vorne herein als dem Raum verpflichtet. Daher ordnet er jede Fläche der Struktur und Statik seiner Räume unter. In diese eigenständigen Lösungen nimmt er Einflüsse

des modernen japanischen Wohnhauses auf.[333] 1921/22 wird ein derartiger Bau in dem von Mies van der Rohe gelesenen "Wasmuths Monatsheft für Baukunst" mit zwölf ganzseitigen Ansichten abgebildet.[334] Zu sehen ist eine differenzierte Interpretation der räumlichen Grundflächen. Es entstehen Raumareale im Raum. Diese Raum-Formulierung erprobt Mies van der Rohe im "Glasraum": Durch seine Rhythmik dunkler und heller Boden- und Wandpartien artikuliert er Raumsegmente: Ähnlich den Tatamimatten lässt er schwarze und weiße Linoleumflächen wechselseitig an Längs- und Querseite aufeinander treffen. Die feingliedrige Wandtektonik des japanischen Wohnraums inspiriert die Rhythmik der Glasformate bei Mies van der Rohe. Schmale Hochformate wechseln mit breiten Querformaten. Wie im Boden akzentuieren somit liegende gegen aufstrebende Kräfte Ruhe und Bewegung im Raum. Die statisch erforderlichen, spiegelnden Metallrahmen sind in das Raumensemble einbezogen.[335] Ihr in den Raum hinein ragendes

---

[333] Franz Schulze sieht bereits im "Haus Riehl" 1906 japanische Einflüsse: "In japanischen Wohnhäusern, die zur Zeit der Jahrhundertwende von europäischen und amerikanischen Avantgardekünstlern sehr bewundert und diskutiert wurden, findet man schmale, hölzerne Gitter, die Shoji genannt werden. Die dünnen, zerbrechlichen Streifen auf der Miesschen Wand erinnern mindestens ebenso sehr an dieses japanische Idiom wie an Pauls größer dimensionierte Umsetzung der englischen Wandtäfelungen." Schulze 1984. Fritz Neumeyer und Claudia Delank greifen diese Interpretation auf. Vgl. Delank 1996, S. 170-172; Neumeyer 1990, S. 71.
[334] O. Autorangabe Berlin 1921/2.
[335] Im Amtlichen Katalog der Werkbund-Ausstellung 1927 sind die Metallfassungen der Spiegelglaswandsegmente nicht erwähnt, obwohl diese Montagevorrichtung ebenfalls innovativ sind. Vgl. Deutscher Werkbund 1927 1, S. 91. Die Konstruktionszeichnungen Mies van der Rohes für die Metallfassungen find sich auf dem Grundrissplan des "Glasraums". Die im "Glasraum" noch vernickelten sind fortan verchromte Metallfassungen zwecks stärkerer Glanz- und Spiegelwirkung.

Profil bewirkt eine Auflösung der planen Wandfläche als Raumgrenze. Sie integrieren Wand und Raum miteinander.[336] Raumtiefe und Raumausrichtung sind so aus unterschiedlichen Perspektiven intuitiv erfassbar. Vielleicht geht sogar die abgehängte Stoffdecke auf die fernöstliche, diffus den Raum durchflutenden Lichtinszenierung zurück. Die milchig-weißen Glaswände im Wohnzimmer mögen Zitat der lichtdurchlässigen, aber blickdichten Reispapierwände sein. Sie vermitteln den sich jeweils anschließenden Raum bei gleichzeitiger Abschirmung des gegenwärtigen Innenraums.

Diese Raum-Dynamik setzt Mies van der Rohe in der Möblierung des "Glasraums" fort:[337] Im Wohnzimmer schafft die Sitzgruppe ein eigenes Raumareal. Dessen Pendant ist der simulierte Außenbereich. Dadurch wird die architektonische Einheit in verschiedene Aktionsfelder gegliedert.[338] Im Esszimmer formuliert der mittig platzierte Tisch die Struktur des Raums. Er steht der diagonalen Blickrichtung zum "Mädchentorso" entgegen. In der Bibliothek klärt der an die Außenwand angelehnte Schreibtisch den einseitigen Zugang zu Stuhl und rückwärtigem Bücherregal.[339] Auch Farbigkeit und Material des Mobiliars entsprechen der Architektur: Eine leichte Oberflächenlackierung der

---

[336] Vgl. Kirsch 1996.

[337] Die Möbel des "Glasraums" sind von der Polstermöbelfirma Walter Knoll und der Möbelfabrik Friedrich Mayer produziert. Vgl. Deutscher Werkbund 1927 1, S. 91. Die späte Planungsphase bewirkte eine verzögerte Lieferung, der "Glasraum" war erst teilmöbliert und dann vollständig möbliert zu sehen.

[338] Vgl. Schink 1990, S. 239.

[339] Wie im Wohnzimmer grenzt eine Seilabspannung die Regalwand mit Schreibtisch und Stuhl ab.

naturbelassenen Holzmöbel bringt sanfte Spiegeleffekte hervor. Die weißen und schwarzen Clubsessel integrieren sich in die schwarz-weiße Raumkomposition (wobei hier sogar ein vertikaler Körper der drei aneinander gereihten gegen einen horizontalen des einzelnen Clubsessels steht). "Unusual is the unique manner in which he has incorporated the arrangement of furniture into the over-all design. The relation of one piece of furniture to another, of one group to another, and of the groups to the walls and partitions is so carefully calculated as to seem inevitable. No other important contemporary architect cares so much about placing furniture. Mies gives as much thought to placing chairs in a room as other architects do to placing buildings around space."[340]

Der Rundgang durch den "Glasraum" bietet also ein Raumerlebnis, in dem das einzelne Raumsegment durch Boden, Wand und Raumöffnung mit dem jeweils nächsten kommuniziert und doch immer wieder selbständige, geschlossene Einheit ist. Erst die Architektur führt die einzelnen Elemente als Raum konstruktiv zusammen. Die aufeinander treffenden und voneinander strebenden Kräfte erzeugen zugleich Spannung und Gleichgewicht. Die Raumerfindung des "Glasraums" gegenüber anderen modernen Wohnhaus-Architekturen ist der Grundstein für Mies van der Rohes weiteren Erfolg: Denn Funktion, Nutzen und Struktur führt er zum Eigentlichen zurück - dem Raum an sich. 1958 äußert Mies van der Rohe dazu: "Der freie Grundriss ist eine neue

---

[340] Johnson 1947, S. 60.

Konzeption und hat seine eigene 'Grammatik' – wie eine neue Sprache."[341] Teil dieser neuen Sprache ist die Skulptur, die "Figur im Raum" bei Mies van der Rohe.

DIE FIGUR IM MIES'SCHEN RAUM: LEHMBRUCKS "MÄDCHENTORSO"

Im "Glasraum" ist der Bezug von Skulptur und Architektur so stimmig, dass die Raumsequenz als architektonische Interpretation des "Mädchentorsos" erscheint. Sie ist raumgefasster Weg, der den Besucher an die verschiedenen Sichtweisen der Skulptur heranführt.[342] Die im Wechselspiel en face und im Profil gezeigten Körperpartien von Kopf und Rumpf lassen in den beiden Frontalansichten in Vestibül und Esszimmer offen, ob die Bewegungsimpulse vergangen, gegenwärtig oder zukunftsweisend sind. Ebenso, welche der diametralen Ausrichtungen als dominant gelesen werden soll. Je nach "Sehen-Wollen" wendet der "Mädchentorso" sich also ab oder zu bzw. weist in eine bestimmte Richtung.[343] Der an eine Hautfalte erinnernde Einschnitt auf Bauchnabelhöhe unterstreicht die Mehrdeutigkeit.[344]

---

[341] Mies van der Rohe 158 in einem Gespräch mit Christian Norberg-Schulz, Neumeyer 1990, S. 406.

[342] Wie wegweisend Mies van der Rohes Raum-Figur-Konzept im "Glasraum" unmittelbar ist, reflektiert Willi Baumeister: Lehmbrucks "Mädchentorso" ist das geforderte Einzelwerk, abweichend von möglichen symmetrischen Raumpunkten platziert und "im Sinne der Bewegung des Raums an Architekturteile angelehnt." Vgl. Baumeister 1928 1.

[343] Vgl. Lepper 2005 2-5.

[344] Trotz seiner Abstraktion war der "Mädchentorso" mit einer Höhe von ca. 95 cm an reale Körpermaße angelehnt.

Blick und Bewegung, Geist und Physis des "Mädchentorsos" sind durch den Skulpturenkörper aneinander gebunden. Sie sind nun Einheit. Im Goldenen Schnitt von 1/3 zu 2/3 gegliedert, verleiht die expressive Schrittbewegung dem kraftvollen Blicken Leichtigkeit und Schwung. Das lange Haar liegt wiederum unbewegt auf Schulter und Nacken auf. Es zeigt ein Besinnen und Ruhe. Die Physiognomie des Gesichts gibt dem seelischen Innenleben des "Mädchens" nur verhalten Ausdruck. Die Augen sind weder in Blickrichtung noch Ausdruck ausmodelliert. Ebenso vage bleibt die Bewegung der Lippen. Diese Unschärfe befördert ein individuelles Verständnis der Skulptur. 1922 schreibt Paul Westheim in seiner grundlegenden Lehmbruck-Monographie: "Lehmbruck hat zu begreifen begonnen, dass es keinen Sinn hat zu erzählen, sondern dass man darstellen müsse, dass alles ungesagt ist, was nicht durch Form zum Ausdruck gebracht werden konnte. Ein Körper wird angeschaut nicht mehr auf die Wirklichkeitsverhältnisse seiner Teile, sondern auf ihre kubische Beziehung und Geltungen.[345] ... Für ihn war ebenso der Torso gar nicht das Unvollkommene, der Zustand noch vor der Lösung, vielmehr dürfte es so sein, dass er in ihm die größte Einheitlichkeit und damit die reinere Lösung gesehen hat."[346]

Die Begleitumstände von Mies van der Rohes Wahl des "Mädchentorsos" sowie dessen Provenienz vor und nach seiner Aufstellung im "Glasraum" sind gegenwärtig nicht nachzuvollziehen. Doch sprechen

---

[345] Westheim 1922, S. 33.
[346] Westheim 1922, S. 43.

die große Überzeugungskraft und langanhaltende Wirkung der Inszenierung von Raum und Figur dafür, dass Mies van der Rohe um das
gewünschte Objekt herum plant, herum "denkt".[347] Zwei weitere Projekte von Mies van der Rohe stützen dies:[348] Bereits 1912 plant er eine
dem "Mädchentorso" verwandte Skulptur, die "Große Stehende" 1910
von Lehmbruck, im Innenhof der Museumsvilla "Kröller-Müller" aufzu-
stellen:[349] dies wahrscheinlich am Kopfende des Fischteichs entsprechend dem "Mädchentorso" im "Glasraum" im offenen, durch Architektur umschlossenen Innenhof.[350] Auch hier wäre die Skulptur vom
Wohntrakt aus zu sehen. Ebenso wären nur bestimmte Betrachtungs-
winkel vorgesehen. Das Bauvorhaben bleibt allerdings Entwurf. Wahrscheinlich lernen sich Mies van der Rohe und Lehmbruck bei diesem
Anlass kennen und pflegen fortan einen direkten Kontakt - die gegen-
seitige Wertschätzung liegt nahe.[351]

---

[347] Im Grundrissplan des "Glasraums" sind weder der "Mädchentorso" noch die Grundfläche seines Sockels eingezeichnet, ebenso wenig die im Wintergarten aufgestellten
Pflanzen; auch die Sitzgruppe im Wohnzimmer ist unvollständig. Vgl. Drexler 1986.
[348] Endicott Barnett vermutet, dass Mies van der Rohe in der Galerie Flechtheim Werke
von Lehmbruck erwirbt, allerdings sind weder Zeitpunkt, noch Anzahl oder Gattung der
Objekte nachvollziehbar. Vgl. Barnett 2001, S. 96 und FN 17.
[349] Vgl. Berger 2006 3, S. 98-101; Johannes van der Wolk, 2001, S. 167; Schubert 2001.
Im selben Jahr sucht Mies van der Rohe den in Paris lebenden und seit 1910 mit Lehmbruck befreundeten Julius Meier-Graefe zur Unterstützung seines Bauvorhabens auf. Vgl.
Schulze 1986, S. 69-70. Der Kontakt von Mies und Lehmbruck ist nicht eindeutig dokumentiert, wird aber allgemein angenommen. Vgl. Berger 2006 3. Schulze 1986, S. 81.
Dazu auch Anm. 344.
[350] Vgl. Johannes van der Wolk 2001, S.166-169. Der Sockel des "Mädchentorsos" entspricht weiteren, angedachten Skulpturen-Aufstellungen von Lehmbruck im Außenbereich und im Innenhof der Museumsvilla "Kröller-Müller".
[351] Vgl. Berger 2006 3; Maruhn 2001, S. 319; Schulze 1984, S. 86. Ein erhaltenes Ma-
nuskript aus dem Jahre 1967 von Wolfgang Lehmbruck, Sohn des Bildhauers und nach

Zugriff auf eine "Skulptur" des 1919 verstorbenen Bildhauers für den "Glasraum" hat Mies van der Rohe 1927 denkbar durch den rheinländischen Kunstmäzenen Hermann Lange. Für diesen entwirft er zeitnah auch ein Wohnhaus. Es wird heute als Museum genutzt. Hermann Lange ist Gründer, Teilhaber und Vorstandsvorsitzender der Vereinigten Seidenwebereien AG, kurz "Verseidag", Krefeld. Für diese gestaltet Mies van der Rohe parallel zum "Glasraum" (mit Lilly Reich) den Auftritt "Café Samt und Seide" auf der Berliner Messe "Die Mode der Dame" (21.09. - 12.10.1927) in der Funkhalle Berlin. Daher ist ein frühzeitiger, persönlicher Kontakt mit Lange denkbar. Lange sammelt seit 1916 "die Kunst der Lebenden". Am 23.6.1943 wird Langes Büro mit sämtlichen Unterlagen zu seiner Sammlung beim Bombenangriff auf Krefeld zerstört.[352] Anhalt über die Expressionismus-Sammlung im modernen Wohnhaus bietet ein Bericht von Walter Cohen von 1930:[353] Wilhelm Lehmbruck ist mit vier Skulpturen und einem Gemälde vertreten: Im Gesellschaftsraum stehen auf Wandkonsolen aus Travertinplatten der "Torso der Großen Stehenden" 1910, die "Badende" 1913 und der "Mädchentorso" 1914. Das Zimmer der Dame zeigte die "Mädchenbüste (Büste der Großen Sinnenden)" 1913 und das Gemälde "Rückenakt" 1914. Eine Leihgabe vorausgesetzt, kann Mies van der

---

dem Tod des Vaters Schüler Mies van der Rohes, bestätigt den Kontakt - Vgl. "Typoskript Manfred Lehmbruck, Rede 1969 zur Eröffnung der Ausstellung "Bauten und Entwürfe Mies van der Rohes", im Landesgewerbeamt Baden-Württemberg, erste Fassung", Familiennachlass Christine Rotermund-Lehmbruck, Enkelin von Wilhelm Lehmbruck und Tochter von Manfred Lehmbruck (anbei unter "Quellen").

[352] Freundl. Mitteilung von Christiane Lange 16.12.2006.

[353] Vgl. Cohen 1930.

Rohe für den "Glasraum" also auf eine frühere Kompositions-Strategie in abgewandelter Form zurückgreifen und zugleich innerhalb seiner Reihe von Wohnhäusern für Sammler - Haus Perls, Haus Guben - einen neuen Kunstraum-Gedanken formulieren.[354] Zudem ist seit Renovierung und Neuhängung des Völkerkunde-Museums in Berlin 1926 allgemein eine Debatte um die Modernisierung des Ausstellungsraums entbrannt:[355] Auf höchster Kunstkritiker-Ebene diskutieren Karl Scheffler und Carl Einstein u. a., was "Kunst" und was "kunstgerechte" Präsentation sei.[356] Wieder scheinen äußere und eigene Impulse glücklich zusammen zutreffen. Mies van der Rohe formuliert den im Umbruch begriffenen "Kunst-Raum" einfach neu. Er schafft in der Unerreichbarkeit des "Mädchentorsos" innerhalb seines Glaskastens mit weißen Rückwänden den Prototyp des "White Cube".[357] Der weiße Galerieraum der Nachkriegszeit folgt der Idee einer "neutralen" Umgebung für Kunstwerke. Im Umkehrschluss wird eine Architektur formuliert, die das Kunstwerk über seinen Ausstellungsraum zu definieren sucht. Im "Glasraum" weist die Anbringung der Skulpturen-Beschriftung links in

---

[354] Die schwarzweißen Aufnahmen des "Mädchentorsos" im "Glasraum" lassen auf einen rötlichen Steinguss schließen, wie in der Sammlung Lange vorhanden.

[355] Vgl. Scheffler 1926 1. Das Gebäude des Völkerkundemuseums wird 1886 von Ende und Böckemann erbaut. Vgl. Scheffler 1926 2, S. 384. Der Umbau erfolgt unter Aufsicht des Kultusministeriums und unter Leitung des Baurat Wille. Vgl. Scheffler 1926 2, S. 385. Die Innenraumgestaltung wird von Kutschmann beaufsichtigt. Vgl. Scheffler 1926 2, S. 385. "1873 wurde das Museum für Völkerkunde gegründet. ... Während des Zweiten Weltkrieges wurde das Gebäude in der Stresemannstraße zerstört." HYPERLINK http://www.smb.spk-berlin.de/smb/sammlungen/details.php?lang=de&objID=56&p=1. Letzter Zugriff 07.11.2006.

[356] Vgl. Karl Scheffler 1926 1; Karl Scheffler 1926 2. Karl Scheffler vgl. Zeising 2006.

[357] O'Doherty 1996.

Distanz zum "Mädchentorso" ein derartiges Raumverständnis bereits auf. Wort und Kunstwerk lösen sich hier voneinander. Ein Verständnis der Skulptur ist immer neu und individuell auf dem Rundweg durch den "Glasraum" zu entwickeln.[358]

(Die beiden Exkurse zur Farbigkeit des Linoleumbodens im "Glasraum" und zum Deutsche-Linoleum-Werke Auftritt auf der Frühjahrsmesse in Leipzig 1929 können bei Interesse an dieser Stelle gelesen werden. Sie stehen am Ende der Arbeit.)

"GLASRAUM", "BARCELONA PAVILLON", "BERLINER BAU"

UND AUFBRUCH IN DIE USA

Der große internationale Erfolg der "Weißenhofsiedlung", des eigenen Apartmentbaus und des "Glasraums" verhilft Mies van der Rohe Ende der 1920er Jahre und Anfang der 1930er Jahre zu wichtigen Folgeprojekten: Neben den Stadtvillen für die Kunstsammler "Esters" und "Lange" in Krefeld und einer Villa für den Textilindustriellen "Tugendhat" in Brno wird ihm die Leitung der deutschen Beteiligung an der Weltausstellung in Barcelona 1929 und der "Berliner Bauausstellung" 1931 übertragen.

---

[358] Dass Werktitel und Autor lediglich frontal vor der Skulptur lesbaren sind, verstärkte dies: "Mädchentorso Paris - W. Lehmbruck"; oder: "Mädchentorso 1913/4 - W. Lehmbruck". Vgl. Korn 1929, S. 165. Die Beschriftungsweise von Reich und Baumeister beeinflusst hier die Kunstpräsentation.

In Barcelona errichtet Mies van der Rohe zwei zentrale Bauten. Mit dem "Elektrizitätspavillon" errichtet er seine erste Messehalle. Der "Pavillon des deutschen Reiches (Barcelona Pavillon)" ist eine Neuformulierung des "Glasraums" als Staatsrepräsentanz-Bau.

Aus der Perspektive des Aufstiegs über die äußere Treppe zum "Barcelona Pavillons" schützen zugezogene Vorhänge das Innenraumensemble. Zwei 90 Grad Wendungen führen zum Eingang: hier ist entgegen Mies van der Rohes offen konzipiertem Durchgang eine zweiflügelige Glastür eingesetzt. Dahinter öffnet sich ein großer, mit wenigen Sesseln möblierter Raum. Eine freistehende Onyx-Wand gibt dem mit einem Teppich ausgelegten Sitzbereich Rückhalt. In respektvoller Distanz ist hinter hellem, grünlichem Spiegelglas Georg Kolbes Skulptur "Morgen" 1925 zu sehen. Ihre verschleierte Silhouette verrät ihre tänzerisch anmutende Bewegung. Die Skulptur im Blick, gewinnt Mies van der Rohes Architekturgedanke durch die korrespondierenden Körper von Mensch und Skulptur seine Räumlichkeit: Der eigene Weg zur Skulptur zeichnet die Raumstruktur nach. Man geht entlang der Sitzgruppe zum offenen Innenhof mit Wasserbecken. Auf einem flachen Sockel im Wasser stehend, hebt der "Morgen" seine Arme empor und blickt dem eigenen Spiegelbild auf der Wasseroberfläche entgegen. Vom Rückweg in den Innenraum aus öffnet sich der Weg entlang der Rückseite des Gebäudes zum großen, offenen Hof mit Wasserbecken. Rechts steht zudem ein zweiter, kleinerer Bau. Man geht also weiter und lässt den "Morgen" hinter sich, der jeden Blick zurück mit seiner ruhigen Anmut beantwortet. Die Beziehung der Figur zu ihrem Raum wirkt harmonisch und natürlich.

Mies van der Rohe spiegelt die Aussagekraft seiner Architekturform im Material. Glaswände und Stahlträger als modernste und innovativste Baustoffe bindet er an den ursprünglichsten, den Stein, zurück:[359] Das rötliche Onyx der (polierten) Innenraumwand korrespondiert mit dem grünen Tinosmarmor im Skulpturenhof, dem (polierten) Vert antique und dem (unpolierten) römischen Travertin in Innen- und Außenbereich.[360] Wie wegweisend Mies van der Rohes Verbindung von Tradition und Moderne, von Raum und Figur im "Barcelona Pavillon" ist, zeigt bis heute die Kritik: Während der ursprünglichen Existenz des Baus heißt es 1929 "Das Vorwiegen der Horizontalen und die eigenartig freie, ungezwungene Verbindung der beiden wichtigsten Horizontalebenen (des Fußbodens und der Decke) durch die senkrechten Bauteile scheint einem Hauptgestaltungsprinzip der neuen Musik, dem "linearen Kontrapunkt" zu entsprechen."[361] Der spätere Mies van der Rohe Schüler Werner Blaser hält 1996 fest: "Die Harmonie der Proportionen, das sensibel ausgewählte Material, Gefüge und Raum sind im Barcelona Pavillon zu hoher Einheit integriert, die eine neue Raumsprache schuf. Die wenigen Möbel haben die Wirkung von Plastiken. Nichts ist zuviel, alles dem Ganzen untergeordnet."[362] Über die

---

[359] Konrad Werner Schulze sieht die Verwendung von Stahl, Glas und Einsenbeton als Forderung der Zeit, deren innere Gründe soziale seien, deren ästhetischer Einsatz erst logische Konsequenz auf zweiter Ebene sei. Vgl. Schulze 1930 3, S. 5-7.

[360] Das verwendete Glas wird hier mit "flaschengrün" vor dem Wasserbecken, "dunkelgrau" hin zum Hang, "durchsichtigem Spiegelgas" an der Eingangsfront benannt. Vgl. Mies van der Rohe 1929.

[361] Genzmer 1929, S. 46.

[362] Blaser 1996, S. 90.

Namensgebung des "Barcelona Pavillons" sucht Blaser auch die räumlich-architektonische Eigenheiten sowie die Inspiration und Intention des Baus zu charakterisieren: "Der Pavillon - von "papilio", spätlateinisch: das "Lustzelt" - ist ein freistehendes, vielfach offenes Gebäude, in der Regel mit der Natur oder dem Landschaftsgarten verbunden. In die Vegetation sich einpassende Wände und das Spiel fließenden Wassers sind deutliche ästhetische Komponenten aus der Umgebung, die die Schönheit des Pavillons hervorheben. Er ist ein Ort der Entspannung, des Sich-Zurückziehens, der Stille. ... Diese Bauten zeigen uns wieder die verloren gegangene Übereinstimmung von Leben und Im-Raum-Sein, die Einbeziehung des Außenraums und die ehrfurchtsvolle Beziehung zur Natur."[363] Der respektvolle Verweis auf andere Kunst- und Architekturformen zeigt die Erkenntnis, dass der Mies'sche Raum dem Architektur-Erleben vorbehalten sei. Mies van der Rohe formuliert durch den "Barcelona Pavillon" 1929 die "geistigen Zusammenhänge" seiner Zeit.[364] Die Figur im Raum und der Mensch sind feste, integrale Elemente. Von diesen geht Mies van der Rohe aus und an sie richtet er sich. Seine Architektur artikuliert seine moderne Staats- und Gesellschafts-Auffassung. Kolbes "Morgen" repräsentiert den modernen Menschen und die traditionell-moderne Bildhauerei (gewiss auch eine Aufwertung von Kolbes Werk). Die Blüte der Weimarer Kultur setzt 1929 durch Mies van der Rohes Werk in Barcelona international neue Maßstäbe. Er zeigt die Nähe von Staat, Kunst und Wirtschaft in für die

---

[363] Blaser 1996, S. 90.
[364] Vgl. Schulze 1930 3, S. 5.

Moderne einzigartiger Weise. Von Schnitzlers finanzieren in Absprache mit der deutschen Regierung zugleich privat und aus Mitteln von IG-Farben den "Barcelona Pavillon".[365] Der übrige deutsche Auftritt in Barcelona ist unter Mies van der Rohes Federführung gleichermaßen repräsentativ und international wegweisend.

Ein weiterer internationaler Erfolg wird seine "Berliner Bauausstellung" 1931. Erneut errichtet Mies van der Rohe den die Moderne am nachhaltigsten prägenden Bau der Ausstellung: seinen "Berliner Bau". Dieser ist einstweiliger Höhepunkt in Mies van der Rohes architektonischer Interpretation des modernen Lebensraums.[366] Hier transformiert er im "Glasraum" Erprobtes in eine endgültige Architektur sowie den Staatsgedanken des "Barcelona Pavillons" in eine Gesellschaftsfrage. Er formuliert die Lebenshaltung des modernen Menschen räumlich. Und: Als Dialog-Partnerin über seine Architektur und Pendent seiner klaren Formen integriert er wieder die weibliche Aktskulptur: Im gewohnt asymmetrischen Raum- und Bewegungsgefüge steht sie wieder im Zentrum der Rotation. Sie ist abermals Ruhepunkt des fließenden Raums.[367] Im halboffenen Vorhof an der Schlafzimmerfront ist Kolbes "Große

---

[365] Vgl. Neumann 2006.

[366] Vgl. Johnson 1947, S. 88-93; Lotz 1931; Miller 2001; Pavel 2006 3; Schink 1990, S. 303-306; Schulze 1986, S. 188-191; Tegethoff 1981, S.110-125; O. Autorangabe Berlin 1931.

[367] Das "Haus Tugendhat" bleibt in der Raum-Skulptur Betrachtung hier unerwähnt, da die Entscheidung für den "Mädchentorso" von der Familie Tugenhat getroffen wird, Mies van der Rohe favorisiert eine Kolbefigur. Die Aufstellung des Torsos kann deshalb nur bedingt als Mies'sche Komposition gelesen werden. Vgl. Hammer-Tugendhat u. Tegethoff 1998.

Laufende" 1928 auf einem flachen Bodensockel platziert.[368] Durch die zusätzliche Erhöhung wirkt ihre Schrittbewegung wie ein Herabsteigen in jenen Raum, in dem man direkt auf sie zugehen kann.[369] Doch über zwei Meter hoch, schaut die "Große Laufende" auf ihren Sockeln über einen hinweg. Dadurch strahlt sie Diskretion und vornehme Anmut aus. Welche Bedeutung die Figur für den Mies'schen Raum hat, zeigt eine Nachtaufnahme der "Großen Laufenden" im Vorhof seines Baus: Auch im nicht belebten Raum etwa nach dem Ende der Besuchszeit erhält sie den Bezugsrahmen zum Menschen. Ihr Schattenprofil wird auf die zu ihr rückwärtige Wand geworfen. Das Bild der sich scheinbar von ihrem Schattenbild entfernenden Skulptur spiegelt sich im Wasserbecken am Kopfende des Grundstücks.[370] Was sich hier erneut als Figur-Raum-Komposition zeigt, fasst Wolfgang Kemp in seiner Rezeptionsästhetik zusammen: "Das Kunstwerk ist als intentionales Gebilde für Betrachter konzipiert, das gilt für alle Werke, auch für diejenigen, die Außenbezüge scheinbar verneinen. ... Jedes Kunstwerk ist adressiert, es entwirft seinen Betrachter, und es gibt dabei zwei Informationen preis, die vielleicht, von einer sehr hohen Warte betrachtet, identisch sind: Indem es mit uns kommuniziert, spricht es über seinen Platz und seine Wirkungsmöglichkeit in der Gesellschaft, spricht es über sich selbst."[371]

---

[368] Vgl. Berger 2006 4, S. 117.
[369] Vgl. Pavel 2006 3, S. 114.
[370] Vgl. O. Autorangabe Berlin 1931, S. 245.
[371] Kemp, 1992, S. 22.

Den Begriff der "Architektur" nimmt Mies van der Rohe erst spät an. Er spricht vorzugsweise von "Baukunst", um den künstlerisch-ästhetischen Aspekt seines Tuns hervorzuheben. Neben dem gerade vollendeten "Haus Tugendhat" versteht Mies van der Rohe seinen "Idealbau" in Berlin als gegenwärtige Idealformulierung des modern-traditionellen Lebens- und Arbeitsraums für das gehobene Bürgertum. Für dieses baut er schon seit 1906: "Haus Riehl" 1906/7, "Haus Perls" 1911/12, "Haus Werner" 1912/13, "Haus Urbig" 1915-17, "Haus Eichstädt" 1921-23, "Haus Wolf" 1925-27. Der Sinn eines allgemeinen, vom Architekten frei als reale Architektur artikulierten Baugedankens ist mit dem "Berliner Bau" vollendet. Dieser begründet durch Phillip Johnsons Rezeption desselben Mies van der Rohes Karriere in den USA. Von nun an sucht Mies van der Rohe für diesen Gebäudetypus wieder das Spezifische des individuellen Auftraggebers und einer natürlichen Umgebung. Die zahlreichen Hofhausprojekte aus seiner Direktorenzeit am Bauhaus 1930-33 bis zu seiner Emigration in die USA 1937/38 entwickeln zwei zentrale, vom "Glasraum" an erprobte Entwurfsgedanken weiter: Wie sind in einem nach außen hin geschlossenen, rechteckigen Bereich Innen- und Außenräume so anzulegen, dass sich sinnvolle Konfigurationen ergeben? Mies van der Rohe legt die Räume in Richtung Tageslicht an und öffnet sie zum Innenhof und Garten durch große Glasfronten. Das neuartige Spiegelglas "als Spender von Licht und Sonne und Vermittler von Innen- und Außenraum" wird raumhoch eingesetzt.[372] Dazu verlagert Mies van der Rohe alle tragenden und

---

[372] Schulze 1929 2, S. 13.

statischen Funktionen auf massive Außenwände und Säulen im Innenraum. Er begreift die Innenraumwand als vertikale Fläche, die in Klees Sinne gegen die horizontalen Raumfluchten von Boden und Decke steht. Optisch bezieht sie sich damit auf die Außenwände sowie die einsehbaren Außenräume. Räumlich klärt sie den Bewegungsfluss, schafft Plätze und Orte im Raum.[373] Allein das Mobiliar, die Skulpturen sowie Bilder an den Wänden unterteilen diese im Lot durchlaufenden Flächen.

Zunächst setzt Mies van der Rohe als Wände pittoresk wirkende Stein- und Holzvertäfelungen mit großzügigen, organischen Strukturen ein: die Makassarwand im "Glasraum", die Onywand im "Barcelona Pavillon" und wieder Makassarholz im "Berliner Bau". Diese "künstlerische" Anmutung artikuliert er spätestens im Entwurf "Haus Ulrich Lange" als auf Raumhöhe vergrößertes Gemälde.[374] Dem eigenen Kunstgeschmack und der Ästhetik der Holz- und Steinmaserung folgend, setzt er bevorzugt Werke von Klee ein.

Malerei, Skulptur und Architektur in ihrem jeweils Spezifischen durch den eigenen Raum erfasst, wendet Mies van der Rohe sich zugleich zurück nach außen. Er tritt metaphorisch einen Schritt zurück wie der Maler von der Leinwand, um die Fernwirkung und das eigene Werk als Einheit zu betrachten. Aus dieser Perspektive klären die Figur im Raum

---

[373] "Die ornamentale Behandlung der Decke, die früher so beliebte Stuckdekoration, ist verschwunden und die optische Trennung von Wand und Decke häufig durch einheitliche Behandlung aufgehoben, so dass beide als gleichwertige Begrenzungsflächen des kubischen Raums empfunden werden." Wedepohl 1930, S. 117.
[374] Vgl. Neumann 2008.

und die pittoreske Innenwand seine Räume und Raumkonfigurationen. Durch sie richtet sich die Architektur auf bestimmte Blickachsen und Bewegungsrichtungen aus. Der Raum selbst kann wieder symmetrisch sein. Mies van der Rohe besinnt sich im Sinne einer Kontinuität auch auf die architektonischen Errungenschaften von Klassizismus, Jugendstil, Barock und Biedermaier. Er überschreibt die mitformulierte Zwischenposition einer asymmetrischen, dezentralen Raumauffassung im "Neuen Bauen".[375] Bereits im "Haus Lemke" 1932/33 baut er raumhohe Sprossenfenster aus Quadraten als ein auf sein Zentrum ausgerichtetes Flächenmaß wieder ein. Das Schinkelsche Bestreben einer zugleich zentralperspektivischen und individuellen Architektur löst Mies van der Rohe für seine Zeit.[376] Ein kleiner Zettel mit einer handschriftlichen Notiz - "Welcher Sinn sollte darin liegen in Köln die Welt noch einmal aufzubauen" - drückt Mies van der Rohes Bewusstsein für seine architektonische Errungenschaft aus. Eine weitere Architektur-Messe "Unsere Neue Zeit", die ihm erneut durch den DWB für Köln in noch größeren Dimensionen angetragen wird (und aufgrund der Weltwirtschaftskrise ohnehin entfällt), erscheint ihm redundant. Sein Ort ist die Welt, seine geistige Entscheidung sind die realen, die Geschichte nicht nur schreibenden, sondern auch überdauernden Architekturen.

Etwa zehn Jahre später, bereits in den USA lebend und das eigene Werk weiterentwickelnd, hält Mies van der Rohe im Zusammenhang

---

[375] Vgl. Van Doesburg 1923.
[376] Bis 1921/22 zeigen Mies van der Rohes Projekte noch eine zentrale bzw. im Raumgefüge symmetrische Aufstellung von Skulpturen. Auch die Fassadengliederung weist mitunter symmetrische Gestaltungsansätze auf. Vgl. Sudhalter 2001; van der Wolk 2001.

mit dem Entwurf "Museum für eine kleine Stadt" 1942 fest: "Die gleiche räumliche Freiheit genießen die im Inneren aufgestellten Skulpturen, denn die offene Raumgestaltung erlaubt es, sie vor dem Hintergrund der umgebenden Berglandschaft zu betrachten. ... Hier kann es [Guernica] zur vollen Geltung kommen und zugleich ein raumbildendes Element werden, das sich vor einem wechselnden Hintergrund abhebt. ... Dieses Konstruktionsprinzip macht es möglich, einen Bau aus nur drei Grundelementen zu errichten - aus Bodenscheiben, Stütze und Dachplatte. ... Den Außenraum teilen freistehende Steinwände in hofartige Räume und Terrassen."[377]

RETROSPEKTIVE IM MoMA 1947 UND "SEAGRAM BUILDING"

Vier Jahre später wandelt Mies van der Rohe während seiner ersten Retrospektive im MoMA den 21 x 21 m großen Ausstellungsraum in seinen Museumsraum um:[378] Fotos von Bauten und Entwürfen erscheinen fast raumhoch an Außen- und freistehenden Innenraumwänden. Ein weiteres Erdachtes wird Architektur und ebenso weltweit wegweisend wie seine Wohn- und Lebensraum-Architekturen. Phillip Johnson assistiert und verfasst die erste, bis heute gültige Mies-Monographie. Alfred J. Barr holt so jenen Architekten ins Haus, den er schon Ende der 1930er Jahre den Trusties für den neuen Skulpturengarten

_____

[377] Vgl. Neumeyer 1990, S. 385-386.
[378] Vgl. Riley 2001 1.

vorschlägt; diese wünschen allerdings Phillip Johnson als New Yorker Architekten.

Erdachtes und Gebautes positioniert Mies van der Rohe gleichwertig nebeneinander, konfrontiert es miteinander. Seine Immigration 1937/38 wählt er als metaphorische Spiegelachse: fünf Projekte der europäischen Schaffenszeit stehen fünf der amerikanischen gegenüber; die frühen als raumhohe Fotowände, die späteren als Modelle auf Sockeln im Raum. Das gerade Ferne aus der Alten Welt wird als Gegenwärtiges und Existierendes formuliert, die Besucher im Ausstellungsraum scheinen in Mies van der Rohes Räumen zu sein, etwa im "Barcelona Pavillon". Das Ausstellungs-Mobiliar ist teils direktes Zitat aus den Bildern. Durch diese Präsenz seiner Architektur und die Suggestion von Räumlichkeit jenseits der Bildflächen formuliert Mies van der Rohe die eigenen Modelle als seine Skulpturen in seinen Räumen: Der skulpturale Gedanke der Landhäuser in "Eisenbeton" und in "Backstein" sowie des "Weißenhof-Modells" ist aktuell. Seine wandgroß gezeigten Zeichnungen der frühen Projekte sind seine Bilder: Hochhaus "Friedrichstraße", Glashochhaus "Wabe". In der prominenten Platzierung des "Friedrichstraßen"-Entwurfs auf der Eingangsachse artikuliert Mies van der Rohe sein Vorhaben: er möchte das Hochhaus der Moderne hier und jetzt in New York formulieren.

Diesen Gedanken realisiert er 1954-58 im "Seagram Building". Es wird die Zusammenfassung sämtlicher im MoMA 1947 gezeigten Gedanken und Architekturen Mies van der Rohes: neben den zwei Hochhausentwürfen aus Europa weiterhin das "Haus Kröller-Müller" 1912/13, das "Bürohaus aus Beton" 1923, das "Denkmal für Karl Liebknecht und

Rosa Luxemburg" 1926, der "Barcelona Pavillon" und das "Haus in den Bergen" 1934 - ein nichtrealisiertes eigenes Wohnhaus. Durch Modelle und Collagen ausgestellt sind aus den amerikanischen Jahren die Häuser "Resor" und "Farnsworth", das "Drive-In-Restaurant", die Gruppe von Hofhäusern, Bibliotheks- und Verwaltungsgebäude IIT zu sehen.

1954-58 errichtet Mies van der Rohe dann das von Phyllis Lambert ausführlich besprochene "Seagram Building" in der Park Avenue, zwischen der 52nd und 53rd Street in New York. Mies van der Rohe stellt zur Bedingung, einen Freiplatz vor dem Gebäude mitten in Manhattan zu erhalten.[379] Tatsächlich argumentiert Mies van der Rohe in der Durchsetzung von "my first major office building" mit dem "Barcelona Pavillon" und wiederholt dessen Erfolg. Wie 1929 sieht Mies van der Rohe 1955 in ersten Entwürfen die "Liegende" von Albiker vor. Durch Ausformulierung seines Architektur-Gedankens löst er sich dann allerdings von seinen bisher favorisierten Figuren für seine Räume. Zunächst trifft er sich sogar mir Henry Moore und bespricht die Erarbeitung eines Skulpturen-Paars eigens für den Vorplatz des "Seagram Buildings". Letztlich zeichnet Mies van der Rohe selbst Skulpturenentwürfe und lässt seine abstrakten, organisch geschwungenen Plastiken aus glänzendem Material in Wasserbecken im Modell anbringen. Die Dimension des Gebäudes und seines "Hofes" erlauben Mies van der Rohe die Plastiken zugleich körperlich und räumlich aufzufassen. Vielfach größer als der Mensch und seine bisherigen Figuren im Raum, erinnern sie an kristallene Steinformationen. Ihre schillernde Oberfläche

---

[379] Vgl. Lambert 2001.

kontrastiert mit ihren weichen Konturen. Den Menschen fügt Mies van der Rohe als abstrahierte Figuren in sein Modell. Damit klärt sich sein Figuren-Begriff als Lebensformulierung. Die Rhythmisierung des Raums durch die Menschenfiguren wirkt fast spielerisch. Sie drückt Leben aus. Für Mies van der Rohe existiert kein Bau, kein Kunstwerk ohne den Menschen. 1958, im Jahr der Eröffnung des "Seagram Buildings", äußert Mies van der Rohe: "Ich trachte meine Bauten zu neutralen Rahmen zu machen, in denen Menschen und Kunstwerke ihr eigenes Leben führen können. Um das zu tun, ist eine respektvolle Haltung den Dingen gegenüber notwendig. ... Auch die Natur sollte ihr eigenes Leben leben. Wir sollten uns hüten, sie mit der Farbigkeit unserer Häuser und Inneneinrichtungen zu stören. Doch wir sollten uns bemühen, Natur, Häuser und Menschen zu einer höheren Einheit zusammenzubringen."[380]

ZUSAMMENFASSENDE GEDANKEN ZU
BECKMANN UND MIES VAN DER ROHE

Raum und Figur - Architektur und Malerei - Mies van der Rohe und Beckmann. Als Mies van der Rohe die Beckmanns 1947 in New York empfängt, zeigt er ihnen zwei Tage die Kunstmetropole. Er führt sie durch Manhattan mit der modernen Skyline, und sie sehen in den Museen die amerikanische wie die bekannte Kunst aus Europa. Kein

---

[380] Mies 1958 in einem Gespräch mit Christian Norberg-Schulz, Neumeyer 1990, S. 405.

Anderer wird von Mies van der Rohe in der "Neuen Welt" so individuell und zugleich als Kulturpersönlichkeit des 20. Jahrhunderts begrüßt.[381] Valentin und andere enge Vertraute trifft Beckmann erst in der folgenden Zeit.

Zuvor stehen Mies van der Rohe und Beckmann weder privat noch beruflich in engem Kontakt, sie nehmen aber intensiv am Lebens- und Schaffensweg des anderen teil. Sie erkennen wechselseitig ihre kulturpolitischen Leistungen und begreifen ihre Positionen in der Klassischen Moderne. Sie wissen, dass sie aus einer ähnlichen geistesgeschichtlichen Haltung gemeinsam die Begriffe von Raum und Figur in Architektur und Malerei seit 1905 neu formulieren. Sie verkörpern füreinander einen der Gegenwart und Zukunft verpflichteten Traditionsbegriff. Sie sind Kulturpersönlichkeiten von internationalem Rang. Ihre erste bewusst gesuchte Begegnung findet in der "Neuen Welt" statt und hat symbolischen Wert. Sie treffen die Person hinter dem Werk, das Pendant zu ihrem eigenen ist. Beckmann sieht Mies van der Rohes Architektur als den modernen Lebensraum und umgekehrt Mies van der Rohe Beckmanns Figuren als den modernen Menschen.

Beckmann malt die Architekturen seiner Bildwelt mit unwirklich schrägen Wänden, Säulen, Dächern und "Räumen". Er zeigt sie lediglich, oder veranschaulicht durch sie eine Wahrnehmung. Seine Erfindung

---

[381] Stehen Beckmann und Mies van der Rohe nebeneinander, sind sie sich in ihrer äußeren Erscheinung sehr ähnlich. Groß gewachsen mit erhabener Haltung, markantem Kopf und einer expressiven Gestik strahlen sie Anwesenheit aus. Als sie 1947 gemeinsam New York erleben, wissen sie nicht, wie viel Lebenszeit und welcher Schaffensraum noch vor ihnen liegen. Beckmann bleiben noch drei, Mies van der Rohe noch 19 Jahre.

sind seine Figuren, die jeden seiner Bildräume - auch den menschenleeren - bestimmen. Deswegen scheinen sich seine Räume immer zugleich zum Betrachter hin aufzulösen und in einer unendlichen Tiefe aufzugehen. Sie sind reiner Gedanke um seine Figuren, der diese erweitert, die aber erst durch den betrachtenden Menschen existieren.

Mies van der Rohe formuliert seine Architektur aus ihrer inneren Struktur. Er ordnet durch sie den ohnehin vorhandenen Raum für den Menschen. Er fügt die Raumelemente in ein klares Raster. Dabei lässt er die Raumübergänge - auch zwischen innen und außen - offen. Durch seine Räume artikuliert er die Bewegung des Menschen. Eine Richtung und einen Rotationspunkt schafft er durch fest installierte Skulpturen. Diese Figuren im Raum sind ihm zugleich Abbild des Menschen und Pendant seiner Architektur. Seine Räume existieren also wie Beckmanns erst durch den wahrnehmenden Menschen.

Beckmann und Mies van der Rohe nähern sich dem Raum in ähnlicher Weise aus entgegen gesetzter Richtung. Beide betrachten sie ihn als Ausdruck des Lebens. Der eine löst ihn dafür auf, der andere schafft ihn dafür neu. Vergleichbar behandeln sie die Figur. Beckmanns Figuren sind derart präsent, dass sie Mies van der Rohes Raum ähnlich der Skulptur und dem Menschen beanspruchen würden. Mies van der Rohes Figuren zeigen eine Bewegung, die die Ruhe von Beckmanns Figuren stören und so deren Raum beanspruchen würde.

Was sich in den Werken beider als so kohärent darstellt, ist aus einem gedanklichen Widerspruch geboren: den Raum als gegeben annehmend, begreifen sich Künstler und Architekt als Erschaffer von Raum - dem erdachten wie dem konkreten. Dabei sind mathematische

Gesetzmäßigkeiten, abgesehen von den statisch relevanten zur Realisierung des Mies-Raums, in der Genese ihrer Räume irrelevant. Vielmehr ist ihr Werk das Ergebnis von Wahrgenommenem und dann in ihr Medium Transferiertem. Sie setzen ihre geistig-physisch-emotionale Gegenwart also für das Phänomen Raum voraus - womit dieser zugleich "vor" und "nach" ihnen vorhanden ist. Wenn nun allerdings der Raum Voraussetzung des Menschen, das Denken von Raum durch den Menschen Voraussetzung für Raum ist, sind Mensch und Raum gegenseitiges Produkt. Sie stehen in einer zwingenden Beziehung zueinander, deren Qualität in der Idee einer zwingenden Einheit für Beckmann und Mies van der Rohe liegt. Diese Einheit erachten sie als Zeitunabhängig und zugleich, in ihrer jeweils spezifischen Ausprägung, als Zeichen einer Zeit. Mensch und Raum sind immer gleichzeitig, ein zeitliches Voreinander gibt es weder für Beckmann noch Mies van der Rohe. Zeit ist ihnen beziehungs- und damit sinnstiftendes Element zwischen Mensch und Raum, eine Gegebenheit formulierender Zusammenhang.

Beckmann transferiert dann seine gelebten, wahrgenommenen und gedachten Räume ins Bild. Diese geschaffenen Räume mit oder ohne das räumliche Apriori, den Menschen, schickt er durch den Raum in andere Räume - an Orte. Darin sieht er seine Idee eines räumlichen Kontinuums, das eben über den physisch verfügbaren Raum hinaus geht.

Mies van der Rohe erschafft Räume an Orten. Er definiert die gegebenen Klassifizierungen von Natur-, Stadt-, Land- und damit Kultur-Raum durch seine Räume als transhistorische Begriffe, die Ausdruck einer

Raumwahrnehmung und damit durch den Menschen veränderbar sind. Das ist sein Verständnis von Raum-Kontinuum.

Raum ist für beide also das, was vorhanden, aber von sich selbst aus nicht sichtbar beziehungsweise erfahrbar ist. Erst der Mensch verleiht Raum durch Leben Ausdruck, diesen Ausdruck nehmen Künstler und Architekt auf, zeigen ihn auf, formulieren ihn aus und neu, erschaffen Raum. Dadurch schließt sich für sie der als Einheit gedachte Widerspruch des Apriori von Raum und Mensch: Bei Beckmann bedingen sich Raum und Figur grundsätzlich gegenseitig - auch in Stillleben wie scheinbar menschenleeren Räumen zeigt er seinen individuellen Blickwinkel auf einen bestimmten Raum. Mies van der Rohe formuliert dies durch die Skulptur im Raum und dem Raum um die Skulptur. Auch von einem Standpunkt im Raum ist so sein Raum-Bild ersichtlich.

Das Zeit- und Zeiten-Bewusstsein beider geht also aus ihrer Raum-Figur/Mensch-Betrachtung hervor. Das spezifische Zusammentreffen von Raum und Mensch lokalisiert beide historisch, damit in der vom Menschen erfundenen Maßeinheit von wann und wie (= wo). Der Objektivierung dieser Bestimmung bedarf es aufgrund der individuellen und immer unterschiedlichen Wahrnehmung von Zeit. Ähnlich verhält es sich mit Ausdehnungen von Raum. Lang, kurz, davor, dahinter u. a. sind entsprechend Attribute die letztlich unspezifisch, zugleich Räumliches wie Zeitliches artikulieren können. Um diesem subjektiv geprägten und zugleich doppeldeutigen Bedeutungsraum von Zeit und ihren räumlich-zeitlichen Attributionen klärend zu begegnen, verharren Beckmanns erschaffene und Mies van der Rohes ausgewählte Figuren in einem Ruhemoment - auch bei Bewegung. Sie sind Raum, sie beanspruchen ihn, zeitlos und zeitunabhängig. Tatsächliche Bewegung benötigt Zeit, die den Menschen zwar an seinen Raum bindet, doch diesen kann er sich auch unbewegt, zeitlos aneignen. Das in Form des eigenen Werks Veräußerlichte soll "Raum" zur immer wieder neuen und individuellen Aneignung ihres Raums, einer jeweils spezifischen Verknüpfung bieten. Zur tatsächlichen Rezeption wird dies sogar zwingend. Beckmanns verharrende Figuren regen den Betrachter zur gedanklichen Ausführung der gemeinten Bewegung an. Die von Mies van der Rohes verwendeten Aktskulpturen Kolbes und Maillols offenbaren ihre Bewegung bzw. ihr Volumen nur aus der Bewegung des Betrachters heraus. Durch den kulturhistorischen Anspruch einer zeitlosen Darstellung ihrer Zeit durch ihr Werk formulieren sie also beide die rein ästhetischen Mittel einer zeitlosen Veranschaulichung von Zeit.

Blickt man nun vor diesem Hintergrund auf das Wirken von Beckmann wie Mies van der Rohe und die heutige Wahrnehmung desselben, so lässt sich sagen, dass sie ein Leben bedingt durch von ihnen Mitgestaltetes leben. Beide artikulieren sie, dass jedes ihrer Werke lediglich Ausdruck einer Idee und Formulierung einer Geisteshaltung sei. Dass ihre Gegenwart - Raum, Zeit und Lebenskultur - ihre ästhetischen Mittel wie ihre Themen bestimmt.

Malerei- und Architekturtradition erklären nur manche ihrer Formen. Ihrer beider Begriff von Individualität und die Erkenntnisse ihrer Generation sind der Zugang zu ihrem Werk. Denn während Beckmann und Mies van der Rohe ab 1912 erste eigenständige Formulierungen ihrer Gedanken entwickeln, etablieren Geisteswissenschaftler ihrer Generation Kunst- und Architekturgeschichte erst als eigenständige Disziplin:

Aby Warburg und Erwin Panofsky begründen die Ikonographie. Ihre Studien suchen die kulturellen Prägungen und Zusammenhänge vergangener Epochen zum Verständnis von deren Kultur wieder verfügbar zu machen. Panofsky beginnt mit der Erzählung des alten Kant, der erst Platz nimmt, als sein Besucher sich setzt. Er unterstreicht Persönlichkeit und Lebensbegriff jenes humanistischen Geistes, der den Menschen für die Neuzeit neu denkt: Kant lebt solange wie er im Stande ist, seine Geisteshaltung kulturell auszudrücken. Die Moderne begreift Kants Befreiung des Denkens als Formulierung seiner Individualität gemäß seiner Zeit. Er ist "einzelne Persönlichkeit" (Beckmann) - "Persönlichkeit" (Mies van der Rohe) - "Humanist" (Panofsky). Sein Leben ist die Voraussetzung seines für die Menschheit der westlichen Welt wegweisenden Werks. Daraus leiten Beckmann und Mies van der Rohe ihren Lebens- und Schaffensbegriff ab.

Bei der Frage, wie mit dieser persönlichen Prägung der Kulturwerte dann umzugehen sei, unterscheidet schon Benjamin bei Goethe zwischen "Sach-" und "Wahrheitsgehalt". Der "Sachgehalt" eines Werks sei nur den Zeitzeugen verständlich. Der "Wahrheitsgehalt" sei jenes über eine Zeit hinaus Gültige. Beides sei jedoch zu allen Zeiten durch Goethes Charakter und Biographie bedingt und letztlich nur von ihm selbst wirklich zu ergründen. "Wahrheit" und "Wahrheit" lägen so oft nah und fern zueinander. Dies zeige sich am aufkommenden Starkult in der gegenwärtigen Gesellschaft. Es würde ein Bild von "Individualität" und "Idealität" entworfen, das bedingt der tatsächlichen Person "hinter dem Gesicht" entspräche.

Diese Idee "moderner Helden" nutzen allerdings auch Beckmann und Mies van der Rohe. Sie inszenieren sich öffentlich und formulieren so ihre Künstlerpersönlichkeit mit. Sie beherrschen die Distanz zur Gesellschaft, um in ihr wirken zu können. Doch privat stellen sie sich gegen jegliche Abstraktion von Charakter und Wesen. Unter ihren Mitmenschen suchen sie nach Charakteren und richten sich an Persönlichkeiten.

Durch ihr Wirken in Werk und Person formulieren sie ihre Zeit, ihre Kultur und letztlich ihr Leben. Kant denkt die ästhetisch-formalen Größen - Raum und Figur - vor. Sie deuten diese Größen humanistisch-neuzeitlich als neuen Lebensbegriff. Dabei sehen sie sich als "Figuren" der Geschichte, in der sie "Raum" eingenommen haben: Ende der 20er Jahre vertreten sie international die deutsche Kultur. Im Nachkriegsexil in den USA erleben sie den Sieg ihres Werkes gegen die Geschichte. Hier begreifen sie daraufhin die eigenen Formulierungen von Raum und Zeit des Lebens als Aufforderung an die nachfolgenden Generationen. Bis heute werden ihre zentralen Werke aus den 20er Jahren regelmäßig kulturpolitisch diskutiert. Beckmanns "Selbstbildnis im Smoking" hat seinen Ort im Busch-Reisinger Museum gefunden. Erst vor wenigen Jahren ist die Zugehörigkeit des Gemäldes wieder Gegenstand eines transatlantischen Dialogs großer Kulturinstitutionen geworden. Die Restaurierung der Mies'schen "Tugendhat-Villa" ist der Versuch, die Zerstörungen der europäischen Kriege des 20sten Jahrhunderts in großartiger Weise, wie George Steiner schreibt, nicht allein durch Wiederaufbau, sondern auch durch Rekonstruktionen zu beheben. "Doubtless, the millimeter by millimeter restoration of the old quarters of Warsaw ... the restitution of Dresden ... the facsimile-rebirth of what was Leningrad. But as one walks amid these solid spectres, a sense of the uncanny, of utter sadness obtrudes. There is something wrong in all the rightness. As if even the perspectives of depth were only a fa-çade. It is very difficult to put into words the warmth, the aura which authentic time, time as a lived process, gives to the play of light on stone, ... In the artifice of the artifice of the reconstructed, the light has the taste of neon."[382] Oder wie Mies van der Rohe selbst sagt: "Das Sichtbare ist nur die letzte Stufe einer geschichtlichen Form. Ihre Ent-hüllung. Ihre wirkliche Erfüllung. Dann bricht sie ab. Und eine neue Welt steigt herauf."[383]

ERSTER EXKURS: ZUR FARBIGKEIT DES "GLASRAUMS"

Folgt der Besucher dem vorgeschlagenen Ausstellungs-Rundgang in der "Gewerbehalle" auf der Werkbund-Ausstellung "Die Wohnung" in Stuttgart 1927, gelangt er entlang des Innenhofs zu "Halle Sechs". Im Gang hat Lilly Reich neuste, von der Decke frei herunterhängende Vor-hang- und Gardinenstoffe arrangiert. Links gelangt man über zwei hinab führende Stufen zu "Halle Fünf", besagtem "Linoleum-Raum" von Mies van der Rohe und Reich. Großflächige, rechteckige Farbfelder in Schwarz, Weiß, Grün und Rot erstrecken sich über den gesamten

---

[382] Steiner 2004.
[383] Neumeyer 1990, S. 390.

Boden. Der letzte Schritt auf das glänzende Material mag bewusst wahrgenommen werden:[384] Das seit etwa fünfzig Jahren in matten, dunklen und oftmals gemusterten Farbkombinationen bekannte Linoleum erscheint hier nun in neuer Farbenpracht und in Hochglanz. Große Produktpaletten, der Firmennamen in großen serifenlosen Majuskeln und farbigen Schautafeln vor oder auf Wänden in hellem Gelb-Grau preisen das Linoelum an:[385] "Auf freistehenden Tafeln, jede etwa 5 qm groß, ist Linoleum in der üblichen Färbung gezeigt: nebeneinander Rot, Schwarz, Grün, Blau, Weiß. Die frischen Farben der neuen Sorten sind auf schmäleren Tafeln zusammengefasst, die teilweise von den ersterwähnten überschnitten sind. Hier leuchten Hellblau, helles und dunkleres Rot, Beige, Grau in mehreren Tönen, Gelb u.a. Eine große Wandfläche zeigt das schwarz-weiße Fliesen-Linoleum. Daneben stehen breite Panneaux mit farbigen Bahnen der neuen glatten Lincrusta-Sorten. […]In der anschließenden Ecke hängt Inlaid-Linoleum in riesigen Bahnen frei von der Decke herab."[386] Dezent ist technisches Vorführungsmaterial auf einem kubischen Sockel in der Raumtiefe ergänzt. Das eigentliche Exponat erfüllt bereits seinen Zweck. Links weist ein Durchgang zur nächsten Ausstellungshalle "Vier": aus dieser

---

[384] Das in erhaltenen Musterbüchern matt erscheinende Linoleum wird auf der Werkbund-Ausstellung 1927 durch Parkett-Bohner-Wachs Biene der Firma Dr. Julius Fuchs glänzend poliert und erhält so seinen Spiegeleffekt. Vgl. Deutscher Werkbund 1927 1, S. 77.
[385] Eine ausführliche Geschichte des Linoleum ist in dem begleitenden Katalog der Ausstellung Linoleum: Geschichte, Design, Architektur 1882 – 2000 nachlesbar. Kaldewei 2000.
[386] O. Autorangabe Ostfildern Ruit 2000.

Perspektive ist der "Glasraum" in direktem Bezug zum "Linoleum-Raum" zu sehen.[387] Wie gestaltet sich also die Farbverteilung in den beiden Räumen, die vergleichbar einem Sudoku-Spiel aus schwarzweißen Fotografien (sieben vom "Glasraum", vier vom "Linoleum-Raum"), zeitnahen Berichten und erhaltenen Linoleumproben zu rekonstruieren ist? Auf der erhaltenen, wahrscheinlich aus Mies van der Rohes Berliner Büro stammenden Grundrisszeichnung des "Glasraums" finden sich lediglich Bezeichnungen der Spiegelglas-Wände.[388] Zeitnah zur Ausstellung erwähnt lediglich Willi Baumeister 1928 In "Innenräume" roten, schwarzen und weißen Linoleumboden im "Glasraum". Dies entspricht wohl der Realität.[389] Phillip Johnson bezeichnet den Wohnzimmer-Boden im Katalogs zu Mies van der Rohes Retrospektive im Museum of Modern

---

[387] Die Nachrichten der Deutschen Linoleum-Werke von 1927 berichten zweimal ausführlich über ihren Messeauftritt in Stuttgart, allerdings mit unterschiedlichen Farbangaben: In der Septemberausgabe spricht man von "rotem", "weißem", "schwarzem" und "grünem" Bodenlinoleum. Vgl. O. Autorangabe Ostfildern Ruit 2000. Der nachfolgende Bericht korrigierte das Weiß hin zu "creme" und "grün" entfällt wie in weiteren Berichten aus der Tages- und Fachpresse. Vgl. O. Autorangabe Bietigheim 1927 2. Vgl. auch: Jenaische Zeitung, Jena, 10. August 1927 in "In- und Ausländische Pressestimmen zur Werkbund-Ausstellung Die Wohnung Stuttgart 1927", Stadtarchiv Stuttgart, Signatur: Depot B, Nr. C IV B5 Bd.1 Nr.2; Kracauer 1927 3, S. 72.

[388] In der Mitte des Grundrissplans ist eine perspektivische Raumdarstellung zu sehen, die Ähnlichkeiten mit dem "Glasraum" aufweist, jedoch in der Verteilung der Wände leichte Abweichungen zeigt. Zudem sind auf der Randfläche des Plans Konstruktions-Zeichnungen für die Metallrahmungen der Spiegelglas-Scheiben zu sehen. Vgl. Drexler 1986.

[389] Die 1928 von Werner Gräff im Auftrag des DWB herausgegebene Publikation Innenräume gibt im Verzeichnis der Abbildungen und Anmerkungen "ohne Gewähr" den Fußbodenbelag des Glasraums mit "weißem, schwarzem und rotem Linoleum der Deutschen Linoleum-Werke-A.G., Bietigheim" an. Vgl. Gräff 1928, S. 153 und 163.

Art 1947 als schwarz. Angesichts der Zusammenarbeit der beiden Architekten ist dies ein weiterer Anhaltspunkt aus erster Hand.[390] Die angeschnittene Ansicht von zugleich Wohn- und Arbeitszimmer klärt beide Bodenbeläge als einheitlich schwarz. Der weiße Belag in Esszimmer und Wohnzimmer ist selbstredend.[391] Baumeister folgend muss das Vestibül demnach mit rotem Linoleum ausgelegt sein.[392]

Zurück im "Linoleum-Raum" zeigt sich zunächst ein Widerspruch: Denn innerhalb der unmittelbaren Hallenfläche sind nur drei unterschiedliche Farbfelder auszumachen: zwei einheitliche und sehr helle, die weißen Flächen, eine sehr dunkle, die schwarze, und ein großes dunkelgraues Bodenareal. Dieses scheint sich über den Durchgang in den "Glasraum" fortzusetzen. Ist dieses grün oder rot, würde, wie die Legende des Titelseiten-Bildes der Auslandausgabe der DLW-Nachrichten mit "rotem, cremfarbenen und schwarzem" Linoleum nahe legt, eine Komplimentärfarbe entfallen.[393]

Aufgrund des Ausstellungskontextes sind die beiden "Räume" allerdings nicht gemäß einer heutigen Lesart durch die Wände inhaltlich getrennt. Das Vestibül des "Glasraums" ist ein Raumabschnitt mit doppelter Funktion. Er ist parallel in die jeweilige Produktschau von Glas

---

[390] Johnson 1947, S. 51. Vgl.: Riley 2001 1.

[391] Das vielfach verwandte weiße bzw. cremefarbene Linoleum habe sich "in die Herzen der jungen Architekten eingeschlichen". Vgl. O. Autorangabe Bietigheim 1927 1; O. Autorangabe Bietigheim 1927 2.

[392] Karin Kirsch schlägt 1987 roten Boden für Eingangsbereich und Wohnzimmer vor, wie 2001 in einem Film des MoMA zu sehen. Vgl. Bennet u. Boneverdi 2001. Einfügen Hyperlink. Vgl. Bertig 2007.

[393] O. Autorangabe Bietigheim 1927 1, S. 3.

und Linoleum integriert. Deshalb findet sich die Beschriftung des "Glas-raums" erst an der äußeren Kante der milchig-trüben Glaswand im Vestibül hin zum Wohnzimmer. Hier tritt der Besucher in den "Glasraum" ein.

Die Position des "Glasraum"-Vestibüls ist demnach ambivalent: Beim Eintreten in den "Linoleum-Raum" zeigt sich gemäß der DLW-Nachrichten von 1927 ein Raum in Vierfarb-Komposition. Die große, auf den Fotografien grau erscheinende Fläche ist innerhalb des "Linoleum-Raums" grün. Allein aufgrund der Graukonvertierung sieht sie identisch mit dem roten Linoleum im Vestibül aus.[004] Eine Schnittkante kann retuschiert sein bzw. der Boden ist schlicht einwandfrei verlegt.[395]

Doch ist Rot nicht gleich Rot und Grün nicht gleich Grün. Beide Bodentöne - grün und rot - wiederholen sich in den eindeutig identifizierbaren Wandpaletten im Hintergrund: "Die Bodenfläche mit Linoleum in den Farben Rot, Weiß, Schwarz, Grün belegt. Auf freistehenden Tafeln, jede etwa 5 qm groß, ist Linoleum in der üblichen Färbung gezeigt: nebeneinander Rot, Schwarz, Grün, Blau, Weiß." Diese sind abgelesen an erhaltenen Musterbüchern "Rot" - "pompeij-rot" und "Grün" - "dunkelgrün", auch "d-grün". Das in der Forschung oftmals auf dem Boden vermutete "hellrote" Linoleum ist nur auf den Musterpaletten zu sehen: "Die frischen Farben der neuen Sorten sind auf schmäleren Tafeln

---

[394] Zum "Linoleum-Raum " in Tages- und Fachpresse von 1927-30 vgl. Kermer 1989, S. 88-101. Der "Linoleum-Raum" ist, wie alle Hallenbeschriftungen, in Erbar-Grotesk ausgeführt. Vgl. Ebenda S. 94.
[395] Wahrscheinlich ist die Beschriftung "Halle 5" überm Durchgang zum "Glasraum" weg retuschiert.

zusammengefasst, die teilweise von den ersterwähnten überschnitten sind. Hier leuchten Hellblau, helles und dunkleres Rot, Beige, Grau in mehreren Tönen, Gelb u.a."[396] Eine farbige, helle Bodenpartie würde die Gesamtkomposition beider Räume stören.[397] So schafft aber der dezente Komplimentärkontrast von Dunkelrot und Dunkelgrün gerahmt von Schwarz und Weiß - was um Blau erweitert an der Rückwand gespiegelt ist - einen optimale Rahmung der neuen, hellen Farbtöne: Die (creme-)weißen, selbst "farblosen" Partien reflektieren das Licht, die dunklen Oberflächen absorbierten es. Dadurch scheinen die kleinen Farbflächen in hellrot, hellgrün, hellblau und hellbeige fast zu leuchten. Die Hochglanzpolierung des Linoleumbodens unterstützt dies nochmals.

ZWEITER EXKURS: DER STAND DER DEUTSCHEN LINOLEUM-WERKE 1929 AUF DER FRÜHJAHRSMESSE IN LEIPZIG

Zwei Jahre nach dem großen Erfolg von "Glas-" und "Linoleum-Raum" 1927 in Stuttgart errichtet Mies van der Rohe 1929 auf der Frühjahrsmesse in Leipzig erneut einen Präsentationsstand für die Deutschen

---

[396] Weiter: "Inmitten des Saales sind auf langem schwarzen Sockelbau die verschiedenen für Linoleum-Belag geeigneten Fußbodenkonstruktionen in naturgroßen Modellen vorgeführt. [...]" O. Autorangabe Ostfildern Ruit 2000, S. 208.
[397] In einem erhaltenen Brief vom Linoleum-Werk in Bietigheim-Bissingen an Mies van der Rohe und Reich mitsamt zurückgesandtem frühem Entwurf des Linoleum-Raums ist von hellen Rottönen die Rede. Reich besucht das Werk danach (laut Brief geplant), entscheidet wohl erst dann die Farbtöne. MOMA

Linoleum-Werke (D.L.W.):[398] "Gleich beim Betreten der Halle [der Baumesse] durch den Haupteingang wurde das Auge gefesselt durch den großen Stand der D.L.W., der sich in der Mitte der Rückwand imponierend und eindrucksvoll aufbaute. Der Stand hatte eine Höhe von 10m, das untere Drittel war von riesigen Spiegelscheiben eingefasst. Die besondere Schönheit und Eigenheit des mächtigen Aufbaus der D.L.W., der den Mittelteil der Abteilung Baustoffe und Bauteile abschloss, beruhte auf der Wirkung dieser gewaltigen Spiegelscheiben in ihrer glänzenden Fassung. Der Stand war nach einem Entwurf des bekannten Architekten Mies van der Rohe ausgestaltet. Der Architekt hatte sich bemüht, dem großen Raum mit 180qm Grundfläche eine möglichste Einheitlichkeit zu bewahren. Nur ganz wenige Einbauten aus schmalen Tafeln bildeten die Gliederung. Die großen Kristallspiegelglasscheiben, die zwischen ganz leichten verchromten Metallstützen eingesetzt waren, bildeten eine räumliche, keine optische Trennung. Der Boden des Standes war in großen Flächen mit weißem, schwarzem und hellrotem Linoleum ausgelegt sowie ein einem Teil mit dem neuen Fußbodenbelag „Stragula". An der Wand und an freistehenden Tafeln wurden die verschiedenen Arten, Muster und Farben von Linoleum, ferner Fliesenlinoleum und Linkrustawandbelag gezeigt. Einen besonderen Anziehungspunkt bildeten naturgroße Modelle verschiedenartiger Deckenkonstruktionen mit Linoleum."[399] Zeitnah wird in

---

[398] Mein Dank hier an Roland Hellmann, ehrenamtlicher Mitarbeiter des Firmenarchivs der D.L.W. in Bietigheim-Bissingen bei Stuttgart. Die "Wiederentdeckung" dieses Messestandes von Mies ist auch ihm zu verdanken!

[399] O. Autorangabe Oldenburg 1929, S. 37-39.

219

einer Sonderbeilage der Bauzeitschrift Stein Holz Eisen unter "Ausstellungsbauten in Glas Licht Metall" Mies van der Rohes "disziplinierte Gestaltungsvermögen" hervorgehoben. Er erziele "mit den geringsten Mitteln die höchste werbepsychologische Wirkung".[400] Wesentliche Kompositions- und Konstruktionselemente aus "Glas-" und "Linoleum-Raum" sind hier zusammengeflossen:[401] Auf einer dem "Glasraum" mit 190qm vergleichbaren Grundfläche von 180qm ist 1929 innerhalb einer geräumigen, hohen Haupthalle durch klare Spiegelglaswände ein eigenständiges Ausstellungsareal formuliert - der D.L.W.-Stand.

Auf den mit 10m in voller Raumhöhe errichteten Außenwänden sind die oberen Wanddrittel als Werbefläche mit monumentalem Firmenlogo und Firmenname genutzt.[402] Die quadratischen, in verchromten Metallrahmen gefassten Spiegelglasscheiben des unteren Drittels gliedern Fassade und Innenraum. Paarweise bilden sie einen Wandabschnitt, so die Längsseiten, ein Wandsegment jeweils rechts und links des mittigen, identisch breiten Eingangs an der Frontseite. Dadurch ist die Fassade vertikal und horizontal rhythmisch dreigegliedert.[403] Der Innenraum spiegelt dies mehrfach: Die vertikale Aufteilung von 1/3 zu 2/3 scheint in den Raum gekippt. Eine große, weiße Bodenfläche über zwei Raumsegmente fängt ein kleineres, mehrfarbiges Raumareal ab.

---

[400] Vgl. Schulze 1929 1.

[401] Einzig Franz Schulze erwähnt in der Liste der Bauten von Mies den D.L.W.-Stand 1929. Vgl. Schulze 1985.

[402] Das Firmenlogo und Typografie sind die von Wille Baumeister aus dem "Linoleum-Raum" 1927. Vgl. Kermer 1989 und 2000.

[403] Ein symmetrischer Fassadenaufbau ist Ende der 1920er Jahre untypisch für Mies van der Rohe.

Rechts unterstreichen in den Raum hineinragende Produktpanelen dies. Vor der Rückwand des Messestandes stehen auf einem schmalen, dunklen Streifen quadratische Produktpanele. Im Raum ist eine flache, lange und freistehende Panele parallel zur Frontseite platziert.[404] Von außen vollständig einsehbar, erinnert die Verglasung des Ausstellungsareals an die gläsernen Schaufensterfronten der modernen Kaufhäuser. Doch ist die Messearchitektur erst beim Durchschreiten erlebbar. Auf doppelter Höhe des Spiegelglasmoduls ist wie im "Glasraum" eine Decke durch Stoffbahnen abgehängt. Links ist eine Sitzgruppe mit Mies van der Rohes legendärem Freischwinger eingerichtet. Im Raum klingen die baukünstlerischen Elemente von Mies van der Rohes Architektur Ende der 1920er Jahre an: Die freistehende, vollständig zu umkreisende Wand; Wendungen von 90 bis 270 Grad in der Bewegungsrichtung; weitläufigere im Wechsel mit verdichteteren, (bis) nahezu hermetisch geschlossene Raumpartien; die Öffnung des Innenraums zu seiner Umgebung durch volltransparentes Glas. Die Idee, einen "Raum im Raum" zu entwerfen, ist im D.L.W.-Stand 1929 doppelt weiterentwickelt: Die Hülle des Raums, die Architektur, und der eigentliche Innenraum sind wie 1931 dann auf der "Berliner Bauausstellung" als "vollständiger" Bau innerhalb einer großen, monumentalen Außenhalle realisiert. Im Vergleich zum zeitnah errichteten "Barcelona Pavillon" ist der D.L.W.-Stand von 1929 daher wichtiges Glied einer Kette im stetigen, stufenweisen Weitererproben von Grundgedanken.

---

[404] Vgl. Besprechung des "Linoleum-Raums" 1927, es sind wohl die gleichen Materialien ausgestellt.

Und er ist ein wesentlicher Beitrag zum gegenwärtigen Lebensraum des Menschen: So klingt Edgar Wedepohls Reflexion der baukünstlerische Bedeutung des nun farbenfrohen Bodenbelags für die Architektur der Moderne fast wie eine zusammenfassende Beschreibung der verschiedenen Messebauten Mies van der Rohes 1927-29: "Linoleum bietet wie auch Gummi die Möglichkeit, in materialechter Art Farbe als positiven Faktor, nicht nur als neutralen Untergrund im Raum zu verwenden. Dem neu erwachten Bedürfnis nach starken und reinen Farben entsprechen die leuchtenden Töne, die es in einfarbigem Linoleum gibt: Hellrot, das von sehr lebendiger und freudiger Wirkung ist, das intensive Chinesischblau und das tiefe Mittelblau. Statt der stumpfen braunen Töne gibt es die satteren Farben Pompejanischrot und Terrakotta, Schwarze Böden können einem stark farbigen Raum Halt und Ruhe geben und den Eindruck der Buntheit vermeiden. Böden aus elfenbeinweißem Linoleum erzeugen nicht nur eine heitere, lichte Stimmung, sondern geben auch allen Gegenständen eine besondere plastische Klarheit."[405]

---

[405] Wedepohl 1930, S. 118.

LITERATURVERZEICHNIS

- Alberti 2002
  Leon Battista Alberti, Della Pictura – Über die Malkunst, Hg. Oskar Bätschmann u.
  Sandra Gianfreda, Darmstadt 2002.
- Anderson 2000
  Stanford Anderson, Peter Behrens and a New Architecture for the Twentieth Century, Cambridge, Mass. u. London 2000.
- Alpers 1988
  Svetlana Alpers, Rembrandt's enterprise, the studio and the art market, Chicago 1988.
- Arntz 1962
  Wilhelm F. Arntz, Bildersturm in Deutschland, in Das Schönste, Mai 1962, S. 45-48; Juni, S. 30-35; Juli, S. 26-29; August, S. 36-39; September, S. 42-45.
- Aristoteles Physik, Prantl Hg. 1854
  Carl Prantl Hg., Aristotle. Aristoteles Acht Bücher Physik, Leipzig 1854
- Ausst. Kat. Albstadt
  Albstadt, Städtische Kunstsammlungen, Max Beckmann, der Zeichner, Albstadt 2001.
- Ausst. Kat. Amsterdam u. München 2007
  Amsterdam, Van Gogh Museum 2007, Max Beckmann in Amsterdam, 1937-1947, Hg. Pinakothek der Moderne, Ostfildern 2007.
- Ausst. Kat. Baden-Baden u. Freiburg 2005
  Baden-Baden u. Freiburg, Museum Frieda Burda und Museum für Neue Kunst, Max Beckmann in Baden-Baden, Gemälde, Skulpturen, Zeichnungen, Hg. Klaus Gallwitz u. Jochen Ludwig, Heidelberg 2005.
- Ausst. Kat. Bayreuth 2006
  Bayreuth, Kunstmuseum Bayreuth, auf Papier/na papíe. Beckmann, Dix, Hubbuch. Hg. Kunstmuseum Bayreuth u. Zeppelin Museum Friedrichshafen, Bayreuth 2006.
- Ausst. Kat. Berlin 1967
  Berlin, Akademie der Künste, Max Beckmann. Gemälde und Aquarelle der Sammlung Stephan Lackner, USA, und Druckgraphik aus der Kunsthalle Bremen, Berlin 1967.
- Ausst. Kat. Berlin 1978
  Berlin, Akademie der Künste, Zwischen Widerstand und Anpassung, Kunst in Deutschland 1933-1945, Berlin 1978.
- Ausst. Kat. Berlin 1983
  Berlin, Akademie der Künste, Skulptur und Macht, Figurative Plastik im Deutschland der 30er und 40er Jahre, Berlin 1983.
- Ausst. Kat. Berlin 1988
  Berlin, Staatliche Museen zu Berlin, Nationalgalerie, Das Schicksal einer Sammlung, Aufbau und Zerstörung der Neuen Abteilung der Nationalgalerie im ehemaligen Kronprinzen-Palais Unter den Linden 1918-1945, 1987[1], Berlin 1988[2].
- Ausst. Kat. Berlin 1996
  Berlin, Kolbe Museum, Aristide Maillol, Hg. Ursel Berger, u. Jörg Zutter, München u. New York 1996.

- Ausst. Kat. Berlin 1997
Berlin, Staatliche Museen Preußischer Kulturbesitz, Neue Nationalgalerie, Exil. Flucht und Emigration europäischer Künstler 1933-1945, Hg. Stephanie Barron u. Sabine Eckmann, München u. New York 1997 [=engl. Ausgabe Ausst. Kat. Los Angeles 1997].
- Ausst. Kat. Berlin 2006
Berlin, Kolbe Museum, Barcelona Pavillon. Architektur und Plastik. Mies van der Rohe und Kolbe, Hg. Ursel Berger u. Thomas Pavel, Berlin 2006.
- Ausst. Kat. Bern 2006
Bern, Zentrum Paul Klee, Max Beckmann, a dream of life, Hg. Zentrum Paul Klee u. Tilman Osterwold, Ostfildern u. New York 2006.
- Ausst. Kat. Bielefeld 1999
Koblenz, Museum Ludwig im Deutschherrenhaus, Deutschland - Frankfreich. Dialoge der Kunst im 20. Jahrhundert, Hg. Beate Reifenscheid, Bielefeld 1999.
- Ausst. Kat. Boston 1945
Boston, Institute for Modern Art, Forbidden Art in the Third Reich, Boston 1945.
- Ausst. Kat. Chemnitz 2007
Chemnitz, Kunstsammlungen, Ernst Ludwig Kirchner, die Deutschlandreise 1925/1926, von Davos nach Frankfurt am Main, Chemnitz, Dresden, Berlin, Hg. Ingrid Mössinger u. Beate Ritter, Chemnitz 2007.
- Ausst. Kat. Delmenhorst u. Stuttgart 2000
- Delmenhorst u. Stuttgart, Linoleum. Geschichte, Design, Architektur 1882 – 2000, Hg. Gerhard Kaldewei, Ostfildern Ruit 2000.
- Ausst. Kat. Düsseldorf 1997
Düsseldorf, Kunstsammlung Nordrhein-Westfalen, Düsseldorf, Max Beckmann, Die Nacht, Hg. Anette Kruszynski, Düsseldorf 1997.
- Ausst. Kat. Düsseldorf 2004
Düsseldorf, Galerie Remmert und Barth, Zwischen Verismus und Klassizismus, die Neue Sachlichkeit, Realismus der 1920er Jahre in Deutschland, Düsseldorf 2004.
- Ausst. Kat. Düsseldorf u. Basel 2005
Düsseldorf u. Basel, Kunstsammlung Nordrhein-Westfalen und Fondation Beyeler, Henri Matisse, Figur, Farbe, Raum, Hg. Pia Müller-Tamm, Ostfildern-Ruit 2005.
- Ausst. Kat. Essen 1998
Essen, Museum Folkwang Essen, Die Maler und ihre Skulpturen. Von Edgar Degas bis Gerhard Richter, Hg. Gerhard Rinkch, Köln 1998.
- Ausst. Kat. Frankfurt am Main 1981
Frankfurt am Main, Städtische Galerie im Städelschen Kunstinstitut, Max Beckmann, Die Triptychen im Städel, Hg. Klaus Gallwitz, Frankfurt am Main 1981.
- Ausst. Kat. Frankfurt am Main, Berlin u. Düsseldorf 1982
Frankfurt am Main, Berlin u. Düsseldorf, Städtische Galerie im Städelschen Kunstinstitut, Frankfurt am Main, Bauhaus Archiv, Museum für Gestaltung, Berlin u. Kunstmuseum Düsseldorf, Kunstpalast im Ehrenhof, Deutsche Kunst des 20. Jahrhunderts aus dem Busch-Reisinger Museum Harvard University, Cambridge, USA, Frankfurt am Main 1982.
- Ausst. Kat. Frankfurt am Main 1990
Frankfurt am Main, Städel Museum, Hinter der Bühne, Backstage, Max Beckmann 1950, Hg. Margret Stuffmann u. Martin Sonnabend, Frankfurt am Main 1990.

- Ausst. Kat. Frankfurt am Main 1991
  Frankfurt am Main, Städtische Galerie im Städelschen Kunstinstitut, Revision - Moderne im Städel 1906-1937, Hg. Klaus Gallwitz, Frankfurt 1991.
- Ausst. Kat. Frankfurt am Main 2004
  Frankfurt am Main, Städel Museum, German Art. Deutsche Kunst aus amerikanischer Sicht, Werke aus der Sammlung des Saint Louis Art Museums, Köln 2004.
- Ausst. Kat. Frankfurt am Main 2008
  Frankfurt am Main, Städel Museum, Max Beckmann. 8 Bronzen, Hg. Max Hollein u. Sabine Schulz, Frankfurt am Main 2008.
- Ausst. Kat. Hamburg u. München 1993
  Hamburg u. München, Hamburger Kunsthalle u. Staatsgalerie moderne Kunst München, Max Beckmann, Selbstbildnisse, Hg. Uwe Schneede u. Carla Schulz-Hoffmann, Stuttgart 1993.
- Ausst. Kat. Hamburg 2003
  Hamburg, Bucerius Kunst Forum, Max Beckmann. Menschen am Meer. Hg. Heinz Spielmann u. Ortrud Westheider, Ostfildern-Ruit 2003.
- Ausst. Kat. Halle 1985
  Halle, Staatliche Gallerie Moritzburg Halle, Museum und Gegenwart, Zum Verhältnis von zeitgenössischer Kunst und Museum in der ersten Hälfte des 20. Jahrhunderts in Deutschland, Halle 1985.
- Ausst. Kat. Hamburg 2007
  Hamburg, Hamburger Kunsthalle, Seestücke, von Max Beckmann bis Gerhard Richter, Hg. Felix Krämer, Martin Faass u. Hubertus Gassner, München 2007.
- Ausst. Kat. Hannover 1998
  Hannover, Sprengel Museum Hannover, Circus Beckmann. Werke aus dem Sprengel Museum Hannover, der Sammlung Ahlers und internationalen Sammlungen, Hannover 1998.
- Ausst. Kat. Köln 1982
  Köln, Josef-Haubrich-Kunsthalle, Kubismus, Hg. Siegfried Gohr, Köln 1982.
- Ausst. Kat. Köln 1984
  Köln, Josef-Haubrich-Kunsthalle, Max Beckmann, 1884-1950, Hg. Siegfried Gohr, Köln 1984.
- Ausst. Kat. Köln 1984 2
  Köln, Josef-Haubrich-Kunsthalle, Skulptur des Expressionismus, Hg. Stephanie Barron, München 1984.
- Ausst. Kat. Köln 1988
  Köln, Museum Ludwig Köln, Pablo Picasso im Zweiten Weltkrieg, Hg. Siegfried Gohr, Köln 1988.
- Ausst. Kat. Köln 1991
  Köln, Museum Ludwig, Die Hand des Künstlers, Hg. Siegfried Gohr, Köln 1991.
- Ausst. Kat. Köln 2005
  Köln, Museum Ludwig, Max Beckmann, Fernand Leger, unerwartete Begegnungen, Köln 2005.
- Ausst. Kat. Liverpool 2006
  Liverpool, Tate Liverpool, Marie-Louise von Mtesiczky, 1906-1996, Hg. Jeremy Adler u. Birgit Sander, München u. a. 2006 [= Frankfurt am Main 2006/7, Wien 2007, Southampton 2007].

- Ausst. Kat. London 1938
  London, New Burlington Galleries, Exhibition of the 20th Century German Art, London 1938.
- Ausst. Kat. London u. Den Haag 1999
  London u. Den Haag, The National Gallery u. Königliches Gemäldekabinett Maurits-huis, Rembrandts Selbstbildnisse, Hg. Edwin Buijsen, Peter Schatborn, Ben Broos, Ariane von Suchteln, Stuttgart 1999.
- Ausst. Kat. London 2003
  London, Tate Modern 2003, Max Beckmann, Hg. Sean Rainbird, London 2003.
- Ausst. Kat. Los Angeles 1997 = Ausst. Kat. Berlin 1997
- Ausst. Kat. Los Angeles u. München 1993
  Los Angeles u. München, Los Angeles County Museum of Art u. Deutsches Historisches Museum, "Entartete Kunst". Das Schicksal der Avantgarde im Nazi-Deutschland, Hg. Stephanie Barron, München 1993.
- Ausst. Kat. Mannheim 1928
  Mannheim, Städtische Kunsthalle, Max Beckmann, das gesammelte Werk, Gemälde, Graphik, Handzeichnungen aus den Jahren 1905 bis 1927, 19. Februar bis 1. April 1928, Mannheim 1928.
- Ausst. Kat. Mannheim 1987
  Mannheim, Kunsthalle Mannheim, Entartete Kunst - Beschlagnahmeaktionen in der Städtischen Kunsthalle Mannheim 1937, bearb. von Hans J. Buderer, Mannheim 1987.
- Ausst. Kat. München u. Braunschweig 1983
  München u. Braunschweig, Bayerische Staatsgemäldesammlung Neue Pinakothek München u. Herzog Anton Ulrich-Museum Braunschweig, Max Beckmann, Selbstbildnisse. Zeichnung und Druckgraphik, Hg. Christian Lenz u. Thomas Döring, München 1983.
- Ausst. Kat. München u. Paris 1983
  München u. Paris, Haus der Kunst u. Centre Pompidou, Giorgio de Chirico der Metaphysiker, Hg. William Rubin, Wieland Schmied u. Jean Clair, München 1983.
- Ausst. Kat. München 1984/85
  München, Haus der Kunst München, Max Beckmann, Retrospektive, Hg. Carla Schulz-Hoffmann u. Judith C. Weiss, München 1984/85.
- Ausst. Kat. München 1998
  München, Bayerische Staatsgemäldesammlungen, Max Beckmann Archiv, Minna Beckmann-Tube, Hg. Christian Lenz u. Christiane Zeiller, München 1998.
- Ausst. Kat. New York 1997
  New York, Guggenheim Museum Soho 1996/1997, Max Beckmann in Exile, Hg. Matthew Drutt, New York 1997.
- Ausst. Kat. New York 2001
  New York, Museum of Modern Art, Mies in Berlin, Hg. Terence Riley u. Barry Bergdoll, New York 2001.
- Ausst. Kat. New York u. Montréal 2001
  New York u. Montréal, Whitney Museum of Art u. Canadian Center for Architecture, Mies van der Rohe in America, Hg. Phyllis Lambert, Ostfildern-Ruit 2001.
- Ausst. Kat. Paris 2002
  Paris, Centre Georges Pompidou, Max Beckmann. Un Peintre dans l'Historie, Paris 2002.

- Ausst. Kat. Providence, Beverly Hills u. Frankfurt am Main 1996
  Providence, Beverly Hills u. Frankfurt am Main, David Winton Bell Gallery, Brown University, The Academy of Motion Pictures Arts and Sciences Academy Gallery, Deutsches Architektur-Museum and Deutsches Filmmuseum, Film architecture, set designs from "Metropolis" to "Blade Runner", Hg. Dietrich Neumann, München u. New York 1996.
- Ausst. Kat. Rom 1996
  Rom, Galleria Nazionale d' Arte Moderna 1996, Klaus Gallwitz u. Stephan von Wiese Hg., Max Beckmann, Torino u. Lonon 1996.
- Ausst. Kat. St. Louis 1948
  St. Louis, City Art Museum of Saint Louis, Max Beckmann. Special Exhibition Catalogue, St. Louis 1948.
- Ausst. Kat. Saint Louis 1998
  Saint Louis, The Saint Louis Art Museum, Max Beckmann und Paris. Matisse, Picasso, Braque, Léger, Rouault, Hg. Tobia Bezzola u. Cornelia Homburg, Köln 1998.
- Ausst. Kat. Stuttgart 1985
  Stuttgart, Staatsgalerie Stuttgart, Vom Klang der Bilder, die Musik in der Kunst des 20. Jahrhunderts, Hg. Karin v. Maur, München 1985.
- Ausst. Kat. Stuttgart 1994
  Stuttgart, Staatsgalerie Stuttgart, Max Beckmann. Meisterwerke 1907-1950, Hg. Karin von Maur, Stuttgart 1994.
- Ausst. Kat. Wien 1998
  Wien, Kunstforum Bank Austria, Das Auge des Sammlers. Monet bis Picasso, Hg. Klaus Albrecht Schröder, Eurasburg 1998; zu Max Beckmann S. 190-193, 245-246.
- Ausst. Kat. Wiesbaden u.a. 2004
  Wiesbaden, Goch, Heidelberg, Osnabrück u. Frankfurt am Main, Museum Wiesbaden, Museum Goch, Kurpfälzisches Museum der Stadt Heidelberg, Felix-Nussbaum-Haus Osnabrück, Museum für Moderne Kunst, Max Beckmann, Apokalypse. Der wiederaufgefundene handkolorierte Zyklus, Hg. Museum Wiesbaden in Kooperation mit den anderen Museen, Wiesbaden 2004.
- Bachelard 2007
  Gaston Bachelard, Poetik des Raumes, Frankfurt am Main 2007.
- Bandmann 1960
  Günter Bandmann, Melancholie und Musik, ikonographische Studien, Köln 1960.
  Bandmann 1969
- Günter Bandmann, Bemerkungen zu einer Ikonologie des Materials, in o. Hg., Städel-Jahrbuch, N.F. 2, 1969, S. 75-100.
- Bangert 1929
  Kurt Bangert, Maschinenglas, in o. Hg., Glas als Baustoff, Beilage zur Wochenschrift Stein Holz Eisen, in o. Hg., Stein, Holz, Eisen. Wochenschrift für Moderne Bauwirtschaft und Baugestaltung. Holz- und Bau-Zeitung, Jahrg. 43, Heft 3, 1929, S. 9-12.
- Bann 1985
  Stephen Bann, The mythical conception is the name. Titles and names in modern and post-modern painting, in o. Hg., Word u. Image, Vol. 1, Nr. 2 (April-Juni), 1985, S. 176-190.
- Barker 1984
  Walter Barker, Max Beckmann in Amerika, in Ausst. Kat. Köln 1984, S. 111-131.

· Barnett 2001
Endicott Barnett, The Architect as Art Collector, in Ausst. Kat. New York u. Montréal 2001, S. 91-131.
· Barr 1933
Alfred H. Barr jr., Modern German Painting and Sculpture, New York, Museum of Modern Art, New York 1933.
· Barr 1993/1945
Alfred H. Barr jr., Art in the Third Reich, Preview, 1933, in The Magazine of Art 38, Oktober 1945, S. 211-230.
· Baum u. Birnbacher Hg. 2005
Günther Baum u. Dieter Birnbacher Hg., Schopenhauer und die Künste Göttingen 2005.
· Baumeister 1928 1
Willi Baumeister, Wandschmuck, in Gräff 1928, S. 137.
· Baumeister 1928 2
Willi Baumeister, Farben im Raum, in Gräff 1928, S. 135.
· Baumgarten 1750/58, 1983
Alexander Gottlieb Baumgarten, Theoretische Ästhetik, die grundlegenden Abschnitte aus "Aesthetica", Hamburg 1983.
· Beckett 1997
Wendy Beckett, Max Beckmann and the Self, München u. New York 1997.
· Beckmann u. Schmidt 1903-04 u. 1912-13/1985
Doris Schmidt Hg., Max Beckmann. Frühe Tagebücher 1903/04 und 1912/13, mit Erinnerungen von Minna Beckmann-Tube, München 1985.
· Beckmann u. Klinkel 1908-09/1983
Hans Klinkel Hg., Max Beckmann, Leben in Berlin. Tagebuch 1908-1909, München 1983.
· Beckmann u. Tube 1916
Peter Beckmann Hg., Max Beckmann, Briefe im Kriege, gesammelt von Minna Tube, Berlin 1916.
· Beckmann u. Beckmann 1916/1984 [Wiederauflage Beckmann u. Tube 1916]
Peter Beckmann Hg., Max Beckmann, Briefe im Kriege, München 1984.
· Beckmann 1927
Max Beckmann, Der Künstler im Staat, Beitrag in der Zeitschrift Europäische Revue III, 4. Juli 1927, S. 288-91; hier zitiert nach Beckmann u. Pillep 1984, S. 116-121.
· Beckmann 1947
Max Beckmann, Briefe an eine Malerin [Originalabschrift in Englisch befindet sich in den Akten des Busch-Reisinger Museum, Harvard Art Museum, Cambridge]; deutsche Fassung des Textes siehe, Beckmann u. Pillep 1984, S. 180-185.
· Beckmann 1977
Peter Beckmann, Schwarz auf Weiß, Max Beckmann. Wege zur Wirklichkeit, Stuttgart 1977.
· Beckmann u. Beckmann 1979
Quappi Beckmann, Max Beckmann Tagebücher 1940-50, München u. Wien 1979, S. 253-254.
· Beckmann u. Göpel 1979
Mathilde Q. Beckmann u. Erhard Göpel Hg., Max Beckmann. Tagebücher 1940-1950, München 1979.

- Beckmann 1983
Mathilde Q. Beckmann, Mein Leben mit Max Beckmann, München 1983.
- Beckmann u. Pillep 1984
Rudolf Pillep Hg., Die Realität der Träume in den Bildern, Schriften und Gespräche 1911 bis 1950. Max Beckmann, Leipzig 1984.
- Beckmann u. Schaffer Hg. 1992
Peter Beckmann u. Joachim Schaffer Hg., Die Bibliothek Max Beckmanns, Unterstreichungen, Kommentare, Notizen und Skizzen in den Büchern, Worms am Rhein 1992.
- Beckmann Briefe I - III
Klaus Gallwitz, Uwe Schneede u. Stephan von Wiese Hg., Max Beckmann. Briefe, Bd. I, 1899-1925/ Bd. II 1925-1937/ Bd. III 1937-1950, München/Zürich 1993-96.
- Beckmann 2005
Claudia Beckmann, Der ‚Morgen' von Georg Kolbe im Barcelona-Pavillon von Mies van der Rohe. Zur Wechselwirkung von Architektur und Skulptur in der Moderne, Westfälische Wilhelms-Universität Münster, Institut für Kunstgeschichte, Magisterarbeit 2005.
- Beckmann 2006
Claudia Beckmann, Die Statue Morgen im Barcelona Pavillon, in Ausst. Kat. Berlin 2006, S. 34-51.
- Beckmann, Gohr u. Hollein 2006
Mayen Beckmann, Siegfried Gohr und Max Hollein, Max Beckmann, the watercolors and pastels, catalogue raisonné of the works in color on paper, Köln 2006.
- Beckmann 2007
Mayen Beckmann, Bilder als Bollwerk zur Wirklichkeit, in Weltkunst 77, 2007, Nr. 10, S. 18-23.
- Belting 1984
Hans Belting, Max Beckmann, die Tradition als Problem in der Kunst der Moderne, Berlin 1984.
- Belting 1998
Hans Belting, Statt eines Vorworts. Max Beckmanns "Argonauten", Das Triptychon als Schauspiel, in Spieler 1998, S. 9-17.
- Belting 1999
Hans Belting, Max Beckmann als deutscher Maler, in Ders., Identität im Zweifel. Ansichten der deutschen Kunst, Köln 1999, S. 145-172.
- Benjamin 1933 1
Walter Benjamin, Das Kunstwerk im Zeitalter seiner technischen Reproduzierbarkeit, Frankfurt am Main 1977, S. 7-44.
- Benjamin 1933 2
Walter Benjamin, Kleine Geschichte der Fotografie, in Benjamin 1933 1, Frankfurt am Main 1977, S. 45-63.
- Benjamin 1964
Walter Benjamin, Goethes Wahlverwandtschaften, Frankfurt am Main 1964.
- Benn 1934
Gottfried Benn, Kunst und Macht, Stuttgart 1934.

- Bennet u. Boneverdi 2001
  John Bennet u. Gustavo Boneverdi, Mies van der Rohe. Exhibition Design 1926-1947. Film MoMA, New York 2001.
- Benton 1984
  Timothy J. Benton, Le Corbusiers Pariser Villen aus den Jahren 1920 bis 1930, Stuttgart 1984.
- Berchtold 2005
  Almut Berchtold, Der Traum vom Künstlerhaus, in Föhl u. Wendermann 2005, S. 12-21.
- Bergdoll 2001 1
  Barry Bergdoll, The Nature of Mies' Spaces, in Ausst. Kat. New York 2001, S. 67-105.
- Bergdoll 2001 2
  Barry Bergdoll, Riehl House. Potsdam-Neubabelsberg. 1906-7, in Ausst. Kat. New York 2001, S. 67-105.
- Berger 2000
  Harry Berger, Fictions of the pose, Rembrandt against the Italian Renaissance, Stanford 2000.
- Berger 2006 1
  Ursel Berger, Eine Mesalliance? Architektur und Plastik im ersten Drittel des 20. Jahrhunderts, in Ausst. Kat. Berlin 2006, S. 8-15.
- Berger 2006 2
  Ursel Berger, Ludwig Mies van der Rohe und die Skulptur, in Ausst. Kat. Berlin 2006, S. 92-97.
- Berger 2006 3
  Ursel Berger, Projekt Haus Kröller-Müller, Wassenar, in Ausst. Kat. Berlin 2006, S. 98-101.
- Berger 2006 4
  Ursel Berger, Museum für eine kleine Stadt, in Ausst. Kat. Berlin 2006, S. 118-123.
- Bezzola 1998
  Tobia Bezzola, Quappi in Blau, in Ausst. Kat. Saint Louis 1998, S. 15-28.
- Bezzola 1998 2
  Tobia Bezzola, "Germanische Tollheiten". Zur Rezeption von Max Beckmanns Ausstellung in der Galerie de la Renaissance 1931, in Ausst. Kat. Saint Louis 1998, S. 141-158.
- Bieber 2003
  Susanne Bieber, Beckmanns's Frankfurt Cityscapes, Concepts of Space, in Ausst. Kat. London 2003, S. 73-79.
- Bier 1929
  Justus Bier, Mies van der Rohes Reichspavillon in Barcelona, in Walter Riezler Hg., Die Form. Monatsschrift für gestaltende Arbeit. Für den Deutschen Werkbund, Jahrg. 4, Heft 16 (15. August), 1929, S. 423-430.
- Billeter, Dobrzecki u. Lenz 1994
  Felix Billeter, Alina Dobrzecki u. Christian Lenz, Max Beckmann. Bibliographie 1971-1993, Hefte des Max Beckmanns Archivs 1, München 1994.
- Blaser 1988
  Werner Blaser, Tempel und Teehaus in Japan, Basel [2]1988.

- Blaser 1993
Werner Blaser, Mies van der Rohe. The Art of Structure, New York 1993.
- Werner Blaser, Mies van der Rohe. Die Kunst der Struktur. L'art de la structure, Basel 1993.
- Blaser 1996
Werner Blaser u.a., West meets East, Basel 1996.
- Blum 2005
Gerd Blum, Hans von Marées, autobiographische Malerei zwischen Mythos und Moderne, München 2005.
- Blavatsky 1958
Helena Petrowna Blavatsky, Die Geheimlehre; die Vereinigung von Wissenschaft, Religion und Philosophie, Ulm 1958.
- Bongaerts 2007
Ursula Bongaerts, Max Beckmann, Zeichnungen zu Goethes Faust, Casa di Goethe, Rom 2007.
- Bormann 2005
Beatrice von Bormann, Traces of Exile in Art, Max Beckmann and Herbert Fiedler in tho Nothorlands 1939-1945, in Stephan 2005,
S. 153-175.
- Bormann 2007 2
Beatrice von Bormann, Ein Jahrzehnt im "Plättbrettland". Max Beckmann im niederländischen Exil, in Ausst. Kat. München 2007, S. 107-133.
- Bothner 1993
Roland Bothner, Auguste Rodin. Die Bürger von Calais, Frankfurt am Main 1993.
- Boyers Hg. 1969
Robert Boyers Hg., The Legacy of the German Refugee Intellectuals, New York 1969.
- Bredekamp 2004
Horst Bredekamp, Rezension von Ulrich Müller, Raum, Bewegung und Zeit im Werk von Walter Gropius und Ludwig Mies van der Rohe, Berlin, Akademie 2004, in Die Zeit, Nr.9, 2005.02.24, und, URL, http.//www.zeit.de/2005/09/SM-Einstein, [letzter Aufruf 19.12.2006].
- Breuer 1927
Robert Breuer, Architektur der Behauptung, in Paul Westheim Hg., Das Kunstblatt, 11, 1927, S. 430-435.
- Brinckmann 1924
A. E. Brinckmann, Plastik und Raum als Grundformen künstlerischer Gestaltung, München [2]1924.
- Brockhaus 2005
Christoph Brockhaus u. Katharina Lepper Hg., Wilhelm Lehmbruck 1881-1919. Das plastische und malerische Werk. Gedichte und Gedanken, Köln 2005.
- Burkhardt u. Berthold Hg. 2002
Scharoun. Haus Schmink. Die Geschichte einer Instandsetzung, Ludwigsburg u.Stuttgart 2002.
- Brusatin 2003
Manlio Brusatin, Geschichte der Farben, Berlin 2003.

· Buenger 1997
Barbara C. Buenger, Max Beckmann in Paris, Amsterdam und den USA, in Ausst.-Kat. Berlin 1997, S. 58-67.
· Buenger 1997 2
Barbara C. Buenger, Antifascism or autonomous art? Max Beckmann, Wassily Kandinsky, John Hartfield, Kurt Schwitters, Oskar Kooschka, in Ausst. Kat. Los Angeles 1997, S. 57-95.
· Bürger 1998
Peter Bürger, Das Verschwinden des Subjekts. Eine Geschichte der Subjektivität von Montaigne bis Barthes, Frankfurt 1998.
· Busch 1967
Günter Busch, Die Beckmann-Sammlung Stephan Lackners, in Ausst. Kat. Berlin 1967, S. 11-16.
· Busch 1969
Günter Busch, Entartete Kunst, Geschichte und Moral, Frankfurt 1969.
· Büsche 1927
Albert Büsche, Die Museumsfrage, in Paul Westheim Hg., Das Kunstblatt, 11, 1927, S. 275-278.
· Butler 1993
Ruth Butler, Rodin. The Shape of Genius, New Haven 1993.
· Campbell 1989
Joan Campbell, Der Deutsche Werkbund 1907-1934, München [2] 1989.
· Cassirer
Ernst Cassirer, Mythischer, ästhetischer und theoretischer Raum
· Causton 1936
Bernard Causton, Art in Germany under the Nazis, in The London Studio 12, Nr. 68, November 1936, S. 235-246.
· Chametzky 2009
Peter Chametzky, Beckmann's Titanic Sinks, Departure Arrives, On the Fall of the History Painting and Rise of the Historical Object, in Makela u. Long Hg. 2009, S. 229-266.
· Ciré u. Ochs Hg. 1991
Annette Ciré u. Haila Ochs Hg., Die Zeitschrift als Manifest. Aufsätze zu architektonischen Strömungen im 20. Jahrhundert, Basel 1991.
· Clarke 2009
Jay A. Clarke, Space as Metaphor, Beckmann and the Conflicts of Secessionist Style in Berlin, in Makela u. Long 2009, S. 49-80.
· Cohen 1995
Jean-Louis Cohen, Mies van der Rohe, Basel 1995.
· Cohen 1930
Walter Cohen, Haus Lange in Krefeld, in Ludgwie Justi u.a. Hg.; Museum der Gegenwart 1930-1, S. 160-168.
· Colomina 1994
Beatriz Colomina, Privacy and Publicity. Modern Architecture as Mass Media, Cambridge, Mass. u. London 1994.
· Cramer u. Gutschow 1984
Johannes Cramer u. Niels Gutschow, Bauausstellungen. Eine Architekturgeschichte des 20. Jahrhunderts, Stuttgart 1984.

- Curtis 2003
Penelope Curtis, The Modern Eye-Catcher. Mies van der Rohe and Sculpture, in o. Hg., ARQ, architectural research quarterly, Vol. 7, No.3/4 (Sept./Dez.), 2003, S. 361-370.
- Dan 1999
Joseph Dan, Jewish mysticism, Northvale, N. J. 1999.
- Dan 2006
Joseph Dan, Kabbalah, a very short introduction, New York 2006.
- Danto 2005
Arthur Coleman Danto, Unnatural wonders, essays from the gap between art and life, New York 2005.
- da Vinci 1990
Leonardo da Vinci, Traktat über die Malerei, in Leonardo Da Vinci, Sämtliche Gemälde und die Schriften zur Malerei, München 1990.
- Delank 1996
Claudia Delank, Das imaginäre Japan in der Kunst. ‚Japanbilder' vom Jugendstil bis zum Bauhaus, München 1996.
- Deutsche Werkbundausstellung Cöln 1914
Ausstellungsleitung Deutsche Werkbundausstellung Cöln 1914 Hg., Offizieller Katalog, Köln u. Berlin 1914.
- Deutscher Werkbund 1915
Deutscher Werkbund Hg., Jahrbuch des Deutschen Werkbundes 1915. Deutsche Form im Kriegsjahr. Die Ausstellung Köln 1914, München 1915.
- Deutscher Werkbund 1927 1
Deutscher Werkbund Hg., Amtlicher Katalog der Werkbundausstellung Die Wohnung, o. O., o. Verl. 1927, Reprint [Faks.-Ausg.], Stuttgarter Gesellschaft für Kunst und Denkmalpflege Hg., Nachw. Franz J. Much, Stuttgart, Stuttgarter Gesellschaft für Kunst und Denkmalpflege 1998.
- Deutscher Werkbund 1927 2
Deutscher Werkbund Hg., Bau und Wohnung. Die Bauten der Weißenhofsiedlung in Stuttgart, Stuttgart 1927.
- Deutscher Werkbund 1999
Deutscher Werkbund Hg., 50 Jahre Deutscher Werkbund Berlin e. V.. Rückblick, Einblick, Ausblick, Berlin 1999.
- Deutscher Werkbund 1987
Hoffmann, Ot, i. Auftrag v. Werkbund, Deutscher Hg., Der Deutsche Werkbund. 1907, 1947, 1987, Berlin 1987.
- Die Form 1927
Walter Riezler f. d. Deutschen Werkbund Hg., Die Form. Monatsschrift für gestaltende Kunst, Berlin 1927.
- Dodds 2005
George Dodds, Building Desire. On the Barcelona Pavillon, Abingdon 2005.
- Doesburg 1923
Theo van Doesburg, Zur elementaren Gestaltung, in Hans Richter Hg., G. Zeitschrift für elementare Gestaltung, Juli 1923, S. 1-2.
- Doesburg 1925
Theo van Doesburg, Die neue Architektur und ihre Folgen, in o. Hg., Wasmuths Monatshefte für Baukunst, 1925, S. 503-518, mit Modell eines Hochhauses S. 509.

- Dollenmaier 2006
  Verena Dollenmaier, Haus Tugendhat Brünn, in Ausst. Kat. Berlin 2006, S. 92-97.
- Dresdner 2001
  Albert Dresdner, Die Entstehung der Kunstkritik im Zusammenhang der Geschichte des europäischen Kunstlebens, Amsterdam u. Dresden 2001.
- Drexler 1986
  Arthur Drexler, The Mies van der Rohe Archiv. An illustrated catalogue of the Mies van der Rohe drawings in The Museum of Modern Art, Teil 1, 1910-1937, New York 1986.
- Droste 1998
  Magdalena Droste, Bauhaus. Bauhaus Archiv. 1919-1933, Köln 1998.
- Duenkel 1987 1
  Günter Duenkel, Die Liquidierung der Kunst, in tendenzen, Nr. 157, Januar-März 1987, S. 44-53.
- Duenkel 1987 2
  Günter Duenkel, Die verzögerte Heimkehr der Verfehmten, in tendenzen, Nr. 158, April-Juni 1987, S. 65-69.
- Dünne u. Günzel Hg. 2006
  Jörg Dünne und Stephan Günzel Hg., Raumtheorie. Grundlagentexte aus Philosophie und Kulturwissenschaften, Frankfurt 2006.
- Dzeiwior 2005
  Yilmaz Dziewior, Mies van der Rohe. Blick durch den Spiegel, Köln 2005.
  Eberle 1985
  Mathias Eberle, World War I and the Weimar Artists, Dix, Grosz, Beckmann, Schlemmer, New Haven 1985 [deutsche Fassung = Eberle 1989].
  Eberle 1989
  Mathias Eberle, Der Weltkrieg und die Künstler der Weimarer Republik. Dix. Grosz. Beckmann. Schlemmer, Stuttgart u. Zürich 1989.
- Eckmann u. Koepnick 2007
  Sabine Eckmann and Lutz Koepnick, Caught by politics, Hitler exiles and American visual culture, New York 2007.
- Eckmann 2009
  Sabine Eckmann, Max Beckmann, From Space to Place, in Makela u. Long Hg. 2009, S. 266-290.
- Eggler-Gerozissis 2001 1
  Marianne Eggler-Gerozissis, Afrikanischestrasse Municipal Housing. Berlin-Wedding. 1925-27, in Ausst. Kat. New York 2001, S. 206-209.
- Eggler-Gerozissis 2001 2
  Marianne Eggler-Gerozissis, Exhibition House and Apartment for a Bachelor. German Building Exhibition, Berlin. 1931, in Ausst. Kat. New York 2001, S. 264-267.
- Eimer 2006
  Gerald Eimer, Ein Mies van der Rohe-Bau für Aachen, in Aachener Nachrichten, Nr. 71, 2006.03.24, S. 15.
- Einstein 1915
  Carl Einstein, Negerplastik, Leipzig 1915.
- Einstein 1920
  Carl Einstein, Negerplastik, München 1920.

- Einstein 1953
  Albert Einstein, Vorwort, geschrieben 1953, in Jammer 1960,
  S. XI-XV.
- Eisler 1932
  Max Eisler, Mies van der Rohe. Eine Villa in Brünn, in o. Hg., Bau und Werkkunst,
  Ausg. 8, 1932, S. 25-30.
- Eksteins 1990
  Modris Eksteins, Tanz über Gräben. Die Geburt der Moderne und der Erste Welt-
  krieg, Reinbek 1990.
- Elger 1998
  Dietmar Elger, Religiöse Themen, in Ausst. Kat. Hannover 1998,
  S. 40-46.
- Engels 1997
  Christoph Engels, Auf der Suche einer "deutschen" Kunst, Max Beckmann in der
  Wilhelminischen Kunstkritik, Weimar 1997.
- Erpel 1985
  Fritz Erpel, Max Beckmann, Leben im Werk; die Selbstbildnisse, München 1985.
- Eskilsson Werwigk 2009
  Sara Eskilsson Werwigk, Ein Gemälde geht ins Exil, auf den Spuren der "Kreuzab-
  nahme" von Max Beckmann, in Fleckner Hg. 2009, S. 105-136.
- Feilchenfeldt u. Raff Hg. 2006
  Rahel E. Feilchenfeldt u. Thomas Raff Hg., Ein Fest der Künste. Paul Cassirer, der
  Kunsthändler als Verleger, München 2006.
- Fischer 1972
  Friedhelm Wilhelm Fischer, Max Beckmann, Symbol und Weltbild; Grundriss zu einer
  Deutung des Gesamtwerkes, München 1972.
- Fischer 1984
  Jens Malte Fische, Entartete Kunst, Zur Geschichte eines Begriffs, in Merkur 38, Nr.
  3, April 1984, S. 346-351.
- Fischl 1997
  Eric Fischl, Max Beckmann's Departure, in Ausst. Kat. New York 1997, S. 131-133.
- Fleckner Hg. 2007
  Uwe Fleckner Hg., Angriff auf die Avantgarde. Kunst und Kunstpolitik im Nationalso-
  zialismus, Berlin 2007.
- Fleckner Hg. 2009
  Uwe Fleckner Hg., Das verfemte Meisterwerk, Schicksalswege moderner Kunst im
  "Dritten Reich", Berlin 2009.
- Fleming u. Bailyn Hg. 1969
  Donald Fleming und Bernard Bailyn Hg., The Intellectual Migration, Europe and
  America 1930-1960, Cambridge 1969.
- Flusser 2000
  Vilém Flusser, Exil und Kreativität, in ders., Von der Freiheit des Migranten. Einsprü-
  che gegen den Nationalismus, Berlin 2000, S. 103-109.
- Föhl u. Wendermann 2005
  Thomas Föhl u. Gerda Wendermann Hg., Ein Arkadien der Moderne? 100 Jahre
  Künstlerhaus Villa Romana in Florenz, Berlin 2005.

- Forster-Hahn 2007
  Françoise Forster-Hahn, Max Beckmann in Kalifornien, Exil, Erinnerung und Erneue-
  rung, München 2007.
- Forster-Hahn 2007 1
  Francoise Forster-Hahn, Max Beckmann in California, exile, memory and renewel, in
  Eckmann u. Koepnick Hg. 2007, S. 17-32.
- Forster-Hahn 2008
  Francoise Forster-Hahn, Imagining the American West, Max Beckmann in Saint
  Louis and California, in Makela u. Long Hg. 2009, S. 291-316.
- Frank 1929
  Frank, o. Vorn., Baumaschinen. Industrie und Leipziger Technische Messe, in o. Hg.,
  Stein, Holz, Eisen. Wochenschrift für Moderne Bauwirtschaft und Baugestaltung.
  Holz- und Bau-Zeitung, Jahrg. 43, Heft 2, 1929, S. 20-21.
- Franzke 1984
  Andreas Franzke, Max Beckmanns Skulpturen, in Ausst. Kat. Köln 1984, S. 93-110.
- Franzke 1987
  Andreas Franzke, Max Beckmann, Skulpturen, München 1987.
- Fried 1990
  Michael Fried, Courbet's realism, Chicago 1990.
- Fried 2002
  Michael Fried, Menzel's realism, art and embodiment in nineteenth century Berlin,
  New Haven 2002.
- Friemuth 1988
  Cay Friemuth, Die geraubte Kunst, Der dramatische Wettlauf um die Rettung der
  Kulturschätze nach dem Zweiten Weltkrieg, Braunschweig, 1988.
- Frommel 1957/58
  Wolfgang Frommel, Max Beckmann – Die Argonauten. Aus einem Brief, in Castrum
  Peregrini 33, 1957-58, S. 31 ff..
- Frommel 2002
  Christoph L. Frommel, Max Beckmann e gli Argonauti. Rifrangenze dechirichiane, in
  Hg. Claudio Crescentini, Giogio de Chirico. Nulla sine tragoedia gloria. Florenz 2002,
  S. 106-111.
- Frommhold 1968
  Erhard Frommhold Hg., Kunst im Widerstand, Malerei, Graphik, Plastik 1922 bis
  1945, Dresden 1968.
- Frosch 1994 1
  Beate Frosch, Max Beckmann, "Eisgang", 1923. Faltblatt, Städtische Galerie im Stä-
  delschen Kunstinstitut Frankfurt am Main, Frankfurt am Main Dezember 1994.
- Frosch 1994 2
  Beate Frosch, Max Beckmann, Eisgang. Mit einem Schreiben Max Beckmanns an
  Reinhard Piper vom März 1923, Hg. Kulturstiftung der Länder in Verbindung mit dem
  Städelschen Kunstinstitut Frankfurt am Main, Frankfurt am Main 1994.
- Frowein 1984
  Cordula Frowein, The Exhibition of the 20th Century Germian Art in London 1938,
  Eine Antwort auf die Ausstellung "Entartete Kunst" in München 1937, in Exilfor-
  schung, Ein internationales Jahrbuch 2, 1984, S. 212-237.
- Gallwitz 2003
  Klaus Gallwitz, Max Beckmann. Blick aus dem Fenster in Baden-Baden. Stationen

zum Exil. Vortrag Reihe Frieder Burda Matineen vom 23. März 2003 in der Staatlichen Kunsthalle Baden-Baden, Baden-Baden 2003.
- Gallwitz Hg. 1981
Klaus Gallwitz Hg., Max Beckmann, Die Triptychen im Städel, Frankfurt am Main 1981.
- Gärtner 1996
Peter J. Gärtner, Der Traum von der Imagination des Raumes. Zu den Raumvorstellungen auf einigen ausgewählten Triptychen Max Beckmanns, Weimar 1996.
- Genzmer 1929
Walther Genzmer, Der deutsche Reichspavillon auf der Internationalen Ausstellung, Barcelona, in o. Hg., Die Baugilde, 11, 1929, S. 1654-1657.
- Genzmer 1930
Walther Genzmer, Ausstellung Barcelona 1929, in Linoleum-Wirtschaftsstelle G.m.b.H Hg., Nachrichten der Deutschen Linoleum-Werke A.G., Oldenburg i. O., Deutsche Linoleum-Werke A.G. Nr. 12, 1930, S. 43-47.
- Glaser 1964
Hermann Glaser, The Cultural Roots of National Socialism, Austin 1964.
- Glaser 1979
Hermann Glaser, Spiesser-Ideologie, Von der Zerstörung des deutschen Geistes im 19. und 20. Jahrhunderts und dem Aufstieg des Nationalsozialismus, Frankfurt u. Berlin u. Vienna 1979.
Gnam 2003
Andrea Gnam, Carl Einsteins Wahrnehmung von Raum, Körper und Geschwindigkeit im Kontext der zeitgenössischen Diskussion, in Klaus H. Kiefer Hg., Die visuelle Wende der Moderne. Carl Einsteins Kunst des 20. Jahrhunderts, München 2003, S. 195-204.
- Gohr 1984
Siegfried Gohr, Der Spätstil Beckmanns, in Ausst. Kat. Köln 1984, S. 189-199.
- Gohr 1988
Siegfried Gohr, Pablo Picasso, Paris, 7, Rue des Grands-augustins, in Ausst. Kat. Köln 1988, S. 15-30.
- Gohr 1994
Siegfried Gohr, Beckmann und Picasso oder verschiedene Weisen, die Schwerkraft aufzuheben, in New York, Michael Werner Gallery, Max Beckmann (Minor Paintings and Drawings and Five Sculptures), New York 1994.
- Gohr 2002
Siegfried Gohr, Die Karriere eines Selbstbildnisses, Vortrag, München 2002.
- Gohr 2004
Siegfried Gohr, Keine einfache Geschichte. Deutsche Kunst in den Vereinigten Staaten, in Ausst. Kat. Frankfurt am Main 2004, S. 15-40.
- Gohr 2005
Siegfried Gohr, Max Beckmann und Fernand Léger. Blick in die Geschichte, in Ausst. Kat. Köln 2005, S. 25-40.
- Goethe 1978
Johann Wolfgang von Geothe, Faust - Zweiter Teil, Frankfurt am Main 1978.
- Göpel 1957
Erhard Göpel, Max Beckmann, Die Argonauten. Ein Triptychon, Stuttgart 1957.

- Göpel 1958
  Erhard Göpel, Zirkusmotive und ihre Verwandlung im Werke Max Beckmanns. Sonderdruck aus, Die Kunst und das schöne Heim, München 1958, S. 328-331.
- Göpel u. Göpel/von Erffa Hg. 1976
  Hans Martin von Erffa Hg., Max Beckmann. Katalog der Gemälde, Bd. I - II, Berb. Erhard Göpel u. Barbara Göpel, Berlin 1976.
- Gottfried 1923
- Carl Gottfried, Hochhäuser, in o. H., Qualität, August 1922 u. März 1923, S. 63-66.
- Gottschaller 1998
  Pia Gottschaller, Max Beckmann, his painting materials and technique, Cambridge 1998.
- Gräff 1928
  Werner Gräff Hg., Innenräume. Räume und Inneinrichtungsgegenstände aus der Werkbund-Ausstellung Die Wohnung, insbesondere aus den Bauten der städtischen Weißenhofsiedlung in Stuttgart, hg. i. Auftrag d. Deutschen Werkbundes, Stuttgart 1928.
- Gräff 1933
  Werner Gräff, Das Warenbuch für den neuen Wohnbedarf, Potsdam 1933.
- Gräff 1978
  Werner Gräff, Es kommt der neue Fotograf!, Berlin, Reckendorf [1]1929; ders., Nach einem halben Jahrhundert, vollständiger Nachdr. der Erstauflage. erw. durch e. Vorw., Köln 1978.
- Gravenkamp 1930
  Curt Gravenkamp, Mies van der Rohe. Glashaus in Berlin (Projekt Adam 1928), in Paul Westheim Hg., Das Kunstblatt, 14, 1930, S. 111-113.
- Grimm u. Hermand 1980
  Reinhold Grimm und Jost Hermand, Faschismus und Avantgarde, Königstein 1980.
- Gropius [1]1927
  Walter Gropius, Internationale Architektur, Passau [1]1927; Hans M. Wingler Hg., vollständiger Nachdr. der Erstauflage Mainz u. Berlin [2]1981.
- Groys 1992
  Boris Groys, Über das Neue, Versuch einer Kulturökonomie, München 1992.
- Günther 1988
  Sonja Günther, Lilly Reich 1885-1947, Stuttgart 1988.
- Guratzsch Hg. 1998
  Herwig Guratzsch Hg., Max Beckmann, Zeichnungen aus dem Nachlass Mathilde Q. Beckmann, Köln 1998.
- Haag Bletter 2001
  Rosemarie Haag Bletter, Mies and Dark Transparency, in Ausst. Kat. New York 2001, S. 350-357.
- Habermas 1962
  Jürgen Habermas, Strukturwandel der Öffentlichkeit. Untersuchungen zu einer Kategorie der bürgerlichen Gesellschaft, Neuwied 1962.
- Habermas 1990
  Jürgen Habermas, Strukturwandel der Öffentlichkeit. Untersuchungen zu einer Kategorie der bürgerlichen Gesellschaft, Frankfurt am Main 1990.

- Haffner 2002
  Sebastian Haffner, Geschichte eines Deutschen. Die Erinnerungen 1914-1933, München 2002.
- Haftmann 1986
  Werner Haftmann, Banned and Persecuted, Dictatorship of Art under Hitler, übersetzt von Eileen Martin, Köln, 1986. Zugleich erschienen als, Verfemte Kunst, Bildende Künstler der inneren und äußeren Emigration in der Zeit des Nationalsozialismus, Köln, 1986.
- Hahn 1982
  Peter Hahn, Deutsche Bilder in Amerika – Zur Rezeption deutscher Künstler in den Vereinigten Staaten, in Ausst. Kat. Frankfurt am Main, Berlin u. Düsseldorf 1982, S. 37(-41).
- Hammerbacher u. Keuerleber 2002
  Valerie Hammerbacher u. Dorothee Keuerleber, Weißenhofsiedlung Stuttgart. Wohnprogramm der Moderne, Norderstedt 2002.
- Hammer-Tugendhat u. Tegethoff 1998
  Daniela Hammer-Tugendhat u. Wolf Tegethoff Hg., Ludwig Mies van der Rohe. Das Haus Tugendhat, Wien u. New York1998.
- Hansert 2004
  Andreas Hansert, Max Beckmann im Amsterdamer Exil und sein Frankfurter Mäzen Georg Hartmann, in Ausst. Kat. Wiesbaden u.a. 2004, S. 13-20.
- Hansert 2009
  Andreas Hansert, Georg Hartmann (1870-1954). Biografie eines Frankfurter Schriftgießers, Bibliophilen und Kunstmäzens, Wien, Köln u. Weimar 2009.
- Harbers 1929
  Guido Harbers, Deutscher Reichspavillon in Barcelona auf der internationalen Ausstellung 1929, in o. Hg., Der Baumeister, 27, 1929, S. 421-427.
- Harter 2004
  Ursula Harter, Ist ganz interessant, was der alte Knabe erzählt. Das Amerikabild des Malers stammt aus einem sehr gescheiten Buch, Wie Max Beckmann das Atlantisrätsel löste, in FAZ, Nr. 203, 1.9.2004, S. 38.
- Hartmann 1912
  Franz Hartmann, Grundriss der Geheimlehre von H. P. Blavatsky, 1912.
- Haxthausen 1982
  Charles W. Haxthausen, "Deutsche Arbeit in Amerika", zur Geschichte des Busch-Reisinger Museums, S. 14-31 und Chronik des Busch-Reisinger Museums, in Ausst. Kat. Frankfurt, Berlin u. Düsseldorf 1982, S. 32-35.
- Haxthausen 1997
  Charles W. Haxthausen, "Das Gegenwärtige zeitlos machen und das Zeitlose gegenwärtig machen". Max Beckmann zwischen Formalismus und Mythos, in Ausst. Kat. Düsseldorf 1997, S. 35-52.
- Haxthausen 2003
  Charles W. Haxthausen, A Poetics of Space, Beckmann's Falling Man, in Ausst. Kat. London 2003, S. 138-144.
- Hegemann 1927
  Werner Hegemann, Künstlerische Tagesfragen beim Bau von Einfamilienhäusern ... flaches und schräges Dach, in o. Hg., Wasmuths Monatshefte für Baukunst, 1927, S. 120-127, Abbildungen, S. 122-123.

· Hegel 1970
Georg Wilhelm Friedrich Hegel, Vorlesungen über die Ästhetik, Frankfurt am Main 1970.
· Hegel 1998
Georg Wilhelm Friedrich Hegel, Phänomenologie des Geistes, Berlin 1998.
· Heidecker 1982
Gabriele Heidecker, Auferstehung von Max Beckmann, in Jörg Zink Hg., Dia-Bücherei Christliche Kunst, Bd. 3, Eschenbach 1982, S. 99-109.
· Heidecker 1995
Gabriele Heidecker, Max Beckmann, Die Frage des modernen Menschen nach Gott. Eine Studie zu einigen späten Bildern von Max Beckmann, in Enrique H. Prat Hg., Kunst und Ethos. Deutungsprobleme der modernen Kunst, Frankfurt am Main u. Berlin u. a. 1995, S. 137-175.
· Heidegger 2006
Martin Heidegger, Sein und Zeit, Tübingen 2006.
· Held 2004
Jutta Held, Stürzende, in Wolfgang Asholt, Rüdiger Reinecke, Erschard Schütz u. Hendrick Weber Hg., Unruhe und Engagement. Blicköffnungen für das Andere. Festschrift für Walter Fähnders zum 60. Geburtstag, Bielefeld 2004, S. 273-294.
· Hellmann 1987
· Roland Hellmann, Linoleum. Renaissance eines Klassikers. Zu Geschichte, Herstellung und Eigenschaften eines Universalbelages, in o. Hg., Bausubstanz, Juli 1987, S. 30-34.
· Hellmann 2000
Roland Hellmann, Rise, Fall and Renaissance of a Floor covering Classic. The History of Linoleum in Germany, in Ausst. Kat. Delmenhorst u. Stuttgart 2000, S. 48-53.
· Heise 1927
Carl Georg Heise, Georg Kolbe, in Paul Westheim Hg., Das Kunstblatt, 11, 1927, S. 55-62.
· Helin 2004
Saskia Helin, Entwurfszeichnung, Fotomontage und Collage bei Mies van der Rohe, Universität Hamburg, Kunsthistorisches Seminar, Magisterarbeit 2004.
· Hentzen 1934
Alfred Hentzen, Deutsche Bildhauer der Gegenwart, Berlin 1934.
· Hentzen 1970
Alfred Hentzen, Das Ende der Neuen Abteilung der National-Galerie im ehemaligen Kronprinzen-Palais, in Jahrbuch Stiftung Preußischer Kulsturbesitz 8, 1970, S. 24-89.
· Hentzen 1972 1
Alfred Hentzen, Die Berliner National-Galerie im Bildersturm, Köln 1972.
· Hentzen 1972 2
Alfred Hentzen, Die Entsteheun der Neuen Abteilung der Naitional-Galerie im ehemaligen Kronprinzen-Palais, in Jahrbuch Stiftung Preußischer Kulsturbesitz 10, 1972, S. 9-75.
· Herf 1984
Jeffrey Herf, Reactionary Modernism, Technology, Culture, and Politics in Weimar and the Third Reich, Cambridge 1984.

- Herzogenrath [u.a.] 1984
  Wulf Herzogenrath u.a., Der westdeutsche Impuls 1900-1914. Kunst und Umweltge-staltung im Industriegebiet. Die Deutsche Werkbund-Ausstellung Cöln 1914, Ausstel-lungskatalog, Essen 1984.
- Heynen 1995
  Julian Heynen, Ein Ort für Kunst. Ludwig Mies van der Rohe. Haus Lange. Haus Es-ters, Ausstellungskatalog, Ostfildern Ruit 1995.
- Heynen 2000
  Julian Heynen, Ein Ort der denkt, Krefeld, Museum Haus Lange 2000.
- Heynen 2001
  Julian Heynen, Hermann Lange House and Esters House, Krefeld.1927-30, in Ausst. Kat. New York, S. 220-227.
- Hilberseimerr 1927
  Ludwig Hilberseimer, Groszstadt Architektur, Stuttgart 1927.
- Hilbersheimer 1928
  Ludwig Hilbersheimer Hg., Internationale neue Baukunst, Stuttgart 1928.
- Hilberseimer 1967
  Ludwig Hilberseimer, Berliner Architektur der 20er Jahre, Mainz u. Berlin 1967.
- Hoffmann 1976
  E. T. A. (Ernst Theodor Amadeus) Hoffmann, Lebensansichten des Katers Murr, nebst fragmentarischer Biographie des Kapellmeisters Johannes Kreisler in zufälligen Makulaturblätter, Frankfurt am Main 1976.
- Hoffmann-Schott 1984
  Gisela Hoffmann-Schott, Erinnerungen einer Frankfurter Familie an Max Beckmann, Frankfurt 1984.
- Hoffmann Hg. 2000
  Detlef Hoffmann Hg., Vermächtnis der Abwesenheit. Spuren traumatisierender Ereig-nisse in der Kunst, Rehburg-Loccum 2000.
- Hofmaier 1990
  James Hofmaier, Max Beckmann, Catalogue Raisoné of his Prints, Bern 1990.
- Hofmann 1999
  Werner Hofmann, Wie deutsch ist deutsche Kunst? Eine Streitschrift, Leipzig 1999.
- Hohl 1982
  Reinhold Hohl, Die Heiteren Facetten des Kubismus. Über die schein-illusionistischen Bildinhalte kubistischer Gemälde, in Ausst. Kat. Köln 1982, S. 71-91.
- Homburg 2004
  Cornelia Homburg, Max Beckmann in Amsterdam, in Jong Holland 20, 2004, Nr. 3, S. 8-17.
- Holländer 1995
  Georg Holländer, Lehmbruck in Duisburg. Eine rezeptionsgeschichtliche Studie, Rheinische Friedrich Wilhelms Universität Bonn, Kunsthistorisches Institut, Diss. 1995.
- Howe 1946
  Thomas C. Howe, Salt Mines and Castles, The Discovery and Restitution of Looted European Art, Indianapolis u. New York 1946.
- Howe 2001
  Katherine Howe, House for the Architect Project, Werder. 1914, in Ausst. Kat. New York 2001, S. 174-175.

- Hyman 1998
Timothy Hyman, A new space for the self, in Modern-painters 11, 1998, Nr. 3, S. 86-89.
- Iber 1999
Christian Iber, Subjektivität, Vernunft und ihre Kritik. Prager Vorlesungen über den Deutschen Idealismus, Frankfurt 1999.
- Imdahl 1975
Max Imdahl, Wandel durch Nachahmung, Rembrandts Zeichnung nach Lastmans "Susanna im Bade", Vorträge Kurt Badt zu Ehren, Konstanz 1975.
- Ikelaar 1996
Leo Ikelaar Hg., Paul Scheebart und Bruno Taut. Zur Geschichte einer Bekanntschaft. Scheerbarts Briefe der Jahre 1913-1914 an Gottfried Heinersdorff, Bruno Taut und Herwarth Walden, Oldenburg 1996.
- Jackman u. Bordon Hg. 1983
Jarrel C. Jackmann und Marla M. Bordon Hg., The Muses Flee Hitler, Cultural Transfer and Adaption 1930-1945, Washington 1983.
- Jäger 1980
Michael Jäger, Kommentierende Einführung in Baumgartens "Aesthetica", zur entstehenden wissenschaftlichen Ästhetik des 18. Jahrhunderts in Deutschland, Hildesheim u. New York, 1980.
- Jaeger 1998
Roland Jaeger, Neue Werkkunst. Architekturmonographien der zwanziger Jahre, Berlin 1998.
- Jaffé 1965
Hans Ludwig C. Jaffé, De Stijl 1917-1931. Der niederländische Beitrag zur modernen Kunst, Berlin u.a., Ullstein 1965.
- James-Chakraborty 2004
Kathleen James-Chakraborty, Rezension von Ulrich Müller, Raum, Bewegung und Zeit im Werk von Walter Gropius und Ludwig Mies van der Rohe, Berlin, Akademie Verlag 2004, in o. Hg., sehepunkte 5, Nr. 9 [19.12.2005], 2005, URL, http://www.sehepunkte.de/2005/09/7802.html, und in o. Hg., Kunstform, 7, Nr. 2, 2006.
- Jammer 1960
Max Jammer, Das Problem des Raums. Die Entwicklung der Raumtheorien, Darmstadt 1960.
- Janda 1992
Annegret Janda, Die Berliner Nationalgalerie im Kampf um die moderne Kunst seit 1933, in Barron 1992, S. 107-120.
- Jaumann 1910
Anton Jaumann, Vom künstlerischen Nachwuchs. Haus Riel, in o. Hg., Innen-Dekoration, 21, 1910, S. 265-273.
- Jean Paul 1957
Jean Paul, Flegeljahre, Stuttgart 1957.
- Jean Paul 1983
Jean Paul, Titan, Frankfurt am Main 1983.
- John 2002
Timo John, Der Stuttgarter Stadtgarten, Stuttgart u. Leipzig, Hohenheim 2002.

- Johnson 1947
  Philip C. Johnson, The Architecture of Mies van der Rohe, Museum of Modern Art New York 1947.
- Junghanns 1982
  Kurt Junghanns, Der Deutsche Werkbund. Sein erstes Jahrzehnt, Berlin, Henschel 1982.
- Kaiser 1913
  Hans Kaiser, Max Beckmann, Berlin 1913.
- Kaiser 1937
  Fritz Kaiser, Ausstellungsführer Entartete Kunst, Berlin 1937. Reprint Köln 1988.
- Kaldewei 2000
  Gerhard Kaldewei Hg., Linoleum, Geschichte, Design, Architektur 1882 – 2000, Ausstellungskatalog, Ostfildern Ruit 2000.
- Kant 1986
  Immanuel Kant, Grundlegung zur Metaphysik der Sitten, Stuttgart 1986.
- Kant 1998
  Immanuel Kant, Kritik der reinen Vernunft, 1781 [A], 1787[B] Philosophische Bibliothek Band 505, Hamburg 1998 [A und B umfassend].
- Kauer 1995
  Uta Kauer, Untersuchungen zu Raum und Perspektive im Werk von Max Beckmann. Magisterarbeit Marburg 1995 (Typoskript).
- Kemp 1983
  Wolfgang Kemp, Der Anteil des Betrachters. Rezeptionsästhetische Studien zur Malerei des 19. Jahrhunderts, München 1983.
- Kemp 1992
  Wolfgang Kemp, Kunstwissenschaft und Rezeptionsästhetik, in W. Kemp Hg., Der Betrachter ist im Bild, Berlin 1992, S. 7-28.
- Kellermann 1997
  Petra Kellermann, Max Beckmanns große "Sterbeszene" und kleine "Sterbeszene". Magisterarbeit München 1997 (Typoskript).
- Kermer 1989
  Wolfgang Kermer, Willi Baumeister. Typographie und Reklamegestaltung, Ausstellungskatalog, Stuttgart 1989.
- Kermer 2000
  Wolfgang Kermer, Willi Baumeister as a Typographer and an advertising Designer for DLW, in Ausst. Kat. Delmenhorst u. Stuttgart 2000, S. 210-223.
- Kienle 2008
  Anabelle Kienle, Max Beckmann in Amerika, Petersburg 2008.
- Kieß 1982
  Walter Kieß, Gutachten zur Denkmaleigenschaft der Wohnsiedlung auf dem Aurain in Bietigheim-Bissingen, Stuttgart, April 1982, in Kopie erhalten durch Roland Hellmann 2006.
- Kirsch 1987
  Karin Kirsch, Die Weissenhofsiedlung. Werkbund-Ausstellung „Die Wohnung", Stuttgart 1927, Stuttgart 1987.
- Kirsch 1996
  Karin Kirsch, Die Neue Wohnung und das alte Japan. Architekten planen für sich selbst, Stuttgart 1996.

- Kirsch 1997
  Karin Kirsch, Briefe zur Weißenhofsiedlung, Stuttgart 1997.
- Kitschen 2007
  Friedericke Kitschen, Kommentar zu Philippe Soupaults Aufsatz "Max Beckmann" in La Renaissance d l' art francais e des industries de luxe 14/1931, S. 96-100 (wieder abgedruckt S. 268-273), in Deutsche Kunst - Französische Perspektiven 1870-1945. Quellen und Kommentare zur Kunstkritik, Hg. Friedericke Kitschen u. Julia Drost, Berlin 2007, S. 273 -276.
- Klinkhardt 1996
  Gisela Klinkhardt, Die Plastik in der Werkbundausstellung Köln 1914, Ruprecht-Karl-Universität Heidelberg, Seminar für Kunstgeschichte, Diss. 1996.
- Klotz 1971
  Heinrich Klotz, Über das Abbilden von Bauwerken, in o. Hg., Architectura. Zeitschrift für Geschichte der Baukunst, I, 1971, Reprint in Heinrich Klotz, Architektur, Ostfildern Ruit 1996, S. 8-22.
- Klotz 1986
  Heinrich Klotz, Mies van der Rohe. Die Schönheit der reinen Vernunft, in o. Hg., Art, 3, 1986, S. 68-74, Reprint in Heinrich Klotz, Architektur, Ostfildern Ruit 1996, S. 192-202.
- Koerner 1993
  Joseph Leo Koerner, The Moment of Self-Portraiture in German Renaissance Art, Chicago 1993.
- Koerner 2004
  Joseph Leo Koerner, The Reformation of the Image, London 2004.
- Koerner 2006
  Joseph Leo Koerner, Dürer's Hands, New York 2006.
- Koerner 2007
  Joseph Koerner, Identity and the Museum, in The Busch-Reisinger Museum, Harvard University Art Museums, Hg. Peter Nisbet, London 2007, S. 242-257.
- Kohle 1998
  Hubertus Kohle, Transzendieren ohne Transzendenz. Bemerkungen zu Max Beckmanns frühem Auferstehungsbild, in Das Münster 51, 1998, Nr. 2, S. 135-146.
- Korby 2002
  Yves Korby, Beckmann et la France, in Ausst. Kat. Paris 2002, S. 99-107.
- Korn 1929
  Arthur Korn, Glas im Bau und als Gebrauchsgegenstand, Berlin 1929.
- Kort 2001
  Pamela Kort, The Myths of Expressionism in America, in New Worlds, German and Austrian art, 1890-1940, Hg. Renée Price, New York 2001, S. 260-293.
- Köster 2006
  Thomas Köster, 50 artists you should know, New York 2006.
  Kracauer 1927
  Siegfried Kracauer, Das Neue Wohnen. Zur Stuttgarter Werkbund Ausstellung 'Die Wohnung', in Frankfurter Zeitung, 1927.07.31.
- Kracauer 1947
  Siegfried Kracauer, From Caligari to Hitler, Princeton 1947.

- Kuhlemann u. Bueley-Uribe 2006
  Michael Kuhlemann u. Chrstina Bueley-Uribe Hg., Vor 100 Jahren. Rodin in Deutsch-land, München 2006.
  Kühnel-Kunze 1984
  Irene Kühnel-Kunze, Begegnung - Evakuierung - Rückführung, Die Berliner Museen in den Jahren 1939-1959, Berlin 1984.
- Lackner 1938
  Stephan Lackner, Das Welttheater des Malers Max Beckmann, der Text wurde an-lässlich der Londoner Ausstellung 1938 in den Burlington Galleries verfasst, abge-druckt in Stephan Lackner, Ich erinnere mich gut an Max Beckmann, Mainz 1967 [Lackner 1967], S. 51-73.
- Lackner 1963
  Stephan Lackner, Bildnis des Bildnismalers Max Beckmann, Rede zur Eröffnung der Ausstellung Max Beckmann – das Porträt, im Badischen Kunstverein Karlsruhe, ge-halten am 26. August 1963, abgedruckt in Ausst. Kat. Berlin 1967, S. 17-24.
- Lackner 1965
  Stephan Lackner, Max Beckmann, Die neun Triptychen, Berlin 1965.
- Lackner 1967
  Stephan Lackner, Ich erinnere mich gut an Max Beckmann, Mainz 1967.
- Lackner 1984/85
  Stephan Lackner, Exile in Amsterdam and Paris 1937-1947, in Ausst. Kat. München 1984/85, S. 1945-57.
- Lackner 1996/1997
  Stephan Lackner, Shared Exile. My friendship with Max Beckmann, 1933-1950, in Ausst. Kat. New York 1997, S. 107-116.
- Lambert 200
  = Ausst. Kat. New York u. Montréal 2001.
- Laufer 1994
  Johannes Laufer, Deutsche Spiegelglas AG 1871 – 1975. Die Geschichte eines Un-ternehmens zwischen Industrialisierung und sozialer Marktwirtschaft, hg. v. Deutsche Spiegelglas AG, Göttingen 1994.
- Le Corbusier 1924
  Le Corbusier, Vers une architecture, nouvelle éd. revue et augmentée, Paris, Crès 1924.
- Lenz 1996
  Christian Lenz, Kirchner - Meidner - Beckmann. Drei deutsche Künstler im Ersten Weltkrieg, in Mommsen Hg. 1996, S. 171-178.
- Lenz 2000
  Christian Lenz, Max Beckmann und die Alten Meister, „eine ganz nette Reihe von Freunden", hg. von, Bayerische Staatsgemäldesammlungen, Heidelberg 2000.
- Lenz 2002
  Christian Lenz, Anmerkungen zu dem Triptychon Abfahrt von Max Beckmann, in Max Beckmann. Aufsätze. Hefte des Max Beckmann Archivs 6. München 2002, S. 60-71.
- Lenz 2007
  Christian Lenz, "Schön und schrecklich wie das Leben". Die Kunst Max Beckmanns 1937-1947, in Ausst. Kat. München 2007, S. 33-105.

- Lenz und Döring Hg. 1983
  Max Beckmann, Selbstbildnisse. Zeichnung und Druckgraphik, hg. von Christian Lenz und Thomas Döring, Bayrische Staatsgemäldesammlung Neue Pinakothek München, Herzog Anton Ulrich-Museum Braunschweig 1983.
- Lepik 2001
  Andres Lepik, Mies and Photomontage. 1910-38, in Ausst. Kat. New York 2001, S. 324-329.
- Lepper 2005 1
  Katharina B. Lepper, Das plastische Werk, in Brockhaus Hg. 2005, S. 22-33.
- Lepper 2005 2
  Katharina B. Lepper, Rückblickende. 1914, in Brockhaus Hg. 2005, S. 162-163.
- Lepper 2005 3
  Katharina B. Lepper, Schreitende (Mädchen, sich umwendend). 1913/14, in Brockhaus Hg. 2005, S. 164-165.
- Lepper 2005 4
  Katharina B. Lepper, Torso der Schreitenden (Mädchentorso, sich umwendend. 1914, in Brockhaus Hg. 2005, S. 166-167.
- Lepper 2005 5
  Katharina B. Lepper, Kopf der Schreitenden (Mädchenkopf, sich umwendend). 1913/14, in Brockhaus Hg. 2005, S. 168-169.
- Lepper 2005 6
  Katharina B. Lepper, Weiblicher Torso (Torso der Großen Stehenden). 1910, in Brockhaus Hg. 2005, S. 120-121.
- Lessing 1967
  Gotthold Ephraim Lessing, Laokoon, oder über die Grenzen der Malerei und Poesie. Mit beiläufigen Erläuterungen verschiedener Punkte der alten Kunstgeschichte, Stuttgart 1967.
- Lethen
  Helmut Lethen, Verhaltensweisen der Kälte
- Liske 1928
  Richard Liske, Über Tapete und Stoff in der Wohnung, in Gräff 1928, S. 138-141. Lloyd 2003
  Jill Lloyd, Beckmann Exile in Amsterdam 1937-47, in Ausst. Kat. London 2003, S. 185-209.
- Lloyd 2004
  Jill Llyod, Max Beckmann. L' exil d' Amsterdam, Paris 2004.
- Lotz 1929
  Wilhelm Lotz, Plastik und Architektur, in Walter Rietzler Hg., Die Form. Monatsschrift für gestaltende Arbeit, hg für. d. Deutschen Werkbund, 2, Heft 1, 1929, S. 3-13.
- Lotz 1931
  Wilhelm Lotz, Die Halle II auf der Bauausstellung, in Walter Rietzler Hg., Die Form. Monatsschrift für gestaltende Arbeit, hg. für d. Deutschen Werkbund, 6, Heft 7, 1931, S. 241-249.
- Makela u. Long 2009
  Maria Makela, Rose-Carol Washton Long Hg., Of Truths Impossible to Put in Words, Max Beckmann Contextualized (Max Beckmann Symposium 2003, Graduate Center CUNY, New York),Marsha Morton, New York 2009.

- Mann 1939
  Erika Mann, Escapes to Life, Boston 1939.
- Maruhn 2001
  Maruhn, Jan, Buildung for Art. Mies van der Rohe as the Architect for Art, in Ausst. Kat. New York 2001, S. 318-323.
- Marx u. Weber 2003
  Andreas Marx u. Paul Weber, Konventioneller Kontext der Moderne. Mies van der Rohes Haus Kempner 1921-23. Ausgangspunkt einer Neubewertung des Hochhauses Friedrichstrasse, in Jürgen Wetzel Hg., Berliner Geschichte und Gegenwart, Jahrbuch des Landesarchivs, Berlin 2003, S. 65-107.
- Maulsby 2001
  Lucy M. Maulsby, Reichsbank Projekt, Berlin Mitte. 1933, in Ausst. Kat. New York 2001, S. 276-279.
- Maur 1994
  Karin von Maur, Das Unzeitgemäße und Zeitlose im Werk von Max Beckmann, in Ausst. Kat. Stuttgart 1994, S. 13-37.
- Mc Quaid 1996 1
  Matilda Mc Quaid, Zwei Ausstellungen von Lilly Reich. Die Wohnung unserer Zeit (1931) und deutsches Volk – deutsche Arbeit (1934), in o. Hg., Archithese, 3, Heft 26, 1996, S. 42-47.
- Mc Quaid 1996 2
  Matilda Mc Quaid, Lilly Reich. Designer and architect, New York 1996.
- Meier-Graefe 1910
  Julius Meier-Graefe, Hans von Marées. Sein Leben und sein Werk, München u. Leipzig, 1909-1910.
- Melissen 1997
  Sipko Melissen, Jonge maanen aan zee. Roman, Amsterdam 1997.
- Metzel 2001
  Olaf Metzel, Beckmanns "Badekabine", in Olaf Metzel Hg. Public art, Ostfildern 2001.
- Mertens 1994
  Detlef Mertens, The Presence of Mies, Princeton 1994.
- Mertens 2001
  Detlef Mertens, Architectures of Becoming. Mies van der Rohe and the Avant-Garde, in Ausst. Kat. New York 2001, S. 104-133.
- Mies van der Rohe 1923 1
  Ludwig Mies van der Rohe, Bürohaus, in Hans Richter Hg., G. Zeitschrift für elementare Gestaltung, Juli 1923, S. 3.
- Mies van der Rohe 1923 2
  Ludwig Mies van der Rohe, Bauen, in Hans Richter Hg.,, G. Zeitschrift für elementare Gestaltung, September 1923, S. 1.
- Mies van der Rohe 1927
  Ludwig Mies van der Rohe, [ohne Titel], in Walter Riezler Hg., Die Form. Monatsschrift für gestaltende Kunst, für d. Deutschen Werkbund, Jahrg. 2, 1927, S. 257.
- Mies van der Rohe 1929
  Ludwig Mies van der Rohe, Der Pavillon des deutschen Reiches auf der Ausstellung in Barcelona, Werkstoff und Bauform, in o. Hg., Stein, Holz, Eisen. Wochenschrift für Moderne Bauwirtschaft und Baugestaltung. Holz- und Bau-Zeitung, Jahrg. 42., Heft 39, 1929, S. 609-613.

- Miller 2001
  Wallis Miller, Mies and Exhibition, in Ausst. Kat. New York 2001, S. 296-299.
- Miller 2004/5
  Norbert Miller, "Ob Du diesen ich möchte fast sagen größten und reichsten Dicher unter den deutschen Dichtern kennst?" Versuch über Max Beckmann und Jean Paul, in Max Beckmann. Beiträge 2004-2005. Hefte des Max Beckmann Archivs 8, München 2006, S. 9-44.
- Mitteilungen des Vereins Deutscher Spiegelglasfabriken 1925
  Mitteilungen des Vereins deutscher Spiegelglasfabriken G.m.b.H., Köln am Rhein, Köln, Verein deutscher Spiegelglasfabriken G.m.b.H. 1928.
- Mitteilungen des Vereins Deutscher Spiegelglasfabriken 1926
  Mitteilungen des Vereins deutscher Spiegelglasfabriken G.m.b.H., Köln am Rhein, Köln, Verein deutscher Spiegelglasfabriken G.m.b.H. 1928.
- Mitteilungen des Vereins Deutscher Spiegelglasfabriken 1927
  Mitteilungen des Vereins deutscher Spiegelglasfabriken G.m.b.H., Köln am Rhein, Köln, Verein deutscher Spiegelglasfabriken G.m.b.H. 1928.
- Mitteilungen des Vereins Deutscher Spiegelglasfabriken 1928
  Mitteilungen des Vereins deutscher Spiegelglasfabriken G.m.b.H., Köln am Rhein, Köln, Verein deutscher Spiegelglasfabriken G.m.b.H. 1928.
- Mommsen Hg. 1996
  Wolfgang Mommsen Hg., Kultur und Krieg. Die Rolle der Intellektuellen, Künstler und Schriftsteller im Ersten Weltkrieg, München 1996.
- Mosse 1964
  George L. Mosse, The Crisis of German Ideology, Intellecutal Roots of the Third Reich, New York 1964.
- Much 1998
  Deutscher Werkbund Hg., Amtlicher Katalog der Werkbundausstellung Die Wohnung, 1927, Reprint [Faks.-Ausg.], Hg. Stuttgarter Gesellschaft für Kunst und Denkmalpflege, Nachw. Franz J. Much, Stuttgart 1998.
- Müller 2004
  Müller, Ulrich, Raum, Bewegung und Zeit im Werk von Walter Gropius und Ludwig Mies van der Rohe, Berlin 2004.
- Nagel u. Rathke 1991
  W. A. Nagel u. Ewald Rathke, Max Beckmann. Die Frankfurter Jahre, Harnau 1991.
- Neugebauer 2003
  Rosamunde Neugebauer, Zeichnen im Exil - Zeichen des Exils? Handzeichnung und Druckgraphik deutschsprachiger Emigranten (ab 1933), Weimar 2003.
- Nerdinger 1985
  Winfried Nerdinger, Walter Gropius. Der Architekt Walter Gropius. Zeichnungen, Pläne und Fotos aus dem Busch-Reisinger Museum der Harvard Univ. Art Museums, Cambridge, Mass. Und dem Bauhaus-Archiv Berlin, Berlin 1985.
- Neueufert 1984
  Ernst Neufert, Bauentwurfslehre, 32, durchgesehene und ergänzte Auflage, Braunschweig u. Wiesbaden 1984.
- Neugebauer 2004
  Rosamunde Neugebauer, Das verschattete Antlitz und der geschwärzte Blick der Melancholie im Exil. Anmerkungen zu einigen gezeichneten Selbstporträts von Max

Beckmann, in Werner Scheel Hg., Gesicht - Bild - Deutung, Oberhausen 2004, S. 109-122.
· Neumann 1992
Dietrich Neumann, Three Early Projects by Mies van der Rohe, in o. Hg., Perspecta, Journal of the Yale School of Architecture, vol. 27 1992, S. 76-97.
· Neumann 1995
Dietrich Neumann, The Century's Triumph in Lighting, The Luxfer Prism Companies and their Contribution to Early Modern Architecture, in o. Hg., Journal of the Society of Architectural Historians, 54,I, März, 1995, S. 24-53.
· Neumann 2000
Dietrich Neumann, Rezension von Im Brennpunkt der Moderne. Mies van der Rohes Haus Tugendhat. Und Mies van der Rohe, Möbel und Bauten in Stuttgart, Barcelona, Brno, in o. Hg., The Journal of the Society of Architectural Historians, Vol. 59, Nr. 1 (März), 2000, S. 96-100.
· Neumann 2001 1
Dietrich Neumann, Friedrichstrasse Skyscraper Project. Berlin Mitte. 1921, in Ausst. Kat. New York 2001, S. 180-183.
· Neumann 2001 2
Dietrich Neumann, Glass Skyscraper Project, no intended site known. 1922, in Ausst. Kat. New York 2001, S. 186-189.
· Neumann 2001 3
Dietrich Neumann, Concrete Country House Project, no intended site known. 1923, in Ausst. Kat. New York 2001, S. 190-191.
· Neumann 2001 4
Neumann, Dietrich, Concrete Office Building Project, no intended site known. 1923, in Ausst. Kat. New York 2001, S. 192-193.
· Neumann 2001 5
Dietrich Neumann, Brick Country House Project, Potsdam-Neubabelsberg. 1924, in Ausst. Kat. New York 2001, S. 194-195.
· Neumann 2006 1
Dietrich Neumann, Barcelona Pavillon, in William Robinson Hg., Barcelona and Modernity. Picasso, Gaudi, Miro, Dali, New Haven 2006.
· Neumann 2006 2
Dietrich Neumann, Haus Ryder in Wiesbaden und die Zusammenarbeit von Gerhard Severain und Ludwig Mies van der Rohe, in o. Hg., Architectura 2/2006, im Druck.
· Neumann 2007 1 forthcoming
Dietrich Neumann, Mies Media, in o. Hg., Journal of the Society of Architectural Historians, Maerz 2007, forthcoming.
· Neumann 2007 2
Dietrich Neumann, Mies van der Rohe, London, Phaidon 2007 (in Vorbereitung), Buchmanuskript, Auszüge.
· Neumeyer 1986
Fritz Neumeyer, Das kunstlose Wort. Gedanken zur Baukunst, Berlin 1986.
· Nietzsche 1901
Friedrich Nietzsche, Also sprach Zarathustra. Ein Buch für alle und keinen, Leipzig 1901.
· Nietzsche Sämtliche Werke
Friedrich Nietzsche, Sämtliche Werke. Kritische Studienausgabe in 15 Bänden, Hg.

Giorgio Colli und Mazzino Montinari, München 1980. (Zitiert wird nach dieser ver-
bindlichen Studienausgabe.)
· Nietzsche Sämtliche Briefe
Friedrich Nietzsche, Sämtliche Briefe. Kritische Studienausgabe in 8 Bänden, Hg. Gi-
orgio Colli und Mazzino Montinari, München 1986. (Zitiert wird nach dieser verbindli-
chen Studienausgabe.)
· Nisbet u. Norris 1991
Peter Nisbet u. Emilie Norris Hg., The Busch-Reisinger Museum, history and hold-
ings, Cambridge 1991.
· Noll 2002
Thomas Noll, Max Beckmann - Mann im Dunkeln, in Max Beckmann. Aufsätze.
Hefte des Max Beckmann Archivs 6. München 2002, S. 26-59.
· Noll 2003
Thomas Noll, "Adam und Eva" im Werk von Max Beckmann, in Jahrbuch der Berliner
Museen, Berlin 2003, S. 261-302.
· Noll 2006
Thomas Noll, Max Beckmann und die Geheimlehre der Helena P. Blavatsky, in Max
Beckmann. Beiträge 2004-2005. Hefte des Max Beckmann Archivs 8, München
2006, S. 45-74.
· O. Autorenangabe Berlin 1914
O. Autorenangabe, Das neue niederrheinische Dorf auf der Deutschen Werkbund-
ausstellung in Köln 1914, Einführung von Reumont, Berlin, Wasmuth 1914.
· O. Autorangabe Berlin 1921/2
O. Autorangabe, Vorwort, in o. Hg., Wasmuths Monatshefte für Baukunst, 1921/2,
S. 199, Bilder, S. 249-260.
· O. Autorangabe Stuttgart 1925
O. Autorangabe, Amtlicher Katalog der Ausstellung des Schwäbischen Landes,
Stuttgart, (Mai-Oktober) 1925.
· O. Autorangabe Bietigheim 1927 1
O. Autorangabe, Linoleum auf der Werkbundausstellung ‚Die Wohnung' in Stuttgart,
in Export-Abteilung der Deutsche Linoleum-Werke AG Bietigheim Hg., Nachrichten
der Deutschen Linoleum-Werke A.G., Auslandsausgabe, Nr. 1, 1927, Deckblatt und
S. 2-4.
· O. Autorangabe Bietigheim 1927 2
O. Autorangabe, Die Rolle des Linoleums im modernen Wohnungsbau, in Export-
Abteilung der Deutsche Linoleum-Werke AG Bietigheim Hg., Nachrichten der Deut-
schen Linoleum-Werke A.G., Auslandsausgabe, Nr. 1, 1927, S. 10-11.
· O. Autorangabe Oldenburg 1929
O. Autorangabe, Die D.L.W. auf der Leipziger Frühjahrsmesse 1929, in Linoleum-
Wirtschaftsstelle G.m.b.H., Oldenburg i. O. Hg., Nachrichten der Deutschen Lino-
leum-Werke A.G., Nr. 9, 1929, S. 37-39.
· O. Autorangabe Köln 1928
O. Autorangabe, Farbiges Kristallspiegelglas und kommende Raumgestaltung, in
Verein der deutschen Spiegelglasfabriken Hg., Mitteilungen des Vereins deutscher
Spiegelglasfabriken G.m.b.H., Köln am Rhein, Köln, Verein deutscher Spiegelglas-
fabriken G.m.b.H. 1928.
· O. Autorangabe Frankfurt 1929
O. Autorangabe, Das Gesicht der Technischen und Baumesse in Leipzig, in o. Hg.,

Stein, Holz, Eisen. Wochenschrift für Moderne Bauwirtschaft und Baugestaltung. Holz- und Bau-Zeitung, Jahrg. 43, Heft 10, 1929, S. 149-150.

· O. Autorangabe Oldenburg 1929 1
O. Autorangabe, Die Aubbette in Straßburg, mit Genehmigung der Zeitschrift Die Form, Berlin, Reckendorf, o. J., abgedruckt in Linoleum-Wirtschaftsstelle G.m.b.H., Oldenburg i. O. Hg., Nachrichten der Deutschen Linoleum – Werke A.G., Nr. 8, 1929, S. 22-26.

· O. Autorangabe Oldenburg 1929 2
O. Autorangabe, Die DLW auf der Leipziger Frühjahrsmesse, in Linoleum-Wirtschaftsstelle G.m.b.H., Oldenburg i. O. Hg., Nachrichten der Deutschen Linoleum-Werke A.G., Nr. 9, 1929, S. 37-39.

· O. Autorangabe Oldenburg 1929 3
O. Autorangabe, Die Weltausstellung in Barcelona, in Linoleum-Wirtschaftsstelle G.m.b.H., Oldenburg i. O. Hg., Nachrichten der Deutschen Linoleum-Werke A.G., Nr. 10, 1929, S. 40-41.

· O. Autorangabe 1930
O. Autorangabe, Die Herstellung von Linoleum, i. Auftrag der Bildstelle des preussischen Ministeriums für Handel und Gewerbe zu Unterrichtszwecken bearbeitet, o. O., Sala (Februar) 1930.

· O. Autorangabe Berlin 1931
O. Autorangabe, Von der Deutschen Bauausstellung Berlin 1931, in o. Hg., Wasmuths Monatshefte für Baukunst, 1931, S. 241-247.

· O. Autorangabe Ostfildern Ruit 2000
O. Autorangabe, Linoleum and Wallpaper at the Werkbund Exhibition "Die Wohnung" Stuttgart 1927, Reprint from 1927, in Ausst. Kat. Delmenhorst u. Stuttgart 2000, S. 198-207.

· O'Doherty 1996
Brian O'Doherty, In der weißen Zelle. Inside the white cube, hg. v. Wolfgang Kemp, Nachwort v. Markus Brüderlin, Berlin 1996.

· Otto 2001 1
Christian F. Otto, Weissenhof Housing Colony Master Plan. Die Wohnung. Exhibition, Stuttgart. 1925-27, in Ausst. Kat. New York 2001, S. 210-213.

· Otto 2001 2
Christian F. Otto, Weissenhof Apartment House. Die Wohnung. Exhibition, Stuttgart. 1926-27, in Ausst. Kat. New York 2001, S. 214-217.

· Panofsky 1927
Erwin Panofsky, Die Perspektive als "symbolische Form". Vorträge der Bibliothek Warburg, 1924-25, S. 259-330.

· Panofsky 1927/1984
Erwin Panofsky, Zum Problem der historischen Zeit in Erwin Panofsky, Aufsätze zu Grundfragen der Kunstwissenschaft, Hg. Hariolf Oberer u. Egon Verheyen, Berlin 1984, S. 77.

· Pappenbrock 1995
Martin Pappenbrock, Max Beckmanns "Day and Dream". Exilerfahrung und Amerika-Sehnsucht, in Kunst und Sozialgeschichte, Pfaffenweiler 1995, S. 328-345.

· Papus, Kabbala 19-?
Papus [pseud.], Die Kabbala, autorisierte Übersetzung von J. Nestler, Leipzig 19-?.

- Paret 1980
  Peter Paret, The Berlin Secession, Modernism and its Enemies in Imperial Germany, Cambridge 1980.
- Paret 1984
  Peter Paret, The Enemy Within, Max Liebermann as President of the Prussian Academy of Arts, The Leo Baeck Memorial Lecture, no 28., New York (Leo Baeck Institute) 1984.
- Pavel 2006 1
  Thomas Pavel, Resultat Beste Ergänzung. Mies van der Rohe und Kolbe im Barcelona Pavillon, in Ausst. Kat. Berlin 2006, S. 18-33.
- Pavel 2006 2
  Thomas Pavel, Der Barcelona-Pavillon als mediales Ereignis, in Ausst. Kat. Berlin 2006, S. 52-71.
- Pavel 2006 3
  Thomas Pavel, Erdgeschosswohnhaus-Deutsche Bauausstellung Berlin 1931, in Ausst. Kat. Berlin 2006, S. 112-117.
- Peters 2002
  Olaf Peters, Max Beckmann, Selbstbildnis im Smoking und "Der Künstler im Staat", in Kunsthistorische Arbeitsblätter, 2002, Nr. 1, S. 37-42.
- Peters 2005
  Olaf Peters, Vom schwarzen Seiltänzer, Max Beckmann zwischen Weimarer Republik und Exil, Berlin 2005.
- Peters 2009
  Olaf Peters, Rezension, Anabelle Kienle, Max Beckmann in Amerika und Françoise Forster-Hahn, Max Beckmann in Kalifornien. Exil, Erinnerung und Erneuerung http://www.sehepunkte.de/2009/06/16218.html. (letzter Aufruf, 17.02.2009)
- Phillipp 1994
  Hanna Phillipp, Zur Komposition von Max Beckmanns Triptychon "Departure", in Marlene Herfort-Koch Hg., Begegnungen - Frankfurt und die Antike, Frankfurt am Main 1994, S. 475-481.
- Pillep 1990
  Rudolf Pillep, "Antinazist" Beckmann, in Kunst und Kunstkritik der dreißiger Jahre. 29 Standpunkte zu künstlerischen und ästhetischen Prozessen und Kontroversen, Hg. Maria Rüger im Auftrag der Akademie der Künste der DDR, Dresden 1990 [Rüger Hg. 1990], S. 179-187.
- Piper 1983
  Ernst Piper, Nationalsozialistische Kunstpolitik. Ernst Barlach und die "entartete Kunst". Eine Dokumentation, München u. Zürich 1983.
- Platon, Timaios
  Hans Günter Zekl, Plato. Platon/Timaios, Hamburg 1992.
- Poeschke 2000
  Joachim Poeschke, "Meinen Stil zu gewinnen..." Max Beckmann und Cézanne, in Max Beckmann. Vorträge 1996-1998. Hefte des Max Beckmann Archivs 3, München 2000, S. 9-22.
- Pommer u. Otto 1991
  Richard Pommer u. Christiane F. Otto, Weissenhof 1927 and the modern movement in architecture, Chicago u. London 1991.

- Posener 1984
Julius Posener, Der Deutsche Werkbund bis 1914, in Wulf Herzogenrath Hg., Der westdeutsche Impuls 1900-1914. Kunst und Umweltgestaltung im Industriegebiet. Die Deutsche Werkbund-Ausstellung Cöln 1914, Essen 1984, S. 15-17.
- Quetglas 2001
Josep Quetglas, Fear of Glass. Mies van der Rohe's Pavilion in Barcelona, Basel 2001.
- Ralph 2003
Ralph Häfner, Lebensspiele. Max Beckmanns Argonauten-Triptychon und das Problem seines Sujets, in Max Beckmann. Beiträge 2002. Hefte des Max Beckmann Archits 7, München 2003, S. 31-69.
- Ramond 2002
Sylvie Ramond, Maitres anciens, maitres inactuels, in Ausst. Kat. Paris 2002, S. 132-135.
- Rathbone 1994
Perry T. Rathbone, Max Beckmann in Amerika. Persönliche Erinnerungen, in Ausst. Kat. Stuttgart 1994, S. 39-46.
- Reeser 2001 1
Amanda Reeser, Perls House, Berlin-Zehlendorf. 1911-12, in Ausst. Kat. New York 2001, S. 162-165.
- Reeser 2001 2
Amanda Reeser, Urbig House, Potsdam-Neubabelsberg. 1915-17, in Ausst. Kat. New York 2001, S. 176-179.
- Reichsausschuss für Lieferbedingungen (RAL) 1928
Reichsausschuss für Lieferbedingungen (RAL) Hg., Jahresbericht 1927, Berlin, Reichkuratorium für Wirtschaftlichkeit 1928.
- Reimertz 2006
Stephan Reimertz, Max Beckmann, Biographie, München 2006.
- Riley 2001 1
Terence Riley, Making History. Mies van der Rohe and The Museum of Modern Art, in Ausst. Kat. New York 2001, S. 10-23.
- Riley 2001 2
Terence Riley, Ulrich Lange House Project, Krefeld, in Ausst. Kat. New York 2001, S. 296-299.
- Riley u. Bergdoll 2001
Terence Riley u. Barry Bergdoll Hg., Mies in Berlin, New York, The Museum of Modern Art 2001.
- Riezler 1931
Walter Riezler, Das Haus Tugendhat in Brünn, in Walter Riezler Hg., Die Form. Monatsschrift für gestaltende Arbeit, für d. Deutschen Werkbund, Jahrg. 6, Heft 9 (15. September), 1931, S. 321-332.
- Rosenzweig Berlin 1930[1]/Frankfurt am Main 1988[2]
Franz Rosenzweig, Der Stern der Erlösung, Berlin 1930[1]/Frankfurt am Main 1988[2].
- Rüger Hg. 1990
Maria Rüger Hg., Kunst und Kunstkritik der dreißiger Jahre. 29 Standpunkte zu künstlerischen und ästhetischen Prozessen und Kontroversen, Dresden 1990.
- Sabin 2008
Stefana Sabin, Die Welt als Exil, Göttingen 2008.

· Sáez, Beckmann u. Zeiller 2007
Helena Perena Sáez, Mayen Beckmann u. Christiane Zeiller, Max Beckmann. Bibliographie 1994-2007 und Nachträge, Hefte des Max Beckmann Archivs 9, München 2007.

· Salzmann 1981
Siegfried Salzmann, Das Wilhelm-Lehmbruck-Museum Duisburg, Recklinghausen, Bongers 1981.

· Sander 2006
Birgit Sander, Marie-Louise von Motexiczky, Max Beckmann und Frankfurt, in Ausst. Kat. Liverpool 2006, S. 109-133.

· Sauderlandt 1957
Max Sauerlandt, Im Kampf um die moderne Kunst, Briefe 1902-33, Hg. Kurt Dingestedt u. Heinz Spielmann, München 1957.

· Scharnholz 2001
Lars Scharnholz, Wolf House, Gubin. 1925-27, in Ausst. Kat. New York 2001, S 202-205.

· Scheel u. Bering Hg. 1998
Werner Scheel u. Kunibert Bering Hg., Umbrüche. Maler einer verschollenen Generation, Berlin 1998.

· Scheerbart 1986
Paul Scheerbart, Glasarchitektur und Glashausbriefe, München 1986.

· Scheffler 1926 1
Karl Scheffler, Das Berliner Museumschaos, in o. Hg., Kunst und Künstler, 1926, S. 261-271.

· Scheffler 1926 2
Karl Scheffler, Das umgebaute Museum für Völkerkunde, in o. Hg., Kunst und Künstler, 1926, S. 384-389.

· Scheiffle 1994
Walter Scheiffle, Wilhelm Wagenfeld und die moderne Glasindustrie, Stuttgart, Hatje Cantz 1994.

· Schiller 1984
Friedrich Schiller, Über das Schöne und die Kunst, Schriften zur Ästhetik, Hg. Gerhard Fricke u. G. Göpfer, München 1984.

· Schink 1990
Arnold Schink, Mies van der Rohe. Beiträge zur ästhetischen Entwicklung der Wohnarchitektur, Stuttgart 1990.

· Schmidinger u. Schoeller 2007
Veit J. Schmidinger u. Wilfried F. Schoeller, Transit Amsterdam. Deutsche Künstler im Exil 1933-1945, München 2007, zu Max Beckmann S. 156-165.

· Schmidt 2004
Dietrich W. Schmidt, Verantwortung für technischen Fortschritt, Brauchbarkeit und Machbarkeit. Hugo Keuerleber, in Norbert Becker u. Franz Quarthal Hg., Die Universität Stuttgart nach 1945. Geschichte, Entwicklungen, Persönlichkeiten, Ostfildern Ruit 2004, S. 106 – 111.

· Schmied 1983 1
Wieland Schmied, Die metaphysische Kunst des Giorgio de Chirico vor dem Hintergrund der deutschen Philosophie, Schopenhauer, Nietzsche, Weininger, in Ausst. Kat. München u. Paris 1983, S. 9-16.

- Schmied 1983 2
Wieland Schmied, Die sieben Städte Giorgio de Chiricos, Zur Mythologie des Malers, in Ausst. Kat. München u. Paris 1983, S. 89-108.
- Schmied 2002
Wieland Schmied, Die Sehnsucht nach dem Unendlichen. Reise, Mythos, Traum und Theater - verwandte Motive bei Max Beckmann und Giorgio de Chirico, in Jahrbuch der Bayrischen Akademie der Schönen Künste 16, 2002, S. 61-122.
- Schneede 1993
Uwe Schneede, Der Künstler über sich selbst. Zu einigen Bildern und Texten von Max Beckmann, in Ausst. Kat. Hamburg u. München 1993, S. 9-16.
- Schneede 2009
Uwe Schneede, Max Beckmann. Der Maler seiner Zeit, München 2009.
- Schneider 2005
Jörg Schneider, Religion in der Krise, die bildenden Künstler Ludwig Meidner, Max Beckmann und Otto Dix meistern ihre Erfahrung des Ersten Weltkrieges, Gütersloh 2005.
- Schoch-Joswig 2000
Brigitte Schoch-Joswig, Stürzende Räume. in Hoffmann Hg. 2000, S. 81-103.
- Scholem 1957
Gershom Gerhard Scholem, Die jüdische Mystik in ihren Hauptströmungen, Frankfurt am Main 1980.
- Scholem 1981
Gershom Gerhard Scholem, Zur Kabbala und ihrer Symbolik, Frankfurt am Main 1981.
- Scholem 1994
Gershom Gerhard Scholem, Alchemie und Kabbala, Frankfurt am Main 1994.
- Scholem 1995
Gershom Gerhard Scholem, Von der mystischen Gestalt der Gottheit, Studien zu Grundbegriffen der Kabbala, Frankfurt am Main 1995.
- Schopenhauer 1987
Arthur Schopenhauer, Die Welt als Wille und Vorstellung, Frankfurt am Main 1987.
- Schroeder 1998
Veronica Schroeder, Max Beckmann. Die Auferstehung von 1908, in Felix Billeter, Helga Gutbrod u. Andrea Pophanken Hg., Von Duccio bis Beckmann. Festschrift für Christian Lenz zum 60. Geburtstag, München 1998, S. 155-167.
- Schubert 1981/Schubert 1990
Dietrich Schubert, Die Kunst Lehmbrucks, Worms [1]1981/[2]1990.
- Schubert 2001
Dietrich Schubert, Wilhelm Lehmbruck. Catalogue Raisonne der Skulpturen. 1898-1919, Worms 2001.
- Schulte 2000
Karin Schulte, Linoleum and the DLW Exhibition Room at the Werkbund Exhibition Die Wohnung 1927 in Stuttgart, in Ausst. Kat. Delmenhorst u. Stuttgart 2000, S. 198-207.
- Schulze 1929 1
Konrad Werner Schulze, Ausstellungsbauten in Glas, Licht, Metall, in o. Hg., Glas als Baustoff, Beilage zur Halbmonatsschrift Stein Holz Eisen, in o. Hg., Stein, Holz,

Eisen. Wochenschrift für Moderne Bauwirtschaft und Baugestaltung. Holz- und Bau-Zeitung, Jahrg. 42., Heft 2, 1929, S. 5-8.

· Schulze 1929 2
Konrad Werner Schulze, Wände aus Glas, in o. Hg., Glas als Baustoff, Beilage zur Halbmonatsschrift Stein Holz Eisen, in o. Hg., Stein, Holz, Eisen. Wochenschrift für Moderne Bauwirtschaft und Baugestaltung. Holz- und Bau-Zeitung, Jahrg. 42, Heft 4, 1929, S. 13-16.

· Schulze 1930 1
Konrad Werner Schulze, Albaglas, in o. Hg., Glas als Baustoff, Beilage zur Halbmonatsschrift Stein Holz Eisen, in o. Hg., Stein, Holz, Eisen. Wochenschrift für Moderne Bauwirtschaft und Baugestaltung. Holz- und Bau-Zeitung, Jahrg. 43, Heft 4, 1930, S. 13-16.

· Schulze 1930 2
Konrad Werner Schulze, Lichtwände, in o. Hg., Glas als Baustoff, Beilage zur Halbmonatsschrift Stein Holz Eisen, in o. Hg., Stein, Holz, Eisen. Wochenschrift für Moderne Bauwirtschaft und Baugestaltung. Holz- und Bau-Zeitung, Jahrg. 43, Heft 1, 1930, S. 1-3.

· Schulze 1930 3
Konrad Werner Schulze, Verkleidung in Glas, in o. Hg., Glas als Baustoff, Beilage zur Halbmonatsschrift Stein Holz Eisen, in o. Hg., Stein, Holz, Eisen. Wochenschrift für Moderne Bauwirtschaft und Baugestaltung. Holz- und Bau-Zeitung, Jahrg. 43, Heft 2, 1930, S. 5-8.

· Schulze, 1930 4
Konrad Werner Schulze, Das offene Haus, in o. Hg., Glas als Baustoff, Beilage zur Halbmonatsschrift Stein Holz Eisen, in o. Hg., Stein, Holz, Eisen. Wochenschrift für Moderne Bauwirtschaft und Baugestaltung. Holz- und Bau-Zeitung, Jahrg. 43, Heft 2, 1930, S. 9-12.

· Schulze 1985
Schulze, Franz, Mies van der Rohe. Leben und Werk, Berlin 1986. Originalausgabe, Mies van der Rohe. A Critical Biography, Chicago u. London 1986.

· Schulze 1986
Franz Schulze, Mies van der Rohe. Leben und Werk, Berlin 1986.

· Schulze 1998
Sabine Schulze, Das 20. Jahrhundert im Städel, Sammlungsgeschichte und Standortbestimmung, Ostfildern-Ruit 1998.

· Schulz-Hoffmann 1991
Carla Schulz-Hoffmann, Max Beckmann, der Maler, München 1991.

· Schulz-Hoffmann 1993
Carla Schulz-Hoffmann, "Rücksichtslose Erkenntnis des eigenen Ichs". Max Beckmann in seinen Bildern, in Ausst. Kat. Hamburg u. München, S. 17-28.

· Schulz-Hoffmann 2000
Carla Schulz-Hoffmann, Max Beckmann im 1. Weltkrieg. Die Bilder, die Briefe, in Max Beckmann. Vorträge 1996-1998. Hefte des Max Beckmann Archivs 3, München 2000, S. 63-78.

· Schulz-Mohns 1980
Christoph Schulz-Mons, Kirchner und Beckmann in Frankfurt, Für Martin Gosebruch, in Zeitschrift für Kunstgeschichte, 43 Bd, H. 2 (1980), S. 203-210.

- Schürer 1927
  Schürer, Oskar, Bemerkungen zur modernen Architektur, in Paul Westheim Hg., Das Kunstblatt, 11, 1927, S. 109-117.
- Schwartz 1999
  Frederic J.Schwartz, Der Werkbund. Ware und Zeichen 1900-1914, Amsterdam u. Dresden 1999.
- Schwarz 2006
  Michael Viktor Schwarz, "Beckmann, l'européen", in Ausst. Kat. Bayreuth 2006, S. 26-37.
- Schwarz 2008
  Michael Viktor Schwarz, Die Abfahrt der Argonauten ins Museum of Modern Art, zur Frage von Beckmanns New York strategy, in Wiener Jahrbuch für Kunstgeschichte, 57.2008, S. 263-281.
- Seidel 1998
  Martin Seidel, Kirchners "Brücke"-Gemälde, ein Zeitungsphoto mit Max Beckmann und weitere Einflüsse, in Marburger Jahrbuch für Kunstwissenschaft, 25 Bd. (1998), S. 149-164.
- Selz 1997
  Peter Selz, Max Beckmann in America, in Peter Selz, Beyond the mainstream, Essays on modern and contemporary art, New York 1997, S. 215-228.
- Simon 1971
  Matila Simon, The Battle of the Louvre, The Struggle to Save French Art in World War II, New York 1971.
- Simons 2007
  Oliver Simons, Raumgeschichten, Topographien der Moderne in Philosophie, Wissenschaft und Literatur, München 2007.
- Silverman 1982
  Hugh J. Silverman, Cézanne's Mirror Stage, in The Journal of Aesthetics and Art Criticism, Vol. 40, No. 4 (Summer, 1982), S. 369-379.
- Smitmans 2001
  Adolf Smitmans, Max Beckmann. Der Zeichner im Exil 1937-1947, in Ausst. Kat. Albstadt 2001, S. 133-148.
- Southgate 1996
  M. T. Southgate, The Cover. Max Beckmann, Selfportrait in Blue Jacket, in Jama, Journal of the American Medical Association, International Edition 276, 1996, Nr. 14, S. 1118.
- Southgate 1996 2
  M. T. Southgate, The Cover. Max Beckmann, The Sinking of the Tintanic, in Jama, Journal of the American Medical Association, International Edition 276, 1996, Nr. 13, S. 1009.
- Spaeth 1979
  David A. Spaeth, Ludwig Mies van der Rohe. An Annotated Bibliography and Chronology, New York u. London 1979.
- Spalek 1978
  John Spalek, Guide to the Archival Materials of the German-Speaking Emigration to the United States after 1933, Charlottesville 1978.

- Spieler 1998
  Reinhard Spieler, Max Beckmann. Bildwelt und Weltbild in den Triptychen, Köln 1998.
- Stamm 2002
  Rainer Stamm, Karl Ernst Osthaus. Reden und Schriften. Folkwang, Werkbund, Arbeitsrat, Köln 2002.
- Steiner 2004
  Georg Steiner, The Idea of Europe, Tilburg 2004.
- Stehlé-Akhtar 1997
  Barbara Stehlé-Akhtar, From Obscurity to Recognition, Max Beckmann and America, in Ausst. Kat. New York 1997, S. 21-55.
- Steinberg 1982
  Leo Steinberg, Cézannismus und Frühkubismus, in Ausst. Kat. Köln 1982, S. 59-70.
- Stein Holz Eisen 1927
  Stein, Holz, Eisen. Wochenschrift für Moderne Bauwirtschaft und Baugestaltung. Holz- und Bau-Zeitung, Jahrg. 41, 1927.
- Stephan 2005
  Hg. Alexander Stephan, Exile and Otherness, New Approaches to the Experience of the Nazi Refugees, Oxford 2005.
- Stern 1965
  Fritz Stern, The Politics of Cultural Dispair, Garden City N.J. 1965.
- Stern 1972
  Fritz Stern, The Failure of Illiberalism; Essays on the Political Culture on Modern Germany, New York 1972.
- Stern 1984
  Fritz Stern, Dreams and Delusions, The Drama of German History, New York 1984.
- Stiller 1999-
  Adolf Stiller, Das Haus Tugendhat, Salzburg 1999.
- Stolzenburg 1994
  Andreas Stolzenburg, Erwerbungsbericht "Reise auf dem Fisch", in Jahrbuch der Staatlichen Kunstsammlung in Baden-Württemberg 31, S. 225-228.
- Strempel 1995
  Silke Strempel, Kunst, Kommerz, Konsum. Bedeutung und Entwicklung der künstlerischen Schaufenstergestaltung im 20. Jahrhundert. Blickfang Berlin, Universität Hamburg, Kunsthistorisches Seminar, Magisterarbeit 1995.
- Stückelberger 1996
  Johannes Stückelberger, Rembrandt und die Moderne, der Dialog mit Rembrandt in der deutschen Kunst um 1900, München 1996.
- Sudhalter 2001
  Adrian Sudhalter, Bismarck Monument Project, Bingen, in Ausst. Kat. New York 2001, S. 158-161.
- Taylor 1983
  John Russell Taylor, Strangers in Paradise. The Hollywood Émigrés 1933-1950, New York 1983.
- Tegethoff 1981
  Wolf Tegethoff, Mies van der Rohe. Die Villen und Landhausprojekte, Essen 1981.

- Tegethoff 2001
  Wolf Tegethoff, Catching the Spirit. Mies"s Early Work and the Impact of the "Prussian Style", in Ausst. Kat. New York 2001, S. 134-152.
- Tegethoff 2002
  Wolf Tegethoff, Public privacy. Privatsphäre und Öffentlichkeit in der Entwicklungsgeschichte des modernen Wohnhauses, in Burkhardt u. Berthold Hg. 2002, S. 14-39.
- Teuber 1982
  Marianne L. Teuber, Formvorstellung und Kubismus oder Pablo Picasso und William James, in Ausst. Kat. Köln 1982, S. 9-57.
- Thiekötter 1994
  Angelika Thiekötter, Kristallisationen, Splitterungen. Bruno Tauts Glashaus, Basel 1994.
- Tiedemann
  Anja Tiedemann, Karl Buchholz und Curt Valentin - Verwertung 'entarteter' Kunst im 3. Reich (Arbeitstitel Dissertation).
- Traenhardt 1932
  Traenhardt, o. Vorname, Der Einfluss der Tapetenfarben auf unsere Stimmung; in o. Hg., Der Deutsche Tapezier, Polsterer und Dekorateur, Jahrg. 1, Heft / (10.Juli), 1932, S. 117-118.
- van der Wolk 2001
  Johannes van der Wolk, Kröller-Müller Villa Project, Wassenaar. 1912-13, in Ausst. Kat. New York 2001, S. 166-169.
- Völckers 1939
  Otto Völckers, Glas und Fenster. Ihr Wesen, ihre Geschichte und ihre Bedeutung in der Gegenwart, Berlin, Bauwelt 1939.
- Vollard 1961
  Rose Volland, Le front de l'art, Paris, 1961.
- von Wiese 1978
  Stephan von Wiese, Max Beckmanns zeichnerisches Werk 1903-1925, Düsseldorf 1978.
- von Wiese 1978 1
  Stephan von Wiese, II.5 Das zeitgenössische Historienbild. Die mit dem Modell inszenierte Katastrophe, in von Wiese 1978, S. 29- 30.
- Wagner 1999
  Ernst Wagner, Max Beckmann, Apokalypse. Theorie und Praxis im Spätwerk, Berlin 1999.
- Walden-Awodu 1995
  Dagmar Walden-Awodu, Geburt und Tod – Max Beckmann im Amsterdamer Exil; Eine Untersuchung zur Entstehungsgeschichte seines Spätwerks, Worms 1995.
- Wedepohl 1927
  Edgar Wedepohl, Die Weißenhofsiedlung Werkbundausstellung "Die Wohnung", Stuttgart 1927, in o. Hg., Wasmuths Monatshefte für Baukunst, 1927, S. 391-402.
- Wedepohl 1930
  Edgar Wedepohl, Der Boden als Raumelement. Innenausbau, Materialien und Formen, in o. Hg., Stein, Holz, Eisen. Wochenschrift für Moderne Bauwirtschaft und Baugestaltung. Holz- und Bau-Zeitung, Jahrg. 43, Heft 5, 1930, S. 117-120.

- Wedepohl 1967
  Edgar Wedepohl, Eumetria. Das Glück der Proportionen. Maßgrund und Grundmaß in der Baugeschichte. Beiträge zur musischen Geometrie, Essen 1967.
- Weißler 1990
  Sabine Weißler, Design in Deutschland 1933-45. Ästhetik und Organisation des deutschen Werkbundes im Dritten Reich, hg. i. Auftrag des Werkbund-Archivs, Giessen 1990.
- Westheider 2002
  Ortrud Westheider, La peinture de Max Beckmann aux États-Unis, in Ausst. Kat. Paris 2002, S. 220-222.
- Westheim 1922
  Paul Westheim, Wilhelm Lehmbruck. Das Werk Wilhelm Lehmbrucks in 86 Abbildungen, Potsdam [1]1919, 2. erw. und vollständig überarbeitete Auflage 1922.
- Westheim 1926
  Westheim, Paul, Das Haus Eduard Fuchs Zehlendorf, in Paul Westheim Hg., Das Kunstblatt, 10, 1926, S. 106-108.
- Westheim 1927 1
  Paul Westheim, Mies van der Rohe. Entwicklung eines Architekten, in Paul Westheim Hg., Das Kunstblatt, 11, 1927, S. 55-62.
- Westheim 1927 2
  Paul Westheim, Das neue Bauhaus, in Paul Westheim Hg., Das Kunstblatt, 11, 1927, S. 21-22.
- Westheim 1931
  Paul Westheim, Helden und Abenteurer. Welt und Leben der Künstler, Berlin 1931.
- Wick 2000
  Rainer K. Wick, Bauhaus. Kunstschule der Moderne, Osterfildern Ruit [1]1982, [2]2000.
- Wiesing Hg. 2002
  Lambert Wiesing Hg., Philosophie der Wahrnehmung, Modelle und Reflexionen, Frankfurt 2002.
- Wilhelm Lehmbruck Museum 1978
  Wilhelm Lehmbruck Museum Hg.,Lehmbruck und Italien. Zeichnung, Graphik, Plastik, Ausstellungskatalog, Duisburg, Wilhelm Lehmbruck Museum 1978.
- Windhöfer 1995
  Lutz Windhöfer, Paul Westheim und Das Kunstblatt. Eine Zeitschrift und ihr Herausgeber in der Weimarer Republik, Köln 1995.
- Winkelmann 1968
  Johann Joachim Winkelmann, Gedanken über die Nachahmung der griechischen Werke in der Malerei und Bildhauerkunst, Nedeln u. Liechtenstein 1968.
- Winkler 1981
  Richard G. Winkler, Werner Gräff und der Konstruktivismus in Deutschland 1918-1934, Rheinisch Westfälische Technische Hochschule (RWTH) Aachen, Fak. für Bauwesen, Diss. 1981.
- Zeiller 2002
  Christiane Zeiller, "Le Palais des dieux", in Ausst. Kat. Paris 2002, S. 330-333.
- Zeiller 2003
  Christiane Zeiller, Max Beckmann, die frühen Jahre. 1899-1907, Weimar 2003.
- Zeiller 2006
  Christiane Zeiller, "Es ist sehr eigentümlich hier kann man sich sehr auf sich selbst

concentrieren." Max Beckmann in Straßburg, in Max Beckmann. Beiträge 2004-2005. Hefte des Max Beckmann Archivs 8, München 2006, S. 95-107.
· Zeiller 2006 2
Christiane Zeiller, Der junge Max Beckmann und die "Firma C.". Der Illustrationsauftrag zu "Eurydikes Wiederkehr", in Rahel E. Feilchenfeldt u. Thomas Raff Hg., Ein fest der Künste. Paul Cassirer, der Kunsthändler als Verleger, München 2006 [Feilchenfeldt u. Raff Hg. 2006], S. 139-150.
· Zeising 2006
Andreas Zeising, Studien zu Karl Schefflers Kunstkritik und Kunstbegriff. Mit einer annotierten Bibliographie seiner Veröffentlichung, Tönning 2006.
· Zenser 1984
Max Beckmann – Selbstbildnisse, mit e. Einl. von Hildegard Zenser, München 1984.
· Ziegler 2001
Hendrik Ziegler, Die Kunst der Weimarer Malerschule, von der Pleinairmalerei zum Impressionismus, Köln 2001.
· Zimmer 2005
Robert Zimmer, Zeitfahrt, Leidensfahrt, Erlösungsfahrt. Max Beckmanns Abfahrt als metaphysische Meditation im Geiste Schopenhauers, in Baum u. Birnbacher Hg. 2005, S. 137-150.
· Zimmermann 2001 1
Claire Zimmermann, German Pavillion. International Exhibition. Barcelona 1928-29, in Ausst. Kat. New York 2001, S. 236-241.
· Zimmermann 2001 2
Claire Zimmermann, Tugendhat House. Brno. 1928-30, in Ausst. Kat. New York 2001, S. 242-247.
· Zimmermann 2001 3
Claire Zimmermann, German Pavilion. International Exposition, Brussels. 1934, in Ausst. Kat. New York 2001, S. 284-287.
· Zuschlag 1995
Christoph Zuschlag, Entartete Kunst. Ausstellungsstrategien im Nazi-Deutschland, Worms 1995.

DANK

Für die zielführende Betreuung dieser Dissertation (abgenommen 2010) danke ich Prof. Dr. Wolfgang Ullrich und PD Dr. Martin Schulz von der Hochschule für Gestaltung Karlsruhe.

Des Weiteren danke ich für vielfältige Unterstützung 2007-2010 während meiner Forschungsarbeiten zu meiner Dissertation:

Mayen Beckmann
Prof. Dr. Joseph Koerner
Prof. Dr. Christian Lenz
Dr. Markus Michalke
Dr. Helmut Reuter
Christian Strenger
Prof. Dr. Wolf Tegethoff

Ganz besonderer Dank gilt Prof. Dr. Peter Lampe, Prof. Gunter Rambow, Prof. Dr. Joseph Koerner, und Prof. Dr. Dr. Gerd Presler für die vielen schönen, kritischen Diskussionen auch zu meiner Arbeit seit Publikation der Pflichtexemplare 2010.

Max Beckmann *Selbstbildnis im Smoking* 1927

141 x 96 cm, Öl auf Leinwand
Busch-Reisinger Museum Cambridge

Max Beckmann *Selbstbildnis in blauer Jacke* 1950

139,5 x 91,5 cm, Öl auf Leinwand
Saint Louis Art Museum

© VG Bild-Kunst, Bonn 2020

Ludwig Mies van der Rohe *Glasraum* 1927

Eingangssituation ins Vestibül mit Blick auf
Wilhelm Lehmbrucks Mädchentorso hinter mausgrauem Spiegelglas

Rekonstruktion © L. Baerens, Bilderstellung M. Allen 2010
© VG Bild-Kunst, Bonn 2020

Ludwig Mies van der Rohe *Glasraum* 1927

Blick ins Wohnzimmer beim Eintreten durch das Vestibül (links hinter den transparenten Scheiben standen ursprünglich Topfpflanzen)

Rekonstruktion © L. Baerens, Bilderstellung M. Allen 2010
© VG Bild-Kunst, Bonn 2020

Ludwig Mies van der Rohe *Glasraum* 1927

Blick rückwärts ins Wohnzimmer beim Eintreten ins Esszimmer
(rechts hinter den transparenten Scheiben
standen ursprünglich Topfpflanzen)

Rekonstruktion © L. Baerens, Bilderstellung M. Allen 2010

© VG Bild-Kunst, Bonn 2020

Ludwig Mies van der Rohe *Glasraum* 1927

Blick ins Esszimmer mit links der nun frontalen Ansicht von
Wilhelm Lehmbrucks Mädchentorso hinter transparentem Spiegelglas

Rekonstruktion © L. Baerens, Bilderstellung M. Allen 2010
© VG Bild-Kunst, Bonn 2020

Ludwig Mies van der Rohe *Glasraum* 1927

Blick auf den offen Raumübergang von Esszimmer in die Bibliothek
mit Einblick ins Wohnzimmer

Rekonstruktion © L. Baerens, Bilderstellung M. Allen 2010
© VG Bild-Kunst, Bonn 2020

Ludwig Mies van der Rohe *Linoleumraum* 1927

Blick in den Linoleumraum Richtung Glasraum,
dessen Vestibül angeschrägt leicht einsehbar ist

Rekonstruktion © L. Baerens, Bilderstellung M. Allen 2010
© VG Bild-Kunst, Bonn 2020

Ludwig Mies van der Rohe *Glasraum und Linoleumraum* 1927

angeschrägte Draufsicht von der Seite, links Glasraum,
rechts Linoleum – und umgekehrt

Rekonstruktion © L. Baerens, Bilderstellung M. Allen 2010
© VG Bild-Kunst, Bonn 2020

Ludwig Mies van der Rohe *Glasraum und Linoleumraum* 1927

Draufsicht mit unten Linoleumraum und oben Glasraum

Rekonstruktion © L. Baerens, Bilderstellung M. Allen 2010
© VG Bild-Kunst, Bonn 2020